ACTO ADMINISTRATIVO AUTOMÁTICO

FEDERICO JOSÉ LACAVA

Acto administrativo automático

Prólogo de
PATRICIO M. E. SAMMARTINO

ASTREA
BUENOS AIRES - BOGOTÁ - PORTO ALEGRE - SANTIAGO - ASUNCIÓN
2022

Lacava, Federico J.
Acto administrativo automático / Federico J. Lacava
1ª ed. - Ciudad Autónoma de Buenos Aires: Astrea, 2022.
264 p.; 23 × 16 cm.

ISBN 978-987-706-436-0

1. Derecho Administrativo. I. Título.

CDD 342

Astrea está indexada como Editorial de Calidad Científica con Claro Prestigio Internacional (Fondecyt).

Esta obra ha sido evaluada conforme a los estándares internacionales de calidad científica de referato externo, con sistema doble ciego.

Lavalle 1208 - (C1048AAF) Ciudad de Buenos Aires
(54-11) 4382-1880 - 0800-345-ASTREA (278732)
www.astrea.com.ar - editorial@astrea.com.ar

La edición de esta obra se realizó en EDITORIAL ASTREA, y fue impresa en su taller, Berón de Astrada 2433, Ciudad de Buenos Aires, en la segunda quincena de septiembre de 2022.

Queda hecho el depósito que previene la ley 11.723
IMPRESO EN LA ARGENTINA

A quienes no dejan de enseñarnos
que siempre es posible un derecho mejor

PRÓLOGO

Celebro con particular entusiasmo académico la publicación del libro *Acto administrativo automático.* Le agradezco a su autor, Federico Lacava, la distinción de haberme solicitado el prólogo de su obra.

I. A estas alturas, no es sencillo encontrar novedades relevantes sobre el acto y el procedimiento administrativo.

Tanto y tan bien se ha escrito sobre ambos institutos que resulta dificultoso hallar aportes científicos genuinamente originales.

Sin embargo, una mirada atenta del derecho público latinoamericano actual demuestra que estamos lejos de considerar agotados ambos temas.

El impetuoso avance de las *innovaciones tecnológicas,* y su utilización por parte de los órganos que desarrollan la función administrativa, plantea un nuevo escenario, impensado hace apenas tres o cuatro lustros.

Frente a esta realidad, el derecho administrativo actual tiene dos tareas urgentes: por un lado, está llamado a *identificar* el impacto que el uso de la informática produce sobre el esquema de *armonización* de prerrogativas (de la Administración) y garantías (de los particulares); por otro, tiene la insoslayable misión de *proponer respuestas razonables* que aseguren la protección del *bien común* en el marco vinculante de la *juridicidad* en el *Estado constitucional social de derecho.*

Me detendré brevemente en este último punto.

II. El presente y el futuro del Estado constitucional en Argentina, y en los demás países de América Latina, está anudado a la efectiva satisfacción de las justas exigencias del bien común en una sociedad democrática.

Extramuros de resabios autoritarios y de los intereses sectoriales predominantes –que, de uno u otro modo, procuran enervar o sustituir, abierta o solapadamente, las decisiones de la voluntad general–, la realización del *bien común* en el Estado constitucional presupone que toda la actividad de las autoridades públicas, cualesquiera sea la clase o tipo de función que desarrollen, está vinculada a los compromisos jurídicos fundamentales establecidos en la Constitución nación convencionalizada[1]: respeto a la *dignidad de la persona humana*; protección de los *derechos humanos* que le son inherentes; defensa de la *democracia*, en su dimensión formal y sustancial; observancia de los principios cardinales que gobiernan el estatuto del poder *–separación y control* recíprocos de las funciones estatales– como garantía de libertad.

En el ámbito específico de la función administrativa, el principio jurídico fundamental de dignidad de la persona humana, junto con la dimensión subjetiva y objetiva de los derechos fundamentales que le son inherentes y el principio *pro persona*, constituyen la *tríada basal material* del derecho administrativo en el Estado constitucional social de derecho. Ella atraviesa íntegramente las potestades y garantías que sustentan el derecho administrativo y modula, desde la perspectiva de los derechos humanos, cada uno de los institutos que lo vertebran.

[1] La Constitución convencionalizada, explica Sagüés, "es la Constitución nacional con dos notas de actualización: *a*) *depurada* de sus cláusulas radicalmente opuestas al derecho internacional de los derechos humanos, y en particular, del Pacto de San José de Costa Rica y de la jurisprudencia de la Corte Interamericana de Derechos Humano [...]; *b*) *reciclada* conforme aquellos parámetros, mediante interpretaciones aditivas, sustractivas o mixtas del contenido del texto constitucional que la conformen con aquellos parámetros internacionalistas" (Sagüés, Néstor P., *De la Constitución Nacional a la Constitución "convencionalizada"*, *JA*, 2013-IV-53).

En el Estado constitucional vigente en la república, el principio de dignidad de la persona humana, los derechos humanos y el principio *pro persona* gravitan de manera directa sobre cada una de las parcelas que componen la estructura del acto y el procedimiento administrativo.

No se nos escapa, sin embargo, que la concreta actuación de los derechos fundamentales sobre la estructura y funcionalidad del acto administrativo se encuentra amenazada, ensombrecida y demorada, por la *crisis estructural de juridicidad* que produce la *coexistencia* de modelos de derecho administrativo adscriptos a opciones valorativas diferentes[2].

[2] En efecto: la *cohabitación* de modelos de derecho administrativo, sustentados en matrices constitucionales distintas, incluso antagónicas, es un problema que, desde hace cinco lustros, debilita significativamente la fuerza normativa de la Constitución y la eficacia directa de los derechos fundamentales reconocidos en el bloque de constitucionalidad.

La cohabitación simultánea de matrices y modelos diferentes es una realidad que, al exhibirse, expone un panorama desconcertante: el régimen legal-jurisprudencial que rige actualmente el acto administrativo en la Argentina es tributario de tres modelos de derecho administrativo: el elaborado y aplicado en períodos de quiebre institucional, en el que hubo una ruptura de la cadena de legitimidad; el diseñado y desplegado bajo el Estado formal y democrático de derecho; y, finalmente, el que, con arreglo a la Constitución nacional convencionalizada en 1994, se presenta como una implementación y desarrollo de los principios y valores del Estado constitucional contemporáneo.

En algunos países de Latinoamérica con tradición democrática los problemas se originan por el tránsito del derecho administrativo del Estado formal y democrático de derecho al del Estado constitucional social de derecho.

En la Argentina, en cambio, la cuestión es más compleja: a casi treinta años de la reforma constitucional y a cuarenta del restablecimiento del orden institucional, el esquema jurídico de ordenación del acto administrativo pervive apegado a normas, jurisprudencia, doctrina administrativa e interpretaciones autorales plasmadas por fuera del sistema democrático.

Este escenario plantea la inevitable encrucijada entre hacer prevalecer, a como dé lugar, la certeza y seguridad aparentes que ofrece el régimen legal-jurisprudencial tallado en períodos en los que no existía Estado de derecho –y que se mantuvo casi intacto en el Estado formal y democrático de derecho–. O, en cambio, asumir las múltiples perplejidades que produce el reingreso del principio de juridicidad desde los

III. No caben dudas que, en este marco, la teoría del acto administrativo está surcada por múltiples perplejidades. Algunos problemas –como la elucidación del concepto de acto administrativo, la configuración de los requisitos esenciales y sus vicios, el régimen de la invalidez, los caracteres, la estabilidad, los modos de extinción, los supuestos habilitantes de revisión de oficio, entre otros– son de larga data y perviven hasta la actualidad.

Otras cuestiones, en cambio, son recientes. Dentro de estas, algunas tienen su génesis en la constitucionalización y convencionalización del derecho administrativo[3].

---

valores, principios y reglas que sustentan el Estado constitucional social de derecho.

El estándar teleológico establecido por la Constitución convencionalizada (servir a las justas exigencias del bien común en una sociedad democrática) nos lleva a optar, con convicción científica, por la segunda alternativa.

Asumir y superar los múltiples problemas que plantea la crisis estructural de juridicidad –originada por la *coexistencia* de matrices y modelos de derecho administrativo que responden a opciones valorativas diferentes– es uno de los desafíos que condiciona el desarrollo del derecho administrativo en el Estado constitucional social de derecho.

En este marco, no cabe duda que uno de los problemas capitales que afronta la teoría del acto administrativo es establecer técnicas idóneas (de interpretación y argumentación) que permitan traducir las exigencias axiológicas que imponen los derechos fundamentales –junto con los demás principios generales del derecho– en reglas específicas del acto administrativo.

[3] Así, el incompleto desarrollo de la garantía fundamental a la *tutela administrativa efectiva* y la consecuente indiferencia con la que se asume la carencia de: *i*) procedimientos administrativos constitucionales y convencionales; *ii*) procedimientos administrativos colectivos, y *iii*) procedimientos administrativos urgentes; la escasa gravitación práctica que se le asignan a los vicios constitucionales y convencionales del acto administrativo; la neutralidad con la cual se examinan los actos administrativos cuyo objeto concretiza la satisfacción de derechos fundamentales indisponibles; la renuncia a desarrollar un esquema sistemático de ordenación que contemple el control *administrativo* de convencionalidad, son algunas cuestiones pendientes en torno a las cuales el derecho administrativo de Argentina y Latinoamérica deberá focalizar su atención con cierta urgencia.

Otras, en cambio, son una derivación secuencial necesaria del progreso científico.

Tal es lo que sucede con las innovaciones tecnológicas y algunas de sus proyecciones, el denominado *acto administrativo automatizado* o acto administrativo de elaboración automática.

Discernir la naturaleza jurídica del acto administrativo automatizado y, en base a ella, determinar el régimen jurídico que lo gobierna, es quizá una de las dificultades más serias por las que transita, actualmente, la teoría del acto administrativo

El acto administrativo automatizado abre un elenco no menor de interrogantes.

De inicio, nos cuestiona sobre la posibilidad de que existan declaraciones unilaterales de la Administración, productoras de efectos jurídicos singulares y concretos, sin que medie intervención *directa* de la persona humana.

En ese orden resulta pertinente preguntarnos si el denominado *acto administrativo automatizado* es técnicamente un acto administrativo o si, en cambio, es, en puridad, una manifestación de la actividad administrativa estructuralmente diferente al acto administrativo a la que, por razones funcionales, se le aplica, analógica o directamente, según los casos, el régimen legal-jurisprudencial del acto administrativo.

Concretamente: el acto de elaboración automática ¿es, técnicamente, acto administrativo? ¿No será quizás que, solo por cuestiones prácticas, llamadas a explicar lo nuevo con las estructuras y mirajes del pasado, se lo asimila analógicamente a él? Aun en el supuesto de que sea solo asimilable, ¿cuáles serían las modulaciones entre el acto administrativo, en sentido clásico, y el acto administrativo automatizado?

Ahora bien: si, como hipótesis de trabajo se considerara que los denominados actos automatizados son actos administrativos, ¿cuál sería su ámbito de desarrollo, su efectivo horizonte de proyección?

Esta clase de *actos* ¿son predicables solamente frente a situaciones rutinarias y de baja complejidad?

¿Cabría concebir, válidamente, un acto automático de gravamen? En caso afirmativo, ¿cómo juega en ellos el *debido procedimiento previo*? ¿Y la *fundamentación previa*? ¿Cómo se produce la traslación de las garantías que emanan del *debido proceso legal* que consagra el art. 8° de la CADH a elaboración de los actos automáticos de desfavorables?

Los actos automáticos de gravamen que emiten hoy los órganos que desarrollan la función administrativa, ¿respetan el debido procedimiento previo –art. 18, Const. nacional; art. 8°, CADH, y art. 1°, inc. *f*, LNPA–? ¿Garantizan la participación defensiva del particular afectado? Su emisión ¿está precedida del dictamen jurídico previo?

Del derecho a la *tutela administrativa efectiva*, ¿cabe extraer el *derecho fundamental a una buena Administración algorítmica*? De ser así, ¿cuál es su contenido o ámbito de protección?

La falta de participación ciudadana en el *diseño del algoritmo*, ¿vicia el procedimiento previo del acto administrativo automático? Y si efectivamente lo viciara, ¿cuál es la magnitud o grado de la ilegitimidad? ¿Es grave? ¿Es leve? ¿Sería subsanable?

El ejercicio de atribuciones predominantemente discrecionales, ¿se puede realizar también a través de actos automáticos? ¿Es procedente transferir al algoritmo las facultades de estimación subjetiva, esto es, la libertad de apreciación sobre qué es lo más conveniente a los intereses generales?

Además de los interrogantes precedentes, consideramos, sin embargo, que el principal problema es saber discernir cómo se inserta el acto automático en la juridicidad del Estado constitucional.

Concretamente, el núcleo del problema –que también es un desafío– consiste en establecer si las bases de la *teoría del acto administrativo automatizado* guardan congruencia y compatibilidad con los principios y valores del Estado constitucional social de derecho.

IV. *Acto administrativo automático,* el libro del profesor Federico Lacava que tengo el honor de prologar, responde las dudas que generan los cambios tecnológicos sobre el derecho administrativo.

La preocupación por construir convergencias entre las innovaciones técnicas y tecnológicas y el derecho administrativo del Estado constitucional, atraviesa las páginas de este libro.

De cara al régimen legal vigente que considera a la voluntad sin vicios del órgano un presupuesto de validez del acto administrativo (art. 14, inc. *a,* LNPA), el autor se pregunta si resulta jurídicamente posible prescindir de la persona humana para la emisión de actos administrativos.

En esa dirección, las primeras páginas del libro invitan a reexaminar nociones y categorías que se consideraban consolidadas por la ciencia jurídica.

El Capítulo Primero destaca las transformaciones que la tecnología produce sobre el desarrollo de la función administrativa. Allí se describe el fenómeno de la automatización administrativa, distinguiendo claramente los contornos del procedimiento y la decisión automatizada, tanto en el marco de la informática tradicional cuanto en la inteligencia artificial.

Acierta el autor al identificar y circunscribir el objeto de estudio. Allí se trazan los contornos de la informática, disciplina a la que necesariamente hay que acudir para comprender la gravitación práctica que produce la técnica sobre las administraciones. La noción y clasificación de los algoritmos, así como las diversas lógicas que motorizan las decisiones adoptadas por su intermedio, resultan clarificadoras. Ello permite entender su operatividad y diferenciar las posibles consecuencias derivadas de su aplicación.

Aun cuando el ámbito algorítmico resulte dinámico y en constante transformación, cabe enfatizar que la pedagógica descripción ensayada por el autor resulta útil para comprender sus especificidades y complejidades, pero también para discernir las ventajas y riesgos de la automatización. En ese sentido se destaca que valores tales como eficiencia, neutralidad y confiabilidad algorítmica necesitan rendir cuentas con las objeciones derivadas de su funcionamiento, las que no son primordialmente jurídicas sino, ante todo, técnicas.

Un aspecto que merece atención, por sus múltiples implicaciones prácticas, es el que concierne al ámbito propio en el que discurren las decisiones algorítmicas y, en particular, al debate suscitado en torno a la automatización de la actividad administrativa discrecional.

El Capítulo Primero cierra con un minucioso análisis normativo y jurisprudencial del abordaje de las decisiones administrativas algorítmicas tanto en el plano nacional como en el comparado.

El Capítulo II presenta dos apartados de insoslayable relevancia práctica.

El primero aporta material tendente a terciar en la discusión suscitada en derredor de si corresponde o no acordar naturaleza de acto administrativo a la decisión automatizada. En el segundo, el autor elabora su posición frente al interrogante.

V. Sin dudas, la obra del profesor Lacava es un aporte científico valioso, necesario y clarificador.

Con sólidos y actualizados fundamentos (normativos, jurisprudenciales y doctrinales, nacionales y extranjeros, especialmente italianos) las páginas del libro nos permiten comprender y reflexionar sobre los problemas del mundo jurídico actual.

Bien señala nuestro autor que las decisiones automáticas se proyectan sobre las características tradicionales del acto administrativo y de los procesos que llevan a su adopción. Subraya que, por esa razón, son una bisagra entre el pasado y el futuro de la relación de los ciudadanos con la Administración

Con riguroso e impecable criterio metodológico, el libro muestra cómo el desarrollo de la inteligencia artificial influye, aunque también condiciona, algunas áreas del derecho administrativo.

En ese sentido, el autor señala que "a la digitalización del procedimiento administrativo le sucedió la geométrica transformación del proceso decisor; el ordenador sustituyó al funcionario en la determinación del contenido de la decisión. Esto significó el pasaje del *ordenador archivo* al *ordenador funcionario*".

El problema central que atraviesa a la obra de Lacava reside en discernir cómo y con qué alcance la *automatización decisoria* impacta sobre la teoría general del acto administrativo.

A tal fin, esta obra brinda una herramienta que consideramos decisiva: la distinción entre decisión administrativa programada (DAP) y decisión administrativa autónoma (DAA). Distinguir las diferencias entre una y otra es la clave de bóveda para determinar adecuadamente el régimen jurídico aplicable.

El autor se inclina por considerar que las decisiones administrativas elaboradas bajo un *sistema de automatización programable* (DAP) constituyen un acto administrativo. En ese entendimiento puntualiza que "esta modalidad decisoria no obstaculiza la presencia de todos los elementos y caracteres que hacen posible su existencia como especie jurídica según la LNPA".

En cambio, nos alerta sobre los problemas que afronta la *decisión automatizada autónoma*.

El profesor Lacava puntualiza que, a diferencia de los algoritmos programados –que respetan las instrucciones suministradas por el programador–, *los autónomos* "inventan instrucciones y recorridos inéditos, con el resultado de que ni siquiera sus programadores están en condiciones de reconstruir el proceso decisor".

Con razón, posa su mirada crítica especialmente sobre estos últimos y en los productos que se derivan de ellos.

Al respecto el autor advierte que, a diferencia de la *decisión administrativa programada* (DAP) –decisiones que responden a una automatización programada y que por tanto son actos administrativos–, la *decisión administrativa au-*

tónoma (DAA) no resulta compatible con el régimen general del acto administrativo. Para arribar a tal conclusión, apunta al carácter secreto e ininteligible de la lógica seguida por el algoritmo autónomo. Puntualiza, sin embargo, que a la decisión administrativa *autónoma* el régimen del acto administrativo solamente le es aplicable "mediante analogía y en la medida en que resulten compatibles con su naturaleza".

VI. *Acto administrativo automatizado* es una obra profunda, intensa, muy bien pensada y respaldada por legislación, jurisprudencia y doctrina nacional y extranjera. Es el producto maduro de años de estudio, reflexión y elaboración.

Estamos en presencia de un trabajo jurídico prudente, equilibrado y bien fundamentado.

Frente a las múltiples perplejidades que plantea la unidad de estudio, el autor propone respuestas jurídicas plausibles, con clara *vocación pre jurisprudencial.*

Sin dudas, el libro de Federico Lacava es un aporte científico que enriquece el derecho administrativo argentino y latinoamericano.

La versión original de este trabajo fue presentada como tesis de maestría. Ello le permitió al autor optar por el título de magíster en Derecho Administrativo por la Universidad Austral, de Argentina. Debo señalar también que, por su indiscutida solvencia técnica, la tesis fue valorada por reconocidos juristas como la mejor de su promoción. Ello determinó que la Maestría en Derecho Administrativo de esa Casa de Estudios le otorgara al profesor Lacava el correspondiente diploma de honor.

Subrayo, finalmente, que *Acto administrativo automático,* el libro que tengo el honor de prologar, es uno de los aportes jurídicos más novedosos y relevantes que se han realizado en los últimos lustros sobre el acto administrativo.

PATRICIO M. E. SAMMARTINO

ÍNDICE GENERAL

INTRODUCCIÓN

Capítulo Primero

LAS DECISIONES ADMINISTRATIVAS AUTOMATIZADAS

CAPÍTULO II

LA CUESTIÓN DE LA NATURALEZA JURÍDICA

A) EN EL DERECHO COMPARADO

CONCLUSIONES

INTRODUCCIÓN

> "Desde un punto científico y epistemológico la reflexión social no puede limitarse a lo existente. Habremos eliminado buena parte de la realidad. Real no es solo aquello que se puede hacer sino también lo que es posible [...] Relegar la reflexión al realismo de los hechos resulta, de hecho, limitante"[1].

§ 1. *Problemática en contexto y tesis de partida*

La convergencia entre el derecho administrativo y la informática[2], espacios motorizados por "lógicas" profundamente diversas, genera un escenario fascinante y problemático a la vez, propietario de ambigüedades derivadas de sus potencialidades y riesgos.

Desde hace ya un cierto tiempo, las administraciones públicas se encuentran abocadas a enfrentar los desafíos digitales, particularmente a partir de la recepción de nuevas tecnologías[3], en el procedimiento administrativo.

[1] D'Aloia, *Il diritto verso "il mondo nuovo". Le sfide dell'intelligenza artificiale*, "BioLaw Journal", nº 1, 2019, p. 1 a 24.

[2] Cfr. Faini, *Il diritto nella tecnica: tecnologie emergenti e nuove forme di regolazione*, "Federalismi.it", nº 16, 2020, p. 79.

[3] Para profundizar sobre implicancias de la "tecnología", ver Forte, *Epidemia logotecnica*, "Civiltà delle Machine", 26/3/2020, www.fondazioneleonardo-cdm.com/it/news/epidemia-logotecnica.

De manera casi imperceptible para el administrado[4], la tecnificación ha venido a automatizar buena parte de la actividad administrativa, y, por su intermedio, una significativa mutación de sus dinámicas tradicionales. No es una nimiedad afirmar que la transformación también ha alcanzado a las decisiones, y, con ellas, la posibilidad de adoptarlas sin intervención directa humana[5]. A pesar de las ventajas aportadas por la técnica[6], el acto conclusivo se presenta como el corolario de un procedimiento comprimido e impersonal, poniendo en serios aprietos el principio antropomórfico que vertebra desde siempre la actividad administrativa.

Pero la despersonalización del mecanismo decisorio se ha visto dimensionada en los últimos tiempos a raíz del desembarco de sistemas informáticos propios de la *inteligencia*

[4] En la mayor parte de los casos, la Administración pública recurre a la automatización del procedimiento sin ponerlo en conocimiento del destinatario del acto administrativo (cfr. Galetta, *Algoritmi, procedimento amministrativo e garanzie: brevi riflessioni, anche alla luce degli ultimi arresti giurisprudenziali in materia*, "Rivista Italiana di Diritto Pubblico Comunitario", nº 3-4, 2020, p. 501 a 516). Se ha señalado con agudeza que, como ocurre normalmente con las grandes revoluciones tecnológicas, la mutación se produce gradual e insospechadamente (cfr. Auby, *Il diritto amministrativo di fronte alle sfide digitali*, "Istituzioni del Federalismo", nº 3, 2019, p. 619 a 641).

[5] En términos sencillos, automatizar una decisión administrativa implica dotar a un sistema informático de instrucciones, emanadas de reglas jurídicas y traducidas a un lenguaje matemático, que contiene los supuestos abstractos de actuación y que de frente a la inserción de datos específicos, le permite al ordenador, mediante un cálculo muy simple, alcanzar un cierto y preciso resultado.

[6] A la decisión automática se le reconocen diversos méritos: es poco costosa desde un punto de vista económica; es muy rápida y responde a las exigencias de simplificación; reduce, si es que no anula, la discrecionalidad de la Administración pública; parece imparcial (una máquina no puede favorecer a uno en lugar de otro) y es confiable y cierta [cfr. De Leonardis, "Big data, decisioni amministrative e 'povertà' di risorse della pubblica amministrazione", en Calzolaio (a cura di), *La decisione nel prisma dell'intelligenza artificiale*, p. 147].

artificial[7], mecanismos que no resultan convocados para hacer mejor lo que los funcionarios ya hacen, sino para realizar tareas que la Administración no está en condiciones hacer.

Para afrontar la sobredosis de información[8], y la complejidad de sus cometidos, las tecnologías ofrecen a la Administración ordenadores siempre más sofisticados que se caracterizan por utilizar lógicas ajenas al razonamiento jurídico público. Máquinas que se autoprograman aprendiendo de su propia experiencia y transitan recorridos inescrutables e imprevisibles, vuelven a las decisiones automatizadas opacas, invisibles, insensibles, y, en gran medida, incontrolables.

La arrolladora fuerza práctica del algoritmo[9] tensiona hasta la médula los principios que edifican el accionar administrativo, ridiculizando a prerrogativas[10] y garantías por igual. Se asiste, en sustancia, a una suerte de determinismo, enancado en la convicción de que su funcionamiento es

[7] Con el término "inteligencia artificial", calificado como un *umbrella term*, se incluye una variedad de técnicas computacionales y de procesos algorítmicos dedicados a mejorar la habilidad de las máquinas en hacer cosas que requieren capacidades cognitivas similares a las humanas (cfr. Donati, *Intelligenza artificiale e giustizia*, "Rivista AIC", nº 1, 2020, p. 415 a 436).

[8] Ya nadie puede desconocer que la Administración pública es un gran *player* en materia de generación, adquisición y distribución de datos [cfr. Forte, *Diritto amministrativo e data science. Apunti di intelligenza amministrativa artificiale (Aai)*, "PA Persona e amministrazione", nº 1, 2020, p. 247 a 313].

[9] Simoncini, *L'algoritmo incostituzionale: intelligenza artificiale e il futuro delle libertà*, "BioLaw Journal", nº 1, 2019, p. 81.

[10] Aludimos a la invocada claudicación de la autotutela administrativa que derivaría de la incomprensibilidad de la decisión algorítmica (cfr. Di Martino, *Intelligenza artificiale, garanzia dei privati e decisioni amministrative: l'apporto umano è ancora necesario?*, "European Law Journal", nº 2, 2019, p. 72), con la consecuente anulación de la tradicional distinción entre control de legitimidad (controlable) y mérito (incontrolable) (cfr. Patroni Griffi, *La decisione robotica e il giudice amministrativo*, www.giustizia-amministrativa.it).

indefectible y neutral[11], a pesar de que la experiencia muestre sobrados ejemplos que indican lo contrario[12].

El encuentro de la Administración con la inteligencia artificial produce una notable presión distorsiva sobre categorías jurídicas consolidadas[13], y genera fracturas conceptuales que se tornan, en el mejor de los casos, dificultosas de componer[14].

Pese a los evidentes desafíos que suscita la alteración del modo de formación de la voluntad administrativa, nuestro escenario jurídico exhibe una pronunciada apatía en discurrir sobre la naturaleza jurídica del *producto* automatizado. No resulta sencillo establecer las razones que justifican la indiferencia.

Probablemente la situación pueda ser atribuida a que, hasta no hace mucho tiempo, los algoritmos utilizados por las administraciones eran muy simples, meros procesadores de cálculo diseñados para mejorar la velocidad de respuesta del funcionario humano. Si se mira bien, la modalidad

[11] Se ha señalado que la idea de que la tecnología es neutral y meramente instrumental constituye el equívoco que alimenta la desconfianza a su reglamentación jurídica, pues encierra la idea de que no hay necesidad de disciplinarla (cfr. Mobilio, *L'intelligenza artificiale e i rischi di una "disruption" della regolamentazione giuridica*, "BioLaw Journal", nº 2, 2020, p. 406).

[12] Sin perjuicio de remitir al capítulo respectivo, se ha dicho que algunas investigaciones han demostrado que la inteligencia artificial puede funcionar sobre la base de los mismos prejuicios humanos (cfr. Casonato, *Costituzione e intelligenza artificiale: un'agenda per il prossimo futuro*, "BioLaw Journal", special issue, nº 2, 2019, p. 711 a 725).

[13] Basta pensar en su incidencia sobre aspectos de organización, de procedimiento, de responsabilidad y de control administrativo y judicial, solo para nombrar algunas áreas donde la mutación de la modalidad decisoria es susceptible de impactar.

[14] Ello es así porque las reconocidas ventajas derivadas de la automatización –velocidad, neutralidad, imparcialidad, eficacia, reorganización– no pueden ocultar los riesgos que de su uso se derivan –deshumanización del procedimiento, privatización de la función administrativa, la incomprensibilidad de sus decisiones, dificultades del control judicial, desresponsabilidad por su actuación defectuosa, etcétera–.

decisoria automatizada basada en un modelo de razonamiento lógico deductivo –propio del razonamiento jurídico tradicional– no es muy diferente al proceso decisor seguido por el funcionario humano en un procedimiento no automatizado[15]. Si el razonamiento es análogo no se presentan motivos para desconocer la identidad jurídica del producto final. Sin embargo, el justificativo no resta fichas a que la indiferencia pueda residir también en el camuflado interés de no tener que enfrentar una realidad incómoda y plagada de incertidumbres, ávida de conocimientos y recursos de los que no se dispone.

Al tomar distancia de lo acontecido en el derecho comparado[16], el legislador nacional se ha limitado, en sus contadas intervenciones sectoriales, a priorizar las ventajas de la digitalización en términos de celeridad y simplicidad sin un adecuado y concienzudo desarrollo de la automatización, dejando en sombras el significado intrínseco y la relevancia jurídica de su producto final.

Como corolario de la acentuada insensibilidad legislativa, y esto es central, los operadores jurídicos asimilan las decisiones automáticas a los actos administrativos. Sin distingos ni aclaraciones, las someten a su régimen jurídico, soslayando revisar institutos y principios cuya consolidación todo cambio de paradigma exige cuestionar[17].

[15] En realidad, la posibilidad de establecer una analogía entre estado mental y lógica de la máquina es posible en el plano de la aceptabilidad de sus resultados y no en la identidad del procedimiento de razonamiento y de decisión: dichas metodologías son referibles exclusivamente al hombre (cfr. Moro, *Algoritmi e pensiero giuridico. Antinomie e interazioni,* "MediaLaws", nº 3, 2019, p. 11 a 22).

[16] No obstante remitir al capítulo respectivo, a modo ilustrativo citamos como ejemplo la ley de procedimientos alemana, que expresamente califica a la decisión automática como acto administrativo (cfr. § 35a del *VwVfG*).

[17] Por caso, alejándose de los pronunciamientos suscitados en otras latitudes, el contenido de la escueta jurisprudencia doméstica que ha abordado las primeras cuestiones torna más evidente la necesidad de verter claridad en un área tan cara a los derechos de la ciudadanía.

En esencia, el escenario federal revela una laguna normativa, orfandad regulatoria que está lejos de justificarse de frente a la tendencia expansiva del uso de esta modalidad decisoria[18]. Basta observar, en los tiempos de pandemia que todavía estamos transitando, el frecuente recurso a la decisión automática para modelar derechos y obligaciones de la ciudadanía por parte de la Administración nacional[19]. Desde el permiso para circular[20], hasta la asignación de beneficios económicos[21], resultan gestionados y decididos por un algoritmo impersonal y de cuyos recorridos nada se sabe[22].

Frente a tal insuficiencia y en línea con la necesidad de racionalizar la actividad administrativa a partir de la automatización de sus decisiones –en sus diversas modalidades–,

[18] Debe aventarse toda idea de que se trata de una moda pasajera porque existe una propensión humana a apropiarse de toda automatización.

[19] Recurrir a la inteligencia artificial para afrontar los avatares de la pandemia ha sido el común denominador de las administraciones estatales. Desde las app para monitorear los movimientos de los ciudadanos extranjeros hasta el mapeo del contagio, las administraciones públicas acuden a algoritmos para la ejecución de sus políticas sanitarias. Un ejemplo atañe a los algoritmos a los que acude el gobierno italiano para determinar los escenarios de riesgo (identificados como "zonas") y las correspondientes medidas de contención. Según refleja el decreto del Ministerio de la Salud del 30 de abril de 2020, se trata de un sistema que combina 21 indicadores de monitoreo y 5 niveles de riesgo, dando lugar a evaluaciones probabilísticas de notoria ambigüedad y poca transparencia. El decreto confía al algoritmo la calificación que corresponde a cada zona y, con ello, los alcances de los derechos y libertades de sus ciudadanos.

[20] Se alude al "Certificado único habilitante para circulación-emergencia COVID-19", implementado por res. MI 48/2020.

[21] Nos referimos al Ingreso Federal de Emergencia (IFE), instituido por el decr. 310/2020, e implementado por res. SSS 8/2020 y res. Anses 84/2020.

[22] Por caso, ¿a qué bases de datos acuden para tomar decisiones?, ¿cuánta incidencia tiene en el razonamiento algorítmico la calificación jurídica crediticia o la definición de "contribuyente no confiable" por la AFIP, para acordar o no los beneficios?, ¿y los antecedentes penales?

el *objeto principal* de este estudio, el verdadero fin que lo anima, estriba en desentrañar la naturaleza jurídica del acto conclusivo del proceso algorítmico, lo que se propicia intentar a partir de responder al interrogante de si las decisiones administrativas automáticas constituyen actos administrativos o no.

La ausencia de una normativa que discipline la decisión automatizada implica que el intento de reconstruir la problemática debe partir de la regulación[23] rectora del principal producto de la actividad administrativa: el acto administrativo[24]. No albergamos dudas de que si la decisión algorítmica constituye una modalidad conclusiva de la actividad administrativa, escrutar su apego o lejanía con el mentado régimen resulta un imperativo.

Nuestro estudio se cruza con diversos y muy variados interrogantes: ¿es posible considerar acto administrativo a una decisión íntegramente elaborada por un ordenador? ¿Puede calificarse como una declaración? ¿Puede la tecnología simular la formación de la voluntad de la Administración? ¿Puede considerarse acto administrativo una decisión adoptada por medio de una máquina que aprende en modo autónomo y, al mismo tiempo, no permite saber cuál ha sido el proceso intelectivo seguido para alcanzar la decisión? ¿Constituye un acto administrativo una decisión emanada de un algoritmo que se disocia de las instrucciones vertidas por la Administración? Si no lo es, ¿qué naturaleza cabe acordarle?

[23] El método escogido para afrontar la problemática es su confrontación con el régimen del acto administrativo federal, por dos razones: ese es, en la esfera nacional, el régimen principal de regulación de la actividad administrativa, y ese es el ámbito normativo en el que los operadores jurídicos ubican a la decisión automatizada.

[24] Las modalidades de ejercicio del poder, y entre estas, el modo de formación de la decisión administrativa, asumen relevancia central, porque es sobre la base del acto o en vista de él que se organizan los intereses de los particulares y de las administraciones (cfr. Patroni Griffi, *La decisione robotica e il giudice amministrativo*, www.giustizia-amministrativa.it).

Como se ve, clarificar su esencia no se presenta como un desafío exclusivamente teórico y propio de la dogmática administrativa. De su correcto encuadramiento depende el régimen jurídico aplicable a sus consecuencias, el cual, según sea el grado de desarrollo que ostente, necesitará de fundamentos conceptuales para el diseño de nuevas regulaciones o, en su caso, de adaptaciones a las existentes, más ajustadas a sus contornos, siempre móviles y dinámicos por obra de la innovación.

El interrogante de si las decisiones administrativas automatizadas constituyen o no actos administrativos, se aborda primordialmente a partir de las respuestas acordadas a dos problemas considerados centrales:

a) ¿Es compatible la decisión administrativa automatizada con el concepto de acto administrativo? (problema 1).

b) ¿Es compatible la decisión administrativa automatizada con el régimen general del acto administrativo plasmado en la ley 19.549 (LNPA)? (problema 2).

En esa dirección y partiendo de la base de que la ley procedimental no define qué se entiende por acto administrativo, la cuestión se analiza desde dos vectores diferentes.

Por un lado, confrontando las características de la decisión automatizada con una definición de acto administrativo brindada por la doctrina autoral, y, por el otro, escrutándola a partir de su cotejo con las principales aristas que vertebran su régimen legal. Debido a que la automatización presenta modalidades decisorias cuya naturaleza operacional impacta con diversa intensidad en las aristas del acto, ese cometido exige replicarse en aquellas alternativas más idóneas para la confrontación. Para el caso, hemos escogido las modalidades de automatización programada (DAP) y autónoma (DAA)[25].

[25] Anticipamos que en la automatización programada el producto de la máquina representa linealmente la voluntad anticipada con la programación, mientras que en la automatización autónoma el sistema adopta decisiones fruto de procesos intelectivos de autoaprendizaje que se disocian de la programación original

Para nosotros, y esta es la *hipótesis* desde la que partimos, las decisiones automáticas de automatización programada constituyen verdaderos actos administrativos, no así las emanadas de un sistema algorítmico autónomo, que en todo caso revisten naturaleza decisoria *sui generis*, y a las que solo podría aplicarse el régimen de la LNPA por vía analógica.

§ 2. *Parámetros de enmarque, implicancias y recorridos*

Es cierto que su contrastación exige delinear premisas o aclaraciones de tinte *metodológico*, de cara a una mayor precisión conceptual e investigativa.

En esa dirección, consideramos necesario identificar la esencia del problema que subyace en cada uno de los interrogantes antepuestos partiendo de dos de las características operacionales distintivas de los sistemas informáticos:

a) La primera de ellas refleja que los sistemas algorítmicos son *impersonales*[26]. Por consiguiente, la cuestión de la compatibilidad de la noción decisoria automatizada con la definición de acto administrativo, al que individualizamos como *problema 1*, reposa, en general, sobre el grado de involucramiento humano en el proceso decisorio, y, en particular, sobre los alcances del componente *volitivo*. El problema requiere precisar entonces cuánta humanidad subyace a la decisión automatizada y cuánta humanidad exige el acto administrativo.

b) La otra característica revela que los sistemas informáticos son *opacos*[27]. Por ende, la cuestión de la compatibi-

[26] Ellos irradian un procedimiento administrativo comprimido, ausencia de interlocución humana y falta de alteridad. En definitiva, no generan un "ambiente" procedimental.

[27] Según el modelo, los algoritmos son auténticas cajas negras. En su operatividad resultan más o menos herméticos, inescrutables, invisibles e imprevisibles.

lidad de la decisión administrativa automática con el régimen del acto administrativo plasmado en la LNPA, individualizado como *problema 2*, discurre sobre la intensidad del impacto de la *opacidad* sobre el diseño legislativo del acto administrativo. El problema exige precisar cuánta opacidad está dispuesto a aceptar el régimen del acto administrativo.

Debido a que la LNPA no define qué es lo que se entiende por acto administrativo, la respuesta al *problema 1* nos obliga a confrontar las características de la decisión automatizada con la definición de acto administrativo brindada por la doctrina autoral. Proponemos para el escrutinio de compatibilidad la clásica definición de Comadira[28]. Ello porque, como veremos rápidamente, la confrontación se reconstruye sobre uno de sus componentes, la *declaración*, aspecto en el que las definiciones aportadas por buena parte de la doctrina, sustancialmente, no difieren.

Por su parte, considerando que el problema 2 se edifica sobre el fenómeno de la *opacidad*, concentramos la confrontación exclusivamente en aquellas aristas del régimen legal que resulten mayormente impactadas por esa variable.

Finalmente, a pesar de que la problemática necesita explicarse desde la literatura jurídica doméstica, su análisis general se apoya primordial, aunque no exclusivamente, en desarrollos del derecho comparado. Lo justificamos en dos claras razones: por un lado, allí se encuentran los estudios de mayor rigurosidad sobre la temática; por otro, el soporte jurídico local no refleja la suficiente profundidad y extensión para afrontarla por sí solo.

Por cierto, la temática abordada, tal como se presenta en este ensayo intelectivo, encierra otras cuestiones cuyo tratamiento exhaustivo excede de los linderos propuestos, pero que indudablemente, al menos de manera tangencial, resultan parcialmente involucrados en el presente estudio.

[28] Comadira, *El acto administrativo*, p. 5.

En ese sentido, debemos preguntarnos si la legislación procedimental administrativa argentina está preparada para afrontar los retos que plantea la automatización a partir de la inteligencia artificial, el análisis predictivo y la utilización de máquinas con capacidad de aprendizaje. Incluso, sin tanta ambición, cuestionarnos si está preparada la regulación vigente para que la Administración adopte decisiones automatizadas. ¿Puede considerarse tutelado el ciudadano frente a eventuales ilegitimidades o consecuencias dañosas emanadas de la decisión automática? ¿Se encuentra suficientemente garantizada la efectividad del control judicial frente a decisiones técnicamente incomprensibles? Si el desembarco de las tecnologías en la Administración, definida por algunos como la *llave* para su modernización[29], presenta ventajas de variada índole, la natural ininteligibilidad de los postulados de la informática –al menos para el común de los mortales– exige extremar el esfuerzo por eliminar las incertidumbres que pesan sobre el proceso decisor.

Es evidente que estos interrogantes solo pueden atenderse con rigurosidad a partir de un correcto encuadramiento de la decisión automática. La urgencia de su pronta clarificación adquiere un significado peculiar porque no solo atañe a uno de los modos en que se ejerce el poder público, sino porque incide directamente en la manera en que se relaciona la Administración con sus ciudadanos, la que exige certezas y seguridades. Es que la automatización constituye una nueva técnica para una Administración pública que, operando en la realidad de una sociedad globalizada dominada por leyes del mercado y el factor tiempo[30], debe responder a la centralidad de la persona humana en su relación con la estatalidad.

[29] Cfr. Cassese - Ciocca - Satta, *La dematerializzazione dei servizi della P.A. Un'introduzione economica e gli aspetti giuridici del problema*, "Diritto Amministrativo", 2008, p. 285.

[30] Un área gris en la que normalmente las categorías jurídicas iuspublicistas clásicas tienden a perder adherencia (cfr. Venanzoni, *Internet e l'epoca delle Costituzioni capillari: il ruolo del costituzionalismo nella società digitale*, "Ciberspazio e Diritto", nº 3, 2018, p. 295 a 315).

Esa es su principal misión en el marco del Estado constitucional de derecho.

Con ese objetivo y antes de abordar la cuestión principal, estimamos necesario brindar algunas nociones sobre el contenido y el modo de operar del proceso decisor algorítmico, en la medida de que se trata de un fenómeno unitario pero extremadamente complejo desde lo técnico, así como también del ámbito o parcela del ejercicio de la función administrativa en que dicha automatización sucede. Tampoco parece que el objeto de estudio pueda soslayar una ajustada descripción del panorama normativo, doctrinal y jurisprudencial en relación con la esencia del producto final, sobre todo si, además de resultar un insumo relevante, constituye el escenario en el que discurre la investigación.

Al término de las explicaciones que edifican la contrastación, recopilaremos las conclusiones alcanzadas y brindaremos algunos lineamientos reflexivos en perspectiva de futuros desarrollos.

Capítulo Primero

LAS DECISIONES ADMINISTRATIVAS AUTOMATIZADAS

§ 3. *Administración pública y tecnologías*

Sin ingresar en disputas sobre los verdaderos linderos del fenómeno, el advenimiento de la tecnología produjo una paulatina transformación en las reglas de funcionamiento de la sociedad[1], y el derecho no ha sido la excepción. Se ha dicho con sobrada autoridad que el fenómeno del ingreso de la técnica en el derecho ha sido de tal vastedad que ha impactado todas sus parcelas, terminando por interesar a cada compartimento de los ordenamientos contemporáneos. La técnica culminó orientando y condicionando las formas mismas de la producción jurídica y sus fuentes, revelándose como el más radical y corrosivo instrumento de alteración del sistema jurídico[2]. Si esto que se ha dicho es cierto,

[1] Mutaciones sociales siempre más profundas y repentinas, tales como el "datismo", han creado una nueva dimensión informacional, definida como *infosfera*, que ha modificado el modo en el que los humanos conciben y se relacionan con la realidad (cfr. Laviola, *Algoritmico, troppo algorítmico: decisioni amministrative automatizzate, protezione dei dati personali e tutela delle libertà dei cittadini alla luce della più recenté giurisprudenza amministrativa*, "BioLaw Journal", nº 3, 2020, p. 390).

[2] Cfr. Ferrara, *Introduzione al diritto amministrativo*, p. 267. También, Mobilio, *L'intelligenza artificiale e i rischi di una "disruption" della regolamentazione giuridica*, "BioLaw Journal", nº 2, 2020, p. 401 a 424.

entonces no puede sorprender que la irrupción de las reglas de la técnica en el derecho haya empujado a la doctrina a revisar bajo esta particular óptica institutos y principios que parecían pacíficos y consolidados[3]. Obviamente, con resultados a los que cabría calificar de provisorios. Si el rol tecnológico en la fenomenología jurídica está destinado a crecer[4], se preanuncian nuevas adaptaciones y categorías conceptuales[5]. La mutación a la que asistimos, definida como una fase de la Cuarta Revolución Industrial (connotada por el empleo de *big data*[6], tecnologías de

[3] Cfr. Cavallo Perin, *Ragionando come se la digitalizzazione fosse data*, "Diritto Amministrativo", nº 2, 2020, p. 305 a 328. Se remite, entre otros, al trabajo de Cerrillo i Martínez, *El impacto de la inteligencia artificial en el derecho administrativo ¿nuevos conceptos para nuevas realidades técnicas?*, "Revista General de Derecho Administrativo", nº 50, 2019; también a D'Aloia, *Il diritto verso "il mondo nuovo". Le sfide dell'intelligenza artificiale*, "BioLaw Journal", nº 1, 2019, p. 3 a 30; Faini, *Il diritto nella tecnica: tecnologie emergenti e nuove forme di regolazione*, "Federalismi.it", nº 16, 2020, p. 70 a 117.

[4] Parece claro que la robótica y la inteligencia artificial ya no pertenecen al dominio de la *ciencia ficción*, sino que han entrado a formar parte de la vida cotidiana (cfr. Laviola, *Algoritmo, troppo algoritmo: decisioni amministrative automatizzate, protezione dei dati personali e tutela delle libertà dei cittadini alla luce della più recenté giurisprudenza amministrativa*, "BioLaw Journal", nº 3, 2020, p. 395).

[5] Cfr. Ferrara, *Introduzione al diritto amministrativo*, p. 267. Para ejemplos específicos de la afirmación, se reenvía a Taddei Elmi - Romano, *Il robot tra ius condendum e ius conditium*, "Informatica e Diritto", vol. XXV, nº 1, 2016, p. 115 a 137; Russo, *Io, persona robot. Il nuovo diritto pubblico della robotica*", "Amministrativ@mente", nº 3-4, 2018, p. 1 a 12; Ruffolo, *Il problema della "personalità elettronica"*, "Journal of Ethics and Legal Technologies", vol. 2, nº 1, 2020, p. 75 a 88; Cotino Hueso, *Ética en el diseño para el desarrollo de una inteligencia artificial, robótica y big data confiables y su utilidad desde el derecho*, "Revista Catalana de Dret Públic", nº 58, 2019, p. 29 a 48.

[6] Con el término *big data* se hace alusión a un enorme conjunto de datos (estructurados, semiestructurados y no estructurados), reconducibles a diversas fuentes y que fluyen con una velocidad tal que vuelven obsoletos los instrumentos tradicionales de conservación y elaboración de datos (cfr. Galetta, *Algoritmi, procedimento amministrativo e garanzie: brevi riflessioni, anche alla luce degli ultimi arresti giurisprudenziali in materia*, "Rivista Italiana di Diritto Pubblico Comunitario", nº 3-4, 2020, p. 501).

cloud computing[7], *inteligencia artificial*[8])[9], irradia sus efectos sobre la relación libertad-autoridad[10], sobre la estructura organizacional del Estado, sobre el procedimiento y, en última instancia, sobre la decisión administrativa[11].

En el ámbito de la Administración pública, la tecnificación de su organización, y, por sobre todo, de sus procedimientos de actuación, revela un cambio de paradigma en la

---

Relata la autora citada que las administraciones públicas de la actualidad recurren a los *big data* para desenvolver tanto funciones de control como de regulación. Además, son utilizados con el objetivo de incrementar la eficiencia de los servicios públicos a partir de informaciones sobre hábitos, intereses, comportamientos y preferencias de los ciudadanos (p. 502).

[7] Llamado por el mercado como "computación en la nube", se trata de una modalidad de acceso a servicios por intermedio de conectividad e internet.

[8] Sin perjuicio de lo que ya se dijo en la Introducción, la doctrina individualiza en la inteligencia artificial un ecosistema de modelos y tecnologías para la percepción, el razonamiento, la interacción y el aprendizaje. Con ese término no se designa un concepto simple y unitario, sino una *universitas* de conceptos, cada uno de los cuales está al centro de su propia complejidad (cfr. Picozza, *Politica, diritto amministrativo and artificial intelligence,* "Giurisprudenza Italiana", vol. 171, 2019, p. 1761 a 1771).

[9] La Administración pública se encuentra en una cuarta fase de evolución, vinculada a la Cuarta Revolución Industrial, que se apoya sobre dos grandes fenómenos: la mutación exponencial de las nociones de espacio y tiempo que deriva del uso masivo de las TIC y la transformación del modo de elaborar los datos e informaciones, hoy de manera automatizada (cfr. Galetta - Corvalán, *Intelligenza artificiale per una pubblica amministrazione 4.0? Potenzialità, rischi e sfide della rivoluzione tecnologica in atto,* "Federalismi.it", nº 3, 2019, p. 3; también, Venanzoni, *Internet e l'epoca delle Costituzioni capillari: il ruolo del costituzionalismo nella società digitale,* "Ciberspazio e Diritto", nº 3, 2018, p. 296).

[10] El empleo de las TIC ha producido un cambio de las formas mediante las que se explica el diálogo intra y extra procedimental entre la Administración y el ciudadano (cfr. Maglione, *La Pubblica Amministrazione "al varco" dell'Industria 4.0: decisioni automatizzate e garanzie procedimentali in una prospettiva human oriented,* "Amministrazione in Cammino", www.amministrazioneincammino.luiss.it/wp-content/uploads/2020/05/MAGLIONE.pdf).

[11] Conf. Otranto, *Decisione amministrativa e digitalizzazione della p.a.,* "Federalismi.it", nº 2, 2018, p. 3 y 4.

concepción de las relaciones con los ciudadanos[12]. El creciente recurso a las nuevas tecnologías en los procedimientos administrativos renueva profundamente el modo de proceder de la Administración[13]. De esta manera, podría decirse que de forma casi imperceptible para el administrado, se ha alcanzado la automatización de buena parte de la actividad administrativa formal. Esa mutación de la forma de operar administrativa exige de los operadores jurídicos de un esfuerzo[14] por adecuar los institutos existentes a la nueva realidad, pues si bien es cierto que las intervenciones legislativas avanzan hacia ella, lejos están de abordar con sistematicidad la problemática que la transformación plantea[15].

Para la relación entre Administración y administrados, el desembarco de la tecnología derrama ingentes beneficios, tanto en el llamado *back office* –actividad interna de la Administración– como en el *front office* –vínculo de la Administración con el público–.

En referencia al primero de ellos, la Administración obtiene documentos en tiempo más breve, transmite y recibe datos de manera inmediata y segura, despapeliza oficinas, pudiendo decidir más rápidamente, con menores costos y respetando

[12] Cfr. Masucci, *Procedimento amministrativo e nuove tecnologie*; también, Martín Delgado (dir.), *La reforma de la administración electrónica: una oportunidad para la innovación desde el derecho*, p. 7; Cerrillo i Martínez, *El impacto de la inteligencia artificial en el derecho administrativo ¿nuevos conceptos para nuevas realidades técnicas?*, "Revista General de Derecho Administrativo", nº 50, 2019; Auby, *Il diritto amministrativo di fronte alle sfide digitali*, "Istituzioni del Federalismo", nº 3, 2019, p. 619 a 641.

[13] Por ello se ha dicho con singular claridad que estamos ante un nuevo modelo de Administración pública [cfr. Martín Delgado (dir.), *La reforma de la administración electrónica: una oportunidad para la innovación desde el derecho*, p. 7 y 8].

[14] Esfuerzo que supone una ruptura con la cultura dogmática administrativa tradicional (cfr. Martín Delgado, *Naturaleza, concepto y régimen jurídico de la actuación administrativa automatizada*, "Revista de Administración Pública", nº 180, 2009, p. 353).

[15] Para una visión integral del estado actual de la regulación, se remite al § 6 de este capítulo.

principios de publicidad y transparencia[16]. Le permite responder a las exigencias de un contexto globalizado que requiere rapidez en las decisiones y mayor eficiencia del sistema[17]. Respecto del segundo, el particular tiene la oficina pública a disposición de manera permanente, accede a informaciones vía internet, cumple desde cualquier lugar actividades otrora presenciales e interviene fácilmente en los procedimientos[18].

Aunque, si es por medio de sus decisiones que la Administración concreta las funciones de las cuales es tributaria, a la mutación funcional administrativa le corresponde la geométrica transformación de las decisiones y del procedimiento para alcanzarlas[19]. En el proceso de formación decisional la tecnología asume relevancia desde dos aspectos: por un lado, como instrumento para adquirir todas las informaciones que su adopción necesita[20]; por otro, como mecanismo para convertir el modo de formación de la voluntad de la Administración pública[21].

[16] Cfr. Orofino, *La semplificazione digitale*, "Il Diritto dell'Economia", nº 100, 2019, www.ildirittodelleconomia.it/wp-content/uploads/2020/03/04 Orofino.pdf.

[17] Cfr. Costantino, "L'uso della telematica nella Pubblica Amministrazione", en Romano (a cura di), *L'azione amministrativa*, p. 246.

[18] Costantino, "L'uso della telematica nella Pubblica Amministrazione", en Romano (a cura di), *L'azione amministrativa*, p. 247.

[19] Cfr. Cavallo Perin, *Ragionando come se la digitalizzazione fosse data*, "Diritto Amministrativo", nº 2, 2020, p. 306.

[20] En el marco de la pandemia, los *big data* se han vuelto un recurso esencial para poder trazar la evolución del virus y la propagación de los contagios, adquiriendo un rol crucial para la definición de la acción pública (cfr. Tranquilli, *Rapporto pubblico-privato nell'adozione e nel controllo della decisione amministrativa "robotica"*, "Diritto e Società", nº 2, 2020, p. 286). Desde una apreciación netamente diferente, se afirma que, como corolario del COVID-19, la robótica y la inteligencia artificial, de episodios del progreso tecnológico eufórico se han convertido en capítulos de la historia (cfr. Esteve Pardo, *La apelación a la ciencia en el gobierno y gestión de la crisis de la covid-19*, "Revista de Derecho Público: Teoría y Método", nº 2, 2020, p. 37 y 38).

[21] D'Angelosante, "La consistenza del modello dell'amministrazione 'invisibile' nell'età della tecnificazione: dalla formazione delle decisioni

a) *AUTOMATIZACIÓN DE LOS PROCEDIMIENTOS ADMINISTRATIVOS.* Si por actuación administrativa automatizada entendemos al ejercicio por la Administración de una potestad administrativa mediante un sistema de información programado, y no por una persona física[22], entonces su automatización genera una profunda innovación del procedimiento administrativo[23].

Un procedimiento de estas características[24] no consiste en la mera posibilidad de poner a disposición de operadores y usuarios una serie de instrumentos tecnológicos, tales como la notificación electrónica, el expediente digital o, incluso, la firma en ese formato. Es cierto que estos últimos colaboran con el ciudadano y la Administración en el desarrollo del procedimiento, facilitando las comunicaciones y el intercambio documental, y, con ello, la celeridad y simplificación que siempre cabe esperar de la actuación administrativa. Pero calificar a un procedimiento administrativo como automatizado supone que las tecnologías son utilizadas por la Administración no como instrumentos de apoyo a los procesos realizados en soporte papel, sino constituyendo ellas mismas un medio de actuación de las fases procedimentales. En este caso, el procedimiento es desenvuelto directamente por el ordenador, el cual, a partir de los datos con los que cuenta, se encuentra en grado de tramitarlo en modo íntegro.

---

alla responsabilità per le decisioni", en Civitarese Matteucci - Torchia (a cura di), *La tecnificazione,* p. 155.

[22] Cfr. Martín Delgado, *Naturaleza, concepto y régimen jurídico de la actuación administrativa automatizada,* "Revista de Administración Pública", nº 180, 2009, p. 367.

[23] Cfr. Martín Delgado (dir.), *La reforma de la administración electrónica: una oportunidad para la innovación desde el derecho,* p. 10. Coincidiendo en lo sustancial, ver Valero Torrijos, *El régimen jurídico de la e-Administración. El uso de los medios informáticos y telemáticos en el procedimiento administrativo común,* p. 73.

[24] Cabe decir que si bien es verdad que el desembarco de las tecnologías en la Administración inicialmente se concentró en la fase de instrucción del procedimiento, también lo es que en la actualidad su uso abarca a la totalidad de sus fases, incluyendo la conclusión.

No hay duda de que la automatización del procedimiento, además de una evidente reorganización interna[25], exige implementar un sistema público de conectividad que asegure la interoperabilidad entre los sistemas informáticos administrativos[26], la configuración de políticas en materia de formación informática de los dependientes públicos y la adquisición de soportes tecnológicos susceptibles de tramitar de manera automática todas las fases del procedimiento[27].

Tampoco dudamos de que en ellos debe garantizarse el principio de actuación digital, conocido como *digital first*[28],

[25] Los procedimientos automatizados imponen a la Administración el deber de adaptar su organización a la nueva modalidad de tramitación. Plataformas virtuales, ventanillas digitales, técnicos informáticos y redes exigen reacomodar las estructuras pensadas para instruir procedimientos de manera presencial, sin descuidar, claro está, las garantías procedimentales del administrado [cfr. Costantino, "L'uso della telematica nella Pubblica Amministrazione", en Romano (a cura di), *L'azione amministrativa*, p. 242]. En ese sentido, la acción pública automatizada requiere pasar de una Administración fundada sobre una organización jerárquica piramidal y de funcionamiento vertical, a una Administración más ágil y abierta a prácticas colaborativas; cfr. Tranquilli, *Rapporto pubblico-privato nell'adozione e nel controllo della decisione amministrativa "robotica"*, "Diritto e Società", nº 2, 2020, p. 284 y 285. Para un amplio estudio sobre los cambios operados en la organización administrativa por la automatización, partiendo de la definición de órgano informático y el impacto del teletrabajo, ver Picozza, *Politica, diritto amministrativo and artificial intelligence,* "Giurisprudenza Italiana", vol. 171, 2019, p. 1765 y 1766.

[26] Sobre el concepto de interoperabilidad, ver Gamero Casado, "Administración electrónica e interoperabilidad", en Martín Delgado (dir.), *La reforma de la administración electrónica: una oportunidad para la innovación desde el derecho,* p. 499 a 517.

[27] Incluso los mecanismos de revisión de las decisiones automatizadas (Masucci, *Procedimento amministrativo e nuove tecnologie,* p. 104).

[28] Cfr. Otranto, *Decisione amministrativa e digitalizzazione della p.a.,* "Federalismi.it", nº 2, 2018, p. 9. Por cierto, el objetivo del *digital first* exige la gestión informatizada de los procedimientos a través de expedientes digitalizados alimentados por todas las administraciones involucradas en el trámite, modificando el modo tradicional de su confección (Duni, *L'amministrazione digitale. Il diritto amministrativo nell'evoluzione telematica,* p. 53). Pero esa automatización también requiere que el diálogo informático entre la Administración y el ciudadano no sea más

pero también el llamado *estatuto del ciudadano digital*[29], porque si es cierto que la automatización ha venido a signar

---

una facultad sino una verdadera obligación, y que en aquellos casos en los que continúe siendo facultativo, no emanen consecuencias gravosas para los interesados. Si bien no se puede prescindir de la tramitación electrónica como instrumento que permite avanzar hacia una Administración más eficiente, ella no puede suponer una renuncia o limitación de derechos de las personas, sino solo en los casos y en las condiciones que se deduzcan de la normativa aplicable e interpretados con criterio restrictivo [cfr. Urios Aparisi, "Consideraciones generales sobre la reforma de la administración electrónica", en Martín Delgado (dir.), *La reforma de la administración electrónica: una oportunidad para la innovación desde el derecho,* p. 199]. Por consiguiente, cuando entre la Administración y el ciudadano se instaura de manera obligatoria un vínculo *digital,* emerge la obligación para los poderes públicos de tornar efectivo el derecho de acceso a la red como precondición para el ejercicio de ulteriores derechos. Estos solo pueden ser ejercitados si la conexión ofrecida es lo suficientemente amplia y veloz como para consentir el funcionamiento de las aplicaciones y de las plataformas predispuestas por la Administración. Se piensa en el efecto excluyente que tal obligación tendría sobre la posibilidad de gozar de la prestación por parte de usuarios desprovistos de la habilidad o de los medios materiales adecuados (la llamada brecha digital o *digital divide*). Ampliar en Otranto, "La neutralità della rete internet: diritti fondamentali, interessi pubblici e poteri amministrativi", en Lacava - Otranto - Uricchio (a cura di), *Funzione promozionale del diritto e sistemi di tutela multilivello,* p. 177 a 222.

[29] Calificada por algunos como categoría metajurídica y evanescente en sus confines, pero que evoca y sugiere la incipiente revolución de los ejes mismos de la relación entre libertad y autoridad, cfr. Otranto, *Decisione amministrativa e digitalizzazione della p.a.,* "Federalismi.it", nº 2, 2018, p. 11. Dentro de los linderos del llamado *estatuto del ciudadano digital* pueden catalogarse, entre otros, el derecho del administrado a usar los instrumentos telemáticos con el fin de participar en el procedimiento y de verificar por ese medio su estado de avance, el derecho a la obtención de una identidad digital a través de la cual acceder y utilizar los servicios prestados en red y el derecho a elegir un domicilio digital que se erigirá en el lugar exclusivo de comunicación y notificación por parte de la administración (D'Orlando, *Profili costituzionali dell'amministrazione digitale,* "Diritto dell'Informazione e dell'Informatica", vol. 27, nº 2, 2011, p. 213). En Italia, los llamados *diritti di cittadinanza digitale* contemplados en el art. 17, inc. 1 *quinquies* del decr. leg. 82/2005, denominado Codice della Amministrazione Digitale –rubricados en el art. 1º de la ley 124/2015 como

cada ámbito de la vida administrativa, entonces a todo individuo deberá dotarse de un mínimo de patrimonio y conocimiento de orden técnico, pues sin él existe el grave riesgo de quedar excluido de una parte importante de las dinámicas sociales como corolario de su autismo tecnológico[30].

Insistimos, automatizar un procedimiento supone que no es materialmente desarrollado por los operadores de la Administración pública, sino que resulta realizado directamente por los aparatos informáticos[31]. En ello reside la necesidad de su reingeniería en clave automatizada.

b) *Automatización de la decisión administrativa.* Pero si el procedimiento sirve para tomar decisiones, es en la adopción del acto o decisión administrativa donde la automatización presenta sus aspectos más controvertidos[32]. Por tanto,

---

carta della cittadinanza digitale CAD–; en España, la ley 11/2007, de 22 de junio, de acceso electrónico de los ciudadanos a los servicios públicos, continente de un verdadero estatuto jurídico del ciudadano administrado electrónicamente. Para un profundo análisis sobre los derechos del ciudadano digital, cfr. Cotino Hueso, "El derecho a relacionarse electrónicamente con las administraciones y el estatuto del ciudadano e-administrado en la ley 11/2007", en Gamero Casado - Valero Torrijos (coords.), *La ley de administración electrónica: comentario sistemático a la ley 11/2007, de 22 de junio, de acceso electrónico de los ciudadanos a los servicios públicos,* p. 177 a 354.

[30] Cfr. Ruggeri, *Società tecnologicamente avanzata e stato di diritto: un ossimoro costituzionale?,* www.giurcost.org/studi/ruggeri110.pdf.

[31] Cfr. Notarmuzzi, "Il procedimento amministrativo informatico", en AA.VV., *Le amministrazioni pubbliche tra conservazione e riforme-omaggio degli allievi al Prof. Cassese,* p. 241 a 259. Resulta una obviedad afirmar que la automatización del procedimiento acarrea, entre otras importantes consecuencias que los administrados pierdan la posibilidad de ser atendidos personalmente [cfr. Alamillo Domingo, "La regulación de la tecnología: la superación del modelo papel como elemento de transformación digital innovadora", en Martín Delgado (dir.), *La reforma de la administración electrónica: una oportunidad para la innovación desde el derecho,* p. 122]. En idéntico sentido, Sorace, *Diritto delle amministrazioni pubbliche,* p. 186.

[32] La referencia a acto administrativo o decisión administrativa, de manera indistinta, lo es al solo efecto de facilitar la explicación, pero de ningún modo implica anticipar una posición respecto del interrogante central del trabajo.

resulta prioritario distinguir entre *acto administrativo de forma electrónica* y *acto administrativo de elaboración electrónica*[33].

En el primer caso, nos referimos al acto emanado mediante soporte informático[34], en el sentido de que este último es electrónico debido a que se encuentra expresado sobre material electrónico. Es la forma la que lo denomina y no el contenido, que continúa siendo determinado por el funcionario.

Por el contrario, la acepción *acto administrativo de elaboración electrónica* refiere a una total automaticidad del acto conclusivo[35]. En este supuesto, es el contenido del acto el que resulta electrónico, con independencia de la forma[36]. La computadora, mediante un programa informático, determina y emite el acto administrativo. En este caso, la intervención humana solo se limita –en principio– a la realización del *software* que permitirá al ordenador, en presencia de determinados acontecimientos, emitir el acto respectivo. A partir de esa programación previa, es la computadora la que evaluará los

[33] La terminología en examen ha sido introducida por Duni, *L'utilizzabilità delle tecniche elettroniche nell'emanazione degli atti e nei procedimenti amministrativi. Spunto per una teoría dell'atto amministrativo emanato nella forma elettronica*, www.privacy.it/archivio/duni19780601.html.

[34] Para un análisis exhaustivo de las formas telemáticas de exteriorización de los actos administrativos, ver Orofino, "L'esternazione informatica degli atti amministrativi", en Civitarese Matteucci - Torchia (a cura di), *La tecnificazione*, vol. IV, p. 181.

[35] Cierta doctrina los identifica simplemente como "actos automáticos"; ver Marongiu, *Gli atti amministrativi ad elaborazione elettronica: a compilazione di un pre-software in lingua italiana*, "Rivista di Diritto Amministrativo Elettronico", 2003, p. 1.

[36] Se disocia de la cuestión de la forma electrónica, en el sentido de que es posible que el acto elaborado por el ordenador deba necesariamente ser impreso y firmado por el funcionario responsable para adquirir validez. Sobre el vínculo entre la dimensión "decisoria" y aquella "documental" de la informática, cfr. Natalini, *Sistemi informativi e procedimenti amministrativi*, "Rivista Trimestrale di Diritto Pubblico", 1999, nº 2, p. 449 a 471.

requisitos y presupuestos relevantes para la emanación de la decisión[37].

Nuestro análisis se circunscribirá entonces a esta especie de acto administrativo electrónico, dado que las vicisitudes propias de la decisión en soporte informático no comportan sustanciales diferencias respecto del acto administrativo de tipo tradicional.

Sin embargo, previo al abordaje de lo que constituye materia de estudio, resulta imperativo resaltar que el derecho en clave comparada no es uniforme en orden a diferenciar el acto de la decisión administrativa. Por caso, mientras que el derecho francés resta trascendencia a la distinción, buena parte de la doctrina italiana entiende que la legislación ritual introduce dispositivos que justifican estar en presencia de dos institutos diversos[38].

La circunstancia subrayada no resulta baladí, pues habilita a colegir que la decisión algorítmica puede asumir un rol "predecisor" en un acto administrativo no automatizado –pues el funcionario, al dictar el acto administrativo, hace

[37] Masucci, *L'atto amministrativo informatico,* p. 48. No estamos aludiendo a la decisión administrativa predispuesta por el funcionario acudiendo a un sistema informático y en formato electrónico, sino al acto obtenido mediante un procedimiento de elaboración por parte de sistemas informatizados que lleva a la creación de un documento jurídico, vinculando entre ellos los datos que han sido introducidos en la computadora, según las previsiones del *software* adoptado y sin aporte humano directo. Para un análisis más profundo sobre las distintas acepciones de acto administrativo electrónico, cfr. Saitta, *Le patologie dell'atto amministrativo elettronico e il sindacato del giudice amministrativo,* "Quaderni del DAE, Rivista di Diritto Amministrativo Elettronico", 2003; también, Russo, "Introduzione agli atti amministrativi elettronici: tra discrezionalità e vincolatività", en AA.VV, *Diritto e nuove tecnologie. Saggi di informatica giuridica avanzata,* p. 85.

[38] Se afirma que la decisión administrativa no tiene valor *provvedimental,* por ejemplo, en la hipótesis del art. 10 bis de la ley 241/1990, en el supuesto conocido como "aviso de rechazo" del reclamo particular, previo al dictado del acto administrativo negativo (ampliar en Lazzara, "La comunicazione dei motivi ostativi all'accoglimento dell'istanza", en Romano (a cura di), *L'azione amministrativa,* p. 382 a 397).

suya la "sugerencia" del ordenador– o un rol "decisor" en un acto administrativo automatizado –la decisión automatizada coincide con el acto mismo–.

A los fines de este trabajo y para nosotros, el sintagma *decisión administrativa automatizada* identifica a todos los actos administrativos cuyo *contenido*[39] es determinado por el uso de un *software* o algoritmo que sustituye la actividad creadora humana[40]. Es el sistema informático el que "captura" la decisión, en el sentido de que lo que el acto decide resulta "elaborado" por el ordenador.

1) *El proceso de automatizar la decisión.* Codificar un proceso decisor[41] para que emane una decisión administrativa automatizada, es decir, pasar de una *computadora archivo* a una *computadora funcionario*[42], significa dotar al sistema

[39] "La decisión administrativa 'robotizada' considera al ordenador como el sustituto del hombre en la determinación del 'contenido' del acto y no solo como mero 'contenedor' (forma exterior del acto)" (cfr. Vaccari, *Note minime in tema di intelligenza artificiale e decisioni amministrative"*, "Giustamm", nº 10, 2019, p. 2).

[40] Sola, *Inquadramento giuridico degli algoritmi nell'attività amministrativa*, "Federalismi.it", nº 16, 2020, p. 335.

[41] La sintética explicación del "razonamiento" por medio del cual el ordenador adopta la decisión automática no podrá ir más allá de la enunciación de los principales aspectos de la cuestión, en el entendimiento de que, al tratarse de un área exquisitamente técnica, el riesgo de excesos o vacíos se dimensiona, sobre todo de frente a la informática, como un campo en permanente construcción y evolución.

[42] "En esos casos, el ordenador no desarrolla solamente un rol auxiliar en la actividad decisoria de los funcionarios, sino que sustituye al hombre mismo al momento de la determinación del contenido de la decisión, deviniendo a todos los efectos un verdadero funcionario público" (Russo, "Introduzione agli atti amministrativi elettronici: tra discrezionalità e vincolatività", en AA.VV, *Diritto e nuove tecnologie. Saggi di informatica giuridica avanzata*, p. 89, aunque el primero en expresarse en ese sentido ha sido Frosini, *L'informatica e la pubblica amministrazione*, "Rivista Trimestrale di Diritto Pubblico", nº 2, 1983, p. 484). Como se dijo, implica una superación de la tradicional burocracia en favor de una nueva *burótica*, término acuñado a partir de la interacción, sobre el plano organizativo, de la oficina administrativa *–bureau–* con las tecnologías

informático de reglas lógico-matemáticas (oportunamente codificadas mediante un lenguaje técnico) inferidas de normas jurídicas. Esas reglas, definidas según el lenguaje informático como *instrucciones*, están contenidas en un *software*, denominado *programa*. Este programa no es otra cosa que el desarrollo de un *algoritmo*[43], gracias al cual es posible establecer qué cálculos y qué cotejos debe seguir la computadora y cuál secuencia debe operar para resolver un cierto tipo de problema. En presencia de las circunstancias de hecho configuradas en el programa, las instrucciones disparan la decisión para el caso particular.

En el caso específico del acto administrativo, el *programa* contiene las *instrucciones* que definen el desarrollo del proceso decisional de la computadora que lleva a la adopción del acto conclusivo. Estas *instrucciones* constituyen la traducción en *algoritmo* de las reglas jurídicas de acción de carácter preceptivo[44]. Por consiguiente, el programa no

informáticas (cfr. Vaccari, *Note minime in tema di intelligenza artificiale e decisioni amministrative*", "Giustamm", nº 10, 2019, p. 2).

[43] El algoritmo es entendido como secuencia de instrucciones computacionales que indican a una máquina el procedimiento a seguir para obtener un determinado resultado (cfr. Avanzini, *Decisioni amministrative e algoritmi informatici*, p. 6). Con mayor precisión viene definido como la secuencia finita de operaciones simples, fácilmente ejecutables por un ordenador que, a partir de un conjunto de datos (*input*), produce otro conjunto de datos (*output*) que satisfacen un preasignado conjunto de requisitos. El algoritmo está caracterizado esencialmente por dos elementos: la complejidad computacional, relativa al número de operaciones simples necesarias para producir el *output* (ligado directamente al tiempo de cálculo necesario para ejecutar el algoritmo), y la aproximación, relativa al grado de satisfacción de los objetivos según el criterio especificado. De estas dos específicas características dependen dos factores importantes y determinantes: el tiempo necesario para dar una respuesta y la exactitud de la respuesta misma, que son dos caracteres fuertemente correlacionados (cfr. Carrozza - Oddo - Orvieto - Di Mini - Montemagni, *AI: profili tecnologici, automazione e autonomía: dalla definizione alle possibili applicazioni dell' intelligenza artificiale*, "BioLaw Journal", nº 3, 2019, p. 243).

[44] Se denomina *normalización* al proceso por el cual las reglas jurídicas son traducidas, mediante lenguaje formal, a reglas técnicas (cfr.

solo gobierna el desenvolvimiento del procedimiento sino que, al mismo tiempo, predetermina el contenido del acto particular[45].

Es fácil apreciar que la computadora transforma datos cuantificables –denominados *input*– en datos de salida –denominados *output*–, sin desenvolver ningún *razonamiento* autónomo[46]. Solo sigue las *instrucciones* previamente estructuradas en un *algoritmo*, entendido como un procedimiento computacional inteligible para el hombre, y sucesivamente traducidas en el *software*, entendido como un programa o procedimiento computacional inteligible para la máquina[47]. El proceso decisor responde entonces a una lógica lineal, de tipo causal, en la que las instrucciones formuladas *ex ante* conducen a un cierto y preciso resultado. Se trata de un modelo reconstructivo muy simple[48], definido por algunos

---

Viola, *L'intelligenza artificiale nel procedimento en el processo amministrativo: lo stato dell'arte*, "Federalismi.it", nº 21, 2018, p. 6 y 7).

[45] Viola, *L'intelligenza artificiale nel procedimento en el processo amministrativo: lo stato dell'arte*, "Federalismi.it", nº 21, 2018, p. 84.

[46] Los ordenadores fundan su comportamiento en algoritmos que constituyen secuencias de instrucciones totalmente unívocas. Ellas los inducen a seguir los comandos sin espacios de actuación alguna que no sea enteramente atribuible a la voluntad y a la creatividad del programador, resultando ser meros realizadores mecánicos de órdenes preestablecidas [cfr. Marongiu, *L'intelligenza artificiale "istituzionale": limiti (attuali) e potenzialità*, "European Review of Digital Administration & Law", nº 1, issue 1-2, jun.-dec. 2020, p. 37].

[47] Otranto, *Decisione amministrativa e digitalizzazione della p.a.*, "Federalismi.it", nº 2, 2018, p. 15; también, Viola, *L'intelligenza artificiale nel procedimento en el processo amministrativo: lo stato dell'arte*, "Federalismi.it", nº 21, 2018, p. 8.

[48] Lucatuorto - Bianchini, *Discrezionalità e contemperamento degli interessi nei processi decisionali dell'amministrazione digitale*, "Ciberspazio e Diritto", vol. 10, nº 1, 2009, p. 43, quienes justamente observan que "los sistemas para la decisión automática (se limitan) a tomar solo el aspecto más superficial del conocimiento y el razonamiento jurídico". Por otro lado, se ha dicho que desde un punto de vista estrictamente práctico y funcional no hay demasiadas diferencias entre la forma en que sabemos que funciona nuestro cerebro a la hora de tomar decisiones y la

como *razonamiento automático*[49] y por otros como *formalismo procedimental*[50], y que responde al mecanismo lógico-deductivo propio del llamado silogismo jurídico o judicial[51].

En definitiva, el esquema esencial de la automatización que podríamos definir como *tradicional*, consta de las siguientes fases: *a*) predeterminación de los supuestos abstractos en el programa informático; *b*) inserción en el *software* de los datos específicos relativos al procedimiento concreto a concluir, es decir, la subsunción de los elementos concretos en los supuestos abstractos, y *c*) decisión automatizada derivada de la actividad del algoritmo[52].

2) *La decisión automatizada mediante la inteligencia artificial.* El proceso decisor descripto en el acápite anterior

---

manera en que los programas basados en una sucesión de cálculos y las instrucciones que indican cómo llevarlos a cabo operan (cfr. Boix Palop, *Los algoritmos son reglamentos: la necesidad de extender las garantías propias de las normas reglamentarias a los programas empleados por la Administración para la adopción de decisiones*, "Revista de Derecho Público: Teoría y Método", nº 1, 2020, p. 226).

49 Sartor, *L'informatica giuridica e le tecnologie dell'informazione*, p. 292.

50 Lucatuorto, *Teorie e modelli del diritto per il ragionamento giuridico automatico*, p. 43.

51 Lucatuorto, *Teorie e modelli del diritto per il ragionamento giuridico automatico*, p. 30, quien subraya la insuficiencia de la lógica silogística en las hipótesis en que se encuentre frente a un conflicto entre reglas o en caso de lagunas normativas, o cuando el razonamiento jurídico proponga conclusiones provisorias y revocables.

52 D'Angelosante, "La consistenza del modello dell'amministrazione 'invisibile' nell'età della tecnificazione: dalla formazione delle decisioni alla responsabilità per le decisioni", en Civitarese Matteucci - Torchia (a cura di), *La tecnificazione*, p. 166. Explica la autora que se asiste al pasaje de una condición de *street-level bureaucracy* a una condición de *screen-level bureaucracy*, es decir, de una situación en la que es el funcionario público quien decide, a otra situación en la que este último solo decide formalmente, porque en los hechos la decisión es adoptada por el ordenador, más allá de que el funcionario conserve algún rol *ex ante* –al momento del suministro de instrucciones al *software*– y *ex post* –en la lectura del producto elaborado por la máquina–.

presupone que los algoritmos motoricen una lógica causal, es decir, que sigan una secuencia argumentativa rastreable y verificable de inducciones o deducciones ligadas por el principio de causalidad[53].

El advenimiento de la inteligencia artificial[54] produjo un verdadero "cambio de paradigma"[55] en la automatización decisoria. Ello porque los algoritmos no se limitan a deducir consecuencias de las instrucciones prefijadas por el programador, sino que en virtud de sistemas automáticos de aprendizaje (llamados *machine learning*[56]) producen sus

[53] Simoncini, *L'algoritmo incostituzionale: intelligenza artificiale e il futuro delle libertà*, "BioLaw Journal", nº 1, 2019, p. 78.

[54] No es fácil establecer qué es la inteligencia artificial. Se la presenta como un *umbrella term*, una palabra "contenedor", que incluye una variedad de técnicas computacionales y de procesos asociados (de tipo algorítmico) dedicados a mejorar la habilidad de las máquinas en hacer cosas que requieren inteligencia (cfr. D'Aloia, *Il diritto verso "il mondo nuovo". Le sfide dell'intelligenza artificiale*, "BioLaw Journal", nº 1, 2019, p. 8); también Faini, *Il diritto nella tecnica: tecnologie emergenti e nuove forme di regolazione*, "Federalismi.it", nº 16, 2020, p. 83 y 84. En otros términos, se trata de una tecnología que permite a la máquina desenvolver funciones tradicionalmente reconocidas a la capacidad humana (cfr. Donati, *Intelligenza artificiale e giustizia*, "Rivista AIC", nº 1, 2020, p. 415).

[55] Simoncini, *L'algoritmo incostituzionale: intelligenza artificiale e il futuro delle libertà*, "BioLaw Journal", nº 1, 2019, p. 78. Ese cambio de paradigma se erige en derredor de la paulatina sustitución de una forma de operar por otra, pasando de la predeterminación normativa estricta a otra en el que el propio sistema permite la evolución autónoma del programa y de las soluciones que de él decantan (Boix Palop, *Los algoritmos son reglamentos: la necesidad de extender las garantías propias de las normas reglamentarias a los programas empleados por la administración para la adopción de decisiones*, "Revista de Derecho Público: Teoría y Método", nº 1, 2020, p. 226 y 231).

[56] Con el término se alude a las diversas técnicas de aprendizaje algorítmico. Ampliar en Cobbe, *Administrative law and the machines of government: judicial review of automated public-sector decision making*, "Legal Studies", vol. 39, nº 4, 2019, p. 638; Finck, "Automated decision-making and administrative law", en Cane *et al.* (eds.), *Oxford handbook of comparative administrative law*, p. 2 y 3. El *machine learning* posee tres notas características que lo distinguen de otros tipos de técnicas: está basado sobre el uso de algoritmos que aprenden autónomamente; estos algoritmos tienen naturaleza de *black box*, y el sistema tiene la

propios criterios de inferencia (instrucciones), criterios que en muchos casos resultan incomprensibles para los mismos programadores[57].

A diferencia de las computadoras tradicionales, que operan con base en algoritmos preestablecidos por el programador, los nuevos sistemas de inteligencia artificial tienen la particularidad de crear de manera automática los algoritmos que serán después empleados en su propio funcionamiento.

Por tanto, la principal característica de la inteligencia artificial es aquella de operar autónomamente[58], permitiéndole al sistema *aprender* a desenvolver una determinada acción[59], aun cuando esta no haya estado inicialmente progra-

---

capacidad de producir resultados que podrían potencialmente superar la prevision humana (cfr. Coglianese - Lehr, *Regulating by robot: administrative decision making in the machine-learning era*, "The Georgetown Law Journal", vol. 105, 2017, p. 1147 a 1167).

[57] Los algoritmos no se limitan a seguir fielmente las instrucciones del programador, sino que inventan soluciones y recorridos inéditos, con el resultado de que ni siquiera aquellos que les proveyeron las instrucciones a la máquina están en condiciones de reconstruir el proceso ecisional y ofrecer una explicación comprensible (cfr. Cavallaro - Smorto, *Decisione pubblica e responsabilità dell'amministrazione nella società del algoritmo*, "Federalismi.it", nº 16, 2019, p. 3).

[58] Donati, *Intelligenza artificiale e giustizia*, "Rivista AIC", nº 1, 2020, p. 415 a 436. Sobre el tipo de autonomía que la máquina puede expresar se ha dicho que es una autonomía meramente "operacional" o "puramente tecnológica" (como afirma la resolución del Parlamento europeo, a la que se aludirá más adelante). El punto está en que hay una decisión que ha sido tomada por fuera de una secuencia programática, como un "comportamiento emergente", entendido este como la habilidad de un sistema "autónomo" de comportarse en *complex, unanticipated ways* (cfr. D'Aloia, *Il diritto verso "il mondo nuovo". Le sfide dell'intelligenza artificiale*, "BioLaw Journal", nº 1, 2019, p. 12 y 13).

[59] El ordenador no se limita a seguir instrucciones predeterminadas, sino que aprende con la experiencia y reorienta progresivamente su propio comportamiento, adquiriendo así espacios de determinación autónoma respecto a los comandos inicialmente suministrados por el programador. En otras palabras, la computadora puede asimilar la realidad con la que se confronta y mejorar al mismo tiempo su propia línea de conducta, generando un *output* que trasciende las previsiones de quien ha com-

mada entre las decisiones posibles[60]. Esto implica que las decisiones no son adoptadas por los ordenadores siguiendo un razonamiento lógico causal[61], sino mediante correlaciones[62] y predicciones[63], basadas sobre la lógica llamada *fuzzy*[64], lo que habilita a decidir previendo comportamientos futuros[65].

---

pilado inicialmente sus instrucciones [Marongiu, *L'intelligenza artificiale "istituzionale": limiti (attuali) e potenzialità*, "European Review of Digital Administration & Law", nº 1, issue 1-2, jun.-dec. 2020, p. 38 y 39].

[60] Donati, *Intelligenza artificiale e giustizia*, "Rivista AIC", nº 1, 2020, p. 427. También se dijo que en los sistemas de inteligencia artificial solo algunas de las instrucciones y técnicas implementadas al decidir resultan preexistentes y nacen de la mente humana, pues su funcionamiento se basa principalmente en su capacidad de autodeterminación (cfr. Tranquilli, *Rapporto pubblico-privato nell'adozione e nel controllo della decisione amministrativa "robotica"*, "Diritto e Società", nº 2, 2020, p. 289).

[61] Lógica tradicional del silogismo jurídico (cfr. Muselli, *La decisione amministrativa nell'età degli algoritmi: primi spunti*, "MediaLaws", nº 1, 2020, p. 25).

[62] Costantino, *Intelligenza artificiale e decisioni amministrative*, "Rivista Italiana per le Scienze Giuridiche", nº 8, 2017, p. 369 y 370. Para profundizar sobre la causalidad y la correlación algorítmica, remitimos a Aras, *Corrélation et causalité. De l'automatisme de la causalité juridique à l'autonomie de la corrélation algorithmique*, "Revue Riseo", nº 2, 2018, p. 196 a 208.

[63] Un análisis sobre el funcionamiento de los algoritmos predictivos se encuentra en Bonhomme - De Montety, *L'encadrement juridique de la prédiction*, "Revue Riseo", nº 2, 2018, p. 170 a 195.

[64] Tal vez, la forma más simple de caracterizar la lógica *fuzzy* o borrosa sea decir que es una lógica del razonamiento aproximado. Es una lógica cuyos rasgos distintivos son: *i*) valores de verdad borrosos; *ii*) tablas de verdad imprecisas, y *iii*) reglas de inferencia cuya validez es aproximada más que exacta. La lógica del razonamiento aproximado no pretende asegurar la certeza de los resultados obtenidos, sino solo una solución justificable, una de las decisiones plausibles (cfr. Mazzarese, *Lógica borrosa y decisiones judiciales: el peligro de una falacia racionalista*, "Doxa", nº 19, 1996, p. 222 a 226).

[65] De Leonardis, "Big data, decisioni amministrative e 'povertà' di risorse della pubblica amministrazione", en Calzolaio (a cura di), *La decisione nel prisma dell'intelligenza artificiale*, p. 143. No obstante, no debe desconocerse que, al momento, la inteligencia artificial no es un sistema universal, en el sentido de que puede cumplir una cantidad significativa y diversificada

Su impacto en la actividad administrativa decisoria resulta notorio, pues confiar el cuidado del interés público a un sistema fundado sobre un conjunto de reglas técnicas supone el surgimiento de un nuevo centro de poder decisional.

Como corolario de la característica operacional de los sistemas de aprendizaje propios de la inteligencia artificial, y a diferencia de lo que sucede con las decisiones algorítmicas tradicionales[66], la idea de que la Administración sabe exactamente qué es lo que el sistema va a decidir en el caso concreto, constituye solo una ficción[67].

---

de acciones. Según el grado de evolución, los sistemas actuales solo están preparados para cumplir una única y específica acción [cfr. Marongiu, *L'intelligenza artificiale "istituzionale": limiti (attuali) e potenzialità*, "European Review of Digital Administration & Law", nº 1, issue 1-2, jun.-dec. 2020, p. 40].

[66] Si bien en sus inicios los algoritmos fueron mayoritariamente utilizados por la Administración para la realización de operaciones mecánicas de cálculo predeterminadas, cuyo resultado era fácil de prever y donde su empleo resultaba sencillo de entender, integrar y rastrear a partir de parámetros e instrucciones perfectamente vinculables con los objetivos perseguidos, el incremento de la capacidad computacional le ha permitido el paulatino abandono de la racionalidad formal tradicional por un uso cada vez mayor de correlaciones e inducciones probabilísticas; cfr. Boix Palop, *Los algoritmos son reglamentos: la necesidad de extender las garantías propias de las normas reglamentarias a los programas empleados por la administración para la adopción de decisiones*, "Revista de Derecho Público: Teoría y Método", nº 1, 2020, p. 228. No obstante, en el pasaje histórico que estamos transitando, aun coexisten ambas tipologías informáticas [Marongiu, *L'intelligenza artificiale "istituzionale": limiti (attuali) e potenzialità*, "European Review of Digital Administration & Law", nº 1, issue 1-2, jun.-dec. 2020, p. 41].

[67] En perspectiva de una siempre mayor complejidad de los sistemas, considera la doctrina que la idea de que la Administración sabe exactamente qué va a hacer su sistema informático constituye solo una ficción. Ese conocimiento se encuentra impedido por: *a*) la ignorancia de los contextos en los cuales el sistema operará; *b*) la imposibilidad de reproducir todas las operaciones de elaboración que el *software* seguirá en cada caso; *c*) el hecho de que la autoridad no tiene a disposición todas las informaciones que están o estarán disponibles para su sistema algorítmico, y *d*) la imposibilidad de prever –al menos para sistemas que puedan aprender, y por consiguiente modificarse a sí mismos– cuáles datos

§ 4. *Modalidades decisorias*

Es evidente que los desarrollos alcanzados por la tecnología algorítmica exige efectuar cuanto menos una sintética taxonomía decisoria, porque resulta técnicamente inapropiado el análisis de las vicisitudes de las decisiones automatizadas si se considera a estas una modalidad única de actividad administrativa. Si los algoritmos con los que se alcanza la decisión son muy diversos entre sí, por estructura, por diferente grado de complejidad y por la pluralidad de funciones que pueden explicar, tratarlos de manera uniforme solo recogería en parte su actual realidad.

a) *Decisiones determinísticas y no determinísticas.* Esta categoría decisoria se parapeta alrededor de la cantidad de pasos que permite el algoritmo desenvolver con posterioridad a la instrucción para alcanzar el resultado. Se dice que un algoritmo es *determinístico*[68] si para cada instrucción existe, a paridad de datos de ingreso, un solo paso sucesivo, solo un posible recorrido y, por ende, de frente a los mismos *inputs* de partida no puede más que alcanzar el mismo resultado. Estas decisiones también son catalogadas como mecánicas. El algoritmo *no determinístico* contiene al menos una instrucción que admite la posibilidad de elegir más de un paso sucesivo. En este caso, el algoritmo podrá producir así resultados diversos a partir de un conjunto de datos cumpliendo recorridos diferentes. Dentro de los algoritmos no determinísticos están los probabilísticos, en los que al menos una instrucción admite distintos pasajes sucesivos, cada uno de los cuales tiene una cierta probabilidad de ser escogido[69].

---

y cuáles instrucciones tomarán parte del sistema al momento de operar (cfr. Viola, *L'intelligenza artificiale nel procedimento en el processo amministrativo: lo stato dell'arte*, "Federalismi.it", nº 21, 2018, p. 21).

[68] Esta modalidad decisoria también es catalogada como *mecánica*.

[69] Cfr. Avanzini, *Decisioni amministrative e algoritmi informatici*, p. 6. También, Orsoni - D'Orlando, *Nuove prospettive dell'amministrazione digitale: open data e algoritmi*, "Istituzioni del Federalismo", nº 3, 2019, p. 610.

b) *Lógica causal, correlaciones y probabilidades.* Esta clasificación se vertebra a partir del mecanismo lógico seguido por el algoritmo para adoptar la decisión.

Mientras que en las primeras la decisión es el resultado de la causa (mecanismo lógico deductivo), en su operatividad las correlaciones estadísticas no van de la causa a la consecuencia, sino que de las consecuencias se deriva una estimación de las causas probables (mecanismo lógico inductivo).

En la aplicación de la inteligencia artificial el método deductivo ha sido superado por el enfoque inductivo, el cual, para facilitar el análisis de las informaciones y reducir la inmensa masividad de los datos, reagrupa los objetos en clases lo más homogéneas posibles[70]. Por su parte, las decisiones basadas sobre lógicas probabilísticas buscan correlaciones entre los diversos tipos de datos, sin tener que explicar esa correlación[71].

c) *Decisiones de razonamiento automático y de autoaprendizaje.* Esta categorización considera la capacidad y complejidad del instrumento informático para resolver los problemas que se presentan.

En la primera, definida como *razonamiento automático*[72], la capacidad de respuesta es muy simple[73], y está predeter-

[70] Cfr. Moro, *Algoritmi e pensiero giuridico. Antinomie e interazioni,* "MediaLaws", nº 3, 2019, p. 15.

[71] No es importante cuál es la correlación, lo que asume relevancia es su presencia, cualquiera sea ella y aunque en el caso haya sido totalmente casual. Como se dijo con rigor, no explica la realidad sino que renuncia a la comprensión de las causas sobre las que se funda la racionalidad moderna (Auby, *Il diritto amministrativo di fronte alle sfide digitali*, "Istituzioni del Federalismo", nº 3, 2019, p. 640; también, Mazzarese, *Lógica borrosa y decisiones judiciales: el peligro de una falacia racionalista*, "Doxa", nº 19, 1996, p. 222 a 226; Avanzini, *Decisioni amministrative e algoritmi informatici*, p. 12 y 13).

[72] Lucatuorto, *Teorie e modelli del diritto per il ragionamento giuridico automatico*, p. 43, quien los encuadra en la categoría de los *ruled-based systems* (RBS).

[73] Lucatuorto - Bianchini, *Discrezionalità e contemperamento degli interessi nei processi decisionali dell'amministrazione digitale*, "Ciberspazio e

minada por la norma. Las instrucciones conducen a un resultado cierto y determinado.

Por su parte, los algoritmos de aprendizaje, o *machine learning,* suponen una técnica que permite al modelo adecuar sus futuras decisiones por medio del adiestramiento en relación con los datos agregados[74]. El aprendizaje automático tiene como objetivo incorporar estrategias resolutivas sobre la base de la experiencia[75]. El sistema funciona porque los modelos se adaptan progresivamente al arribar nuevos datos[76].

Corresponde subrayar que las decisiones automatizadas con base en algoritmos de aprendizaje no constituyen una clase homogénea[77], sino que comprende a los resultados

Diritto", vol. 10, nº 1, 2009, p. 43, quienes justamente observan que los sistemas para la decisión automática se limitan a tomar solo el aspecto más superficial del conocimiento y el razonamiento jurídico. El motor inferencial efectúa un razonamiento de tipo deductivo utilizando las reglas previamente incorporadas al *software* y los datos suministrados por el usuario.

[74] Cfr. Coglianese - Lehr, *Regulating by robot: administrative decision making in the machine-learning era,* "The Georgetown Law Journal", vol. 105, 2017, p. 1167.

[75] Orsoni - D'Orlando, *Nuove prospettive dell'amministrazione digitale: open data e algoritmi,* "Istituzioni del Federalismo", nº 3, 2019, p. 603.

[76] Nicotra - Varone, *L'algoritmo, intelligente ma non troppo,* "Rivista AIC", nº 4, 2019, p. 102.

[77] El aprendizaje también es susceptible de categorizarse, desdoblándose en dos subespecies. El *aprendizaje supervisado* ocurre cuando se suministran como *input* una serie de nociones específicas y codificadas, es decir, modelos y ejemplos que permiten construir una verdadera y propia *data base* de informaciones y de experiencias. De este modo, cuando el sistema se encuentra de frente a un problema, no debe hacer otra cosa que atraer las experiencias escritas, analizarlas y decidir la respuesta sobre la base de experiencias ya insertas. El *aprendizaje no supervisado* prevé, en cambio, que las informaciones insertas no están codificadas, es decir que el sistema tiene la posibilidad de acudir a datos crudos y heterogéneos sin tener ninguna guía para su uso y, por ende, sin tener conocimiento de los resultados esperados según la elección efectuada. El algoritmo observa un conjunto de datos de los que no conoce ninguna propiedad y extrae de ellos conocimiento de distinta naturaleza,

provenientes de otras manifestaciones de la inteligencia artificial, por caso, el *deep learning*[78], los *sistemas expertos*[79] y el *reinforcement learning*[80].

---

según los casos. El objetivo de este método de aprendizaje es "encontrar" esquemas y modelos escondidos, es decir, identificar en los *input* una estructura lógica sin que ellos hayan sido previamente etiquetados. Es el sistema mismo el que procede a catalogar todas las informaciones en su posesión, organizarlas y aprender su significado, su uso y, sobre todo, el resultado al cual ellas remiten. El aprendizaje sin supervisión ofrece mayor libertad de decisión a la máquina que deberá organizar las informaciones de manera inteligente y aprender cuáles son los mejores resultados para las diferentes situaciones que se presentan (cfr. Avanzini, *Decisioni amministrative e algoritmi informatici*, p. 8; también en Carrozza - Oddo - Orvieto - Di Mini - Montemagni, *AI: profili tecnologici, automazione e autonomía: dalla definizione alle possibili applicazioni dell' intelligenza artificiale*, "BioLaw Journal", nº 3, 2019, p. 243 y 244).

[78] Se hace referencia a los algoritmos inspirados en la estructura y en la función del cerebro llamada *redes neurales artificiales*. Se trata de tecnologías que simulan la construcción del sistema nervioso humano y consisten en una serie de unidades de cálculo (neuronas) conectadas entre ellas, formando una red, generalmente compuesta por tres estratos (o *layer*): el estrato de ingreso (*input layer*), el estrato escondido (*hidden layer*) y el estrado de salida (*output layer*) (cfr. Viola, *L'intelligenza artificiale nel procedimento en el processo amministrativo: lo stato dell'arte*, "Federalismi.it", nº 21, 2018, p. 33). Por su intermedio se le enseña a la máquina no solo a adquirir autónomamente conocimiento, sino de hacerlo de un modo más "profundo", como lo sabe hacer el cerebro humano, esto es, "sobre varios niveles" (vale decir sobre el número de *layer* escondidos en la red neural, recordando que si los que se consideran "tradicionales" contienen de 2 a 3 *layer* escondidos, las redes neurales profundas pueden contener al día de hoy más de 150 *layers*) (cfr. Nicotra - Varone, *L'algoritmo, intelligente ma non troppo*, "Rivista AIC", nº 4, 2019, p. 103).

[79] Son sistemas dirigidos a suministrar funcionalidades que exigen una específica competencia profesional (*expertise*). La característica más fascinante de estos sistemas está en su capacidad de resolver, a través del empleo de procesos que reproducen el razonamiento y la intuición de las inteligencias biológicas, algunos problemas críticos que se presentan ordinariamente en la vida real (cfr. Lucatuorto, *Intelligenza artificiale e diritto: le applicazioni giuridiche dei sistemi esperti*, "Ciberspazio e Diritto", nº 2, 2006, p. 3).

[80] Representa probablemente el sistema de aprendizaje más complejo. El sistema está dotado de instrumentos en grado de mejorar su

d) *Automatización programada y autónoma.* Una última clasificación de las decisiones automatizadas permite distinguir entre aquellas que resultan consecuencia directa de una programación previa, esto es, de la predeterminación de las instrucciones y pasos lógicos previamente establecidos en sede de programación, que responden a una *automatización programada,* de las que provienen del uso de técnicas que en cierto modo se distancian de la programación original y que podríamos definir como decisiones administrativas de *automatización autónoma*[81].

En las primeras el producto de la máquina representa la voluntad humana[82] anticipada con la programación[83].

Esta última sintetiza los criterios normativos, transformados en algoritmos, que conducen a la decisión final mediante una secuencia predeterminada, lógica y condicionada[84]. La característica de la *automatización autónoma*, a la que también precede un proceso de programa-

propio aprendizaje y de comprender las características del ambiente que lo rodea. El algoritmo interactúa con el ambiente dinámico, del que extrae datos. Persigue un objetivo que, por alcanzarlo recibe una recompensa, y aprende de los errores, por los que recibe castigos. Representa la versión computarizada del aprendizaje humano por ensayo y error. Este es, por ejemplo, el tipo de aprendizaje con el que se guían los autos sin conductor (Avanzini, *Decisioni amministrative e algoritmi informatici*, p. 8).

[81] Para profundizar la distinción entre automatización programada y autónoma, ver Civitarese Matteucci, *Umano troppo umano. Decisioni amministrative automatizzate e principio di legalità*, "Diritto Pubblico", nº 1, 2019, p. 20.

[82] Cfr. Masucci, *Procedimento amministrativo e nuove tecnologie*, p. 88 y 89.

[83] Cfr. Marongiu, "Inteligencia artificial y administración pública", en García Novoa - Santiago Iglesias (coords.), *4ª Revolución Industrial: impacto de la automatización y la inteligencia artificial en la sociedad y economía digital*, p. 395.

[84] Para un estudio profundo sobre los diversos momentos y fases de la secuencia algorítmica, remitimos a Avanzini, *Decisioni amministrative e algoritmi informatici*, p. 131 a 140.

ción, reside en que no está basada sobre una programación absoluta[85].

En el caso de la *automatización programada* la máquina adopta la decisión *únicamente* sobre la base de los parámetros introducidos en modo previo por el programador[86]. Por el contrario, en esta, el sistema algorítmico tiene capacidad autónoma para crear predicciones partiendo de ciertas instrucciones. Su característica distintiva es la autonomía de la decisión informática respecto de las instrucciones originalmente suministradas. Una autonomía que no es total[87], sino referida únicamente a la producción de resultados sobre la base de procesos de aprendizaje propios, pues son los humanos los que deben decidir sobre el proyecto y diseño de los algoritmos, su integración en la estructura administrativa y su uso en el procedimiento administrativo[88].

[85] Cfr. Martín Delgado, *Automazione, intelligenza artificiale e pubblica amministrazione: vecchie categorie concettuali per nuovi problemi?*, Istituzioni del Federalismo", nº 3, 2019, p. 645 y 646.

[86] Por ello, se las ha definido, irónicamente, como máquinas "estúpidas" [cfr. Forte, *Diritto amministrativo e data science. Apunti di intelligenza amministrativa artificiale (Aai)*, "PA Persona e amministrazione", nº 1, 2020, p. 263].

[87] Explican los expertos que, según el grado de autonomía, los sistemas informatizados pueden clasificarse en tres categorías: sistemas no autónomos (la máquina es un soporte del humano), de autonomía débil (un programa suministra todas las reglas de comportamiento, con distintos niveles de supervisión) y de autonomía fuerte (la máquina está dotada de un sistema para auto programarse); cfr. Taddei Elmi - Romano, *Il robot tra ius condendum e ius conditium*, "Informatica e Diritto", vol. XXV, nº 1, 2016, p. 124 y 125.

[88] Martín Delgado, *Automazione, intelligenza artificiale e pubblica amministrazione: vecchie categorie concettuali per nuovi problemi?*, "Istituzioni del Federalismo", nº 3, 2019, p. 648. En idéntico sentido se dijo: "Machine-learning algorithms are thus 'autonomous' only in the sense that they can run continuously and have the potential to translate their outputs automatically into regulatory actions. They do not set their own objective functions nor are they completely outside human control. An algorithm, by its very definition, must have its parameters and uses specified by humans, and this property will likely prove pivotal in the legal assessment of specific applications of artificial intelligence by federal ad-

§ 5. *Las ventajas de la decisión administrativa automatizada*

Coincide la literatura jurídica en que las ventajas emanadas de la adopción de decisiones administrativas automatizadas resultan indiscutibles[89] y evidentes[90]. Definidas como el "lado potencialmente luminoso" de la inteligencia artificial[91], la doctrina especializada enuncia distintas razones por las que corresponde apoyar el desembarco de esta modalidad decisoria.

a) *La eficiencia algorítmica.* En primer término, la decisión algorítmica aporta a la Administración notables beneficios por su intrínseca aptitud para racionalizar el proceso decisional al mejorar los niveles de rapidez y eficiencia respecto de los tiempos y costos de la modalidad tradicional[92]. Una decisión automatizada acelera significativamente el procedimiento, abate los costos de su gestión[93], y convierte a la actividad administrativa en tempestiva[94]. Es que no puede

---

ministrative agencies" (cfr. Coglianese - Lehr, *Regulating by robot: administrative decision making in the machine-learning era*, "The Georgetown Law Journal", vol. 105, 2017, p. 1177).

[89] Cfr. Fasano, *Le decisioni automatizzate nella pubblica amministrazione: tra esigenze di semplificazione e trasparenza algorítmica*, "MediaLaws", nº 3, 2019, p. 235.

[90] Cfr. Orsoni - D'Orlando, *Nuove prospettive dell'amministrazione digitale: open data e algoritmi*, "Istituzioni del Federalismo", nº 3, 2019, p. 605.

[91] Cfr. Galetta - Corvalán, *Intelligenza artificiale per una pubblica amministrazione 4.0? Potenzialità, rischi e sfide della rivoluzione tecnologica in atto*, "Federalismi.it", nº 3, 2019, p. 15.

[92] Cfr. Resta, *Governare l'innovazione tecnologica: decisioni algoritmiche, diritti digitali e principio di uguaglianza*, www.forumdisuguaglianzediversita.org/wp-content/uploads/2019/09/Resta.pdf.

[93] Vaccari, *Note minime in tema di intelligenza artificiale e decisioni amministrative*, "Giustamm", nº 10, 2019, p. 5. En la misma dirección, cfr. Orsoni - D'Orlando, *Nuove prospettive dell'amministrazione digitale: open data e algoritmi*, "Istituzioni del Federalismo", nº 3, 2019, p. 605.

[94] Avanzini, *Decisioni amministrative e algoritmi informatici*, p. 14. Ha de recordarse que, a nivel europeo, entre los corolarios del derecho

desconocerse que una de las principales características de los sistemas digitales está constituida por la inmediatez de los resultados alcanzados[95].

Dicha rapidez se acentúa con los llamados algoritmos de aprendizaje, sobre todo si se aprecia que estos funcionan sobre informaciones[96] y que la Administración está sentada sobre verdaderos *Himalayas* de datos[97]. El análisis algorítmico de los *big data* ofrece la posibilidad de actuar sobre la totalidad de la información, por medio de correlaciones mucho más rápidas que las de los mecanismos causales, con respuestas más veloces y económicas como las que requiere el mundo que nos circunda[98]. A esto debe

---

a una buena administración reposa el derecho de cada individuo a que la Administración le trate las cuestiones que le conciernen dentro de un término razonable (cfr. art. 41,1 de la Carta de Derechos Fundamentales de la Unión Europea). Entre nosotros, el alto tribunal federal, con fundamento en el derecho constitucional convencionalizado, delineó los contornos de la garantía del plazo razonable al interior del procedimiento administrativo (cfr. CSJN, 2012, "Lociser c/BCRA", *Fallos,* 335:1126).

[95] Defienden su uso con el objetivo de volver más rápido el procedimiento, anticipando el término de conclusiones para evitar el riesgo de retardos y favorecer la posibilidad de confiar en tiempos ciertos, entre otros, Nicotra - Varone, *L'algoritmo, intelligente ma non troppo,* "Rivista AIC", nº 4, 2019, p. 87.

[96] Para la automatización, la *governance* de los datos equivale al oxígeno (Galetta, *Algoritmi, procedimento amministrativo e garanzie: brevi riflessioni, anche alla luce degli ultimi arresti giurisprudenziali in materia,* "Rivista Italiana di Diritto Pubblico Comunitario", nº 3-4, 2020, p. 502).

[97] Auby, *Il diritto amministrativo di fronte alle sfide digitali,* "Istituzioni del Federalismo", nº 3, 2019, p. 623. Según cierto estudio, en el año 2020, el volumen de datos tratados a nivel planetario ascendió a los 44 zettabytes (unidad de medida correspondiente a 10^{21} byte), equivalente, en términos comprensibles, a un múltiplo de 8 billones de veces toda la información conservada en la Biblioteca del Congreso de Washington (cfr. Casonato, *Costituzione e intelligenza artificiale: un'agenda per il prossimo futuro,* "BioLaw Journal", nº 2, 2019, p. 713).

[98] Ostentando los algoritmos propios de la inteligencia artificial, capacidad de procesar una enorme mole de datos en tiempo cuasirreal, estos sistemas están en grado de brindar resultados que permiten tener una visión clara del contexto decisional con muchísima mayor habilidad

agregarse que las oficinas públicas pueden liberarse de incumbencias en relación con el cumplimiento de cuestiones meramente formales, que detraen en la actualidad buena parte de los recursos humanos disponibles[99].

b) *La neutralidad y confiabilidad de la decisión automatizada.* La automatización del proceso decisional, siempre que esté bien pensada, permite conseguir notables ventajas en términos de uniformidad y confiabilidad de la decisión[100].

En materia de uniformidad[101], cabe puntualizar que los algoritmos tienen la capacidad de reproducir la tarea a ellos confiada en un número indeterminado de veces. Al garantizar homogeneidad de resultados[102], se convierte en un instrumento apto para reducir desigualdades[103], evitando de raíz la posibilidad de que los actos conclusivos estén viciados de exceso de poder por disparidad de trato[104].

---

que los seres dotados de inteligencia natural (Galetta, *Algoritmi, procedimento amministrativo e garanzie: brevi riflessioni, anche alla luce degli ultimi arresti giurisprudenziali in materia*, "Rivista Italiana di Diritto Pubblico Comunitario", nº 3-4, 2020, p. 502).

99 Cfr. Russo, "Introduzione agli atti amministrativi elettronici: tra discrezionalità e vincolatività", en AA.VV, *Diritto e nuove tecnologie. Saggi di informatica giuridica avanzata*, p. 96.

100 Cfr. Resta, *Governare l'innovazione tecnologica: decisioni algoritmiche, diritti digitali e principio di uguaglianza*, www.forumdisuguaglianzediversita.org/wp-content/uploads/2019/09/Resta.pdf.

101 Vaccari, *Note minime in tema di intelligenza artificiale e decisioni amministrative*, "Giustamm", nº 10, 2019, p. 5.

102 Avanzini, *Decisioni amministrative e algoritmi informatici*, p. 15.

103 Resta, *Governare l'innovazione tecnologica: decisioni algoritmiche, diritti digitali e principio di uguaglianza*, www.forumdisuguaglianzediversita.org/wp-content/uploads/2019/09/Resta.pdf. Con rigor se ha dicho que con su uso se obtiene la certeza de la absoluta igualdad de trato hacia los ciudadanos (cfr. Russo, "Introduzione agli atti amministrativi elettronici: tra discrezionalità e vincolatività", en AA.VV, *Diritto e nuove tecnologie. Saggi di informatica giuridica avanzata*, p. 96).

104 Marongiu, *Gli atti ad elaborazione elettronica: a compilazione di un "pre-software" in lingua italiana*, "Rivista di Diritto Amministrattive Elettronica", nº 3, 2003, p. 3.

En orden a la confiabilidad, se reivindican beneficios en derredor de su neutralidad e imparcialidad. El algoritmo promete convertirse en un instrumento capaz de corregir las distorsiones e imperfecciones emanadas de los procesos cognitivos de los funcionarios humanos. Si la racionalidad del ser humano resulta presa de emociones, pasiones y decisiones muchas veces irracionales, el algoritmo puede transformar evaluaciones opinables en una secuencia finita de pasajes lógicos, convirtiendo a la decisión en objetiva y racional. Las decisiones adoptadas por el algoritmo asumen así un aura de neutralidad[105], fruto de ascéticos cálculos racionales basados en datos[106]. La fascinación del algoritmo reposa sobre la convicción –no exacta[107]– de que la decisión perfecta sea aquella privada de errores y que para no cometer errores no se puede ser humano[108]. La máquina no está influenciada, turbada, contaminada de emociones o cuestiones de conciencia y no es susceptible de corrupción[109]. No estando condicionada por factores subjetivos[110], garantiza una solución imparcial, privada de errores y favoritismos[111].

[105] Avanzini, *Decisioni amministrative e algoritmi informatici*, p. 16.

[106] Cavallaro - Smorto, *Decisione pubblica e responsabilità dell'amministrazione nella società del algoritmo*, "Federalismi.it", nº 16, 2019, p. 2.

[107] Es una falsa ecuación, dado que los algoritmos son diseñados por personas (Nicotra - Varone, *L'algoritmo, intelligente ma non troppo*, "Rivista AIC", nº 4, 2019, p. 94).

[108] La decisión administrativa algorítmica excluye errores debidos a simples distracciones de los funcionarios, frecuentes en este tipo de actividad, por lo común, monótona y repetitiva (cfr. Russo, "Introduzione agli atti amministrativi elettronici: tra discrezionalità e vincolatività", en AA.VV, *Diritto e nuove tecnologie. Saggi di informatica giuridica avanzata*, p. 96).

[109] Dalfino, *Decisione amministrativa robotica ed effetto performativo. Un beffardo algoritmo per una "buona scuola"*, "Questione Giustizia", www.questionegiustizia.it. También, Vernile, *Verso la decisione amministrativa algoritmica?*, "MediaLaws", nº 2, 2020, p. 141, para quien las ventajas provienen simplemente del hecho de apreciar que el ordenador es, por definición, impersonal.

[110] D'Aloia, *Il diritto verso "il mondo nuovo". Le sfide dell'intelligenza artificiale*, "BioLaw Journal", nº 1, 2019, p. 18.

[111] Muselli, *La decisione amministrativa nell'età degli algoritmi: primi spunti*, "MediaLaws", nº 1, 2020, p. 24.

Ayuda a dicha conclusión el clima general de sospecha y desconfianza que recae sobre la Administración pública. Si en el imaginario colectivo, el funcionario está tendencialmente sometido a presiones externas, su sustitución por una máquina podría mitigar el fenómeno de la corrupción[112]. Asumiendo que la máquina, a diferencia del hombre, no puede hacerse corromper, la automatización de la decisión administrativa parece eliminar los riesgos de interferencias personales y de comportamientos dolosos de los funcionarios, constituyendo así un presidio de legalidad también desde la óptica de la prevención de la corrupción[113]. De este modo se consolida una suerte de confianza ciudadana en la objetividad y la neutralidad de los resultados obtenidos a través de sistemas algorítmicos,[114] características de las que muchas veces carece la acción humana.

Es inevitable entonces coincidir en la confiabilidad de las decisiones algorítmicas pues, en tanto secuencias de operaciones, los algoritmos no son de por sí ni positivos ni negativos, aun cuando, bueno resulta enfatizar, tal neutralidad es eminentemente potencial dado que dependen de las intenciones y de las modalidades con las cuales han sido proyectados[115].

[112] De Leonardis, "Big data, decisioni amministrative e 'povertà' di risorse della pubblica amministrazione", en Calzolaio (a cura di), *La decisione nel prisma dell'intelligenza artificiale*, p. 148 y 149.

[113] Nicotra - Varone, *L'algoritmo, intelligente ma non troppo*, "Rivista AIC", nº 4, 2019, p. 94.

[114] "It is sometimes claimed or assumed that computers, generally, and ADM [Automated Decision Making] systems, specifically, are inherently rational. This reflects the well-attested psychological phenomenon of automation bias, which means that humans are more likely to trust decisions made by machines than by other people and less likely to exercise meaningful review of automated decisions or to identify problems with those decisions" (Cobbe, *Administrative law and the machines of government: judicial review of automated public-sector decision making*, "Legal Studies", vol. 39, nº 4, 2019, p. 647).

[115] Cfr. Orsoni - D'Orlando, *Nuove prospettive dell'amministrazione digitale: open data e algoritmi*, "Istituzioni del Federalismo", nº 3, 2019, p. 604.

Pero, además, porque son previsibles[116], satisfaciendo de ese modo la necesidad de certeza jurídica[117], legado de la modernidad política[118], devenida en crucial en el vínculo entre los ciudadanos y la Administración[119].

c) *La eficacia infrahumana.* Las decisiones automatizadas también reflejan ventajas en términos de eficacia, pues el algoritmo no solo hace más rápido y fácil lo que el funcionario humano es capaz de hacer, sino que también brinda soluciones a partir de técnicas que exceden la capacidad humana (una suerte de "oráculos digitales"). Es el caso de las decisiones automatizadas motorizadas por mecanismos de inteligencia computacional tales como las denominadas *machine learning*. Esas formas de analizar datos, además de

[116] Cfr. De Leonardis, "Big data, decisioni amministrative e 'povertà' di risorse della pubblica amministrazione", en Calzolaio (a cura di), *La decisione nel prisma dell'intelligenza artificiale*, p. 148, para quien las decisiones algorítmicas basadas en *big data* son mucho más previsibles y precisas que las dispuestas por el funcionario humano. Entendemos que tal afirmación, en lo atinente a la previsibilidad, solo es posible predicarla respecto de decisiones administrativas obtenidas bajo modalidad programada, no así de las adquiridas como consecuencia de algoritmos más complejos. Reafirmamos que con la masividad de datos, las decisiones preanuncian una mayor precisión, al no resultar el producto consecuencia de una mera muestra estadística sino del análisis de la totalidad de las informaciones disponibles.

[117] Para un profundo análisis sobre la relación entre autotutela administrativa y certeza jurídica, se remite al prolífico ensayo de Otranto, *Autotutela decisoria e certezza giuridica tra ordinamento nazionale e sovranazionale*, "Federalismi.it", nº 14, 2020, p. 235 a 290.

[118] Ya decía Leibniz que todas las cuestiones de derecho puro podían ser definidas con certeza geométrica. Su ideal de calculabilidad universal supuso un conocimiento plenamente asequible y calculable precisamente por su reductibilidad a un cómputo matemático [cfr. Leibniz, "Principi ed esempi della scienza generale", en Barone (a cura di), *Scritti di lógica*, p. 121].

[119] Cfr. Police, *Prevedibilità delle scelte e certezza dell'azione amministrativa*, "Diritto Amministrativo", 1996, p. 697, para quien la previsibilidad de la decisión es el presidio ideal de la esfera de libertad de los ciudadanos contra los peligros del ejercicio arbitrario del poder.

las ventajas en orden a la velocidad y eficiencia propias de todo proceso de decisión automática, desarrollan habilidades para detectar correlaciones que serían indetectables para el cerebro humano[120]. Se dice con razón que el grado de selección y organización de los datos que los potentes calculadores electrónicos pueden garantizar, en términos de velocidad y precisión, no sería ni siquiera equiparable a la (in)capacidad del ser humano para alcanzar los mismos resultados[121].

§ 6. *Principales objeciones a la automatización decisoria*

A pesar de las ventajas comentadas, se ha abierto camino en la literatura jurídica una lectura crítica de tal modalidad decisoria, fundada en el impacto que produce sobre la sociedad[122]. Sin la pretensión de sistematizarlas, su somera

[120] "The advantages of computational learning are manifold. In an age of informational overload through the continuous generation of ever more data, computational learning may become the only means of making sense of data the quantity of which exceeds the capacities of human cognition. Beyond, the correlations unveiled through such analysis are often invisible to human observers and the speed and efficiency of these solutions also generally surpass human capacities" [Finck, "Automated decision-making and administrative law", en Cane *et al.* (eds.), *Oxford handbook of comparative administrative law*, p. 3].

[121] D'Angelosante, "La consistenza del modello dell'amministrazione 'invisibile' nell'età della tecnificazione: dalla formazione delle decisioni alla responsabilità per le decisioni", en Civitarese Matteucci - Torchia (a cura di), *La tecnificazione*, p. 160. En tiempo reciente, un estudio británico efectuado por Law Geek (una empresa generadora de *software* de inteligencia artificial en el ámbito legal) confrontó la eficiencia y velocidad de máquinas y abogados en el análisis de un acuerdo de confidencialidad de once páginas. La investigación determinó que los ordenadores acertaron el 94 % de los errores frente al 85 % advertido por los letrados. La diferencia principal se dio en el tiempo, pues la tarea demandó a los profesionales 92 minutos, mientras que a la computadora solo 26 segundos; ampliar en Crisci, *Intelligenza artificiale ed etica dell'algoritmo*, "Foro Amministrativo", nº 10, 2018, p. 1803.

[122] Cavallaro - Smorto, *Decisione pubblica e responsabilità dell'amministrazione nella società del algoritmo*, "Federalismi.it", nº 16, 2019, p. 3.

enunciación exige partir de dos premisas. La primera es que la entidad e intensidad de las objeciones difiere según la simpleza o complejidad del modelo algorítmico. La restante, que su existencia e impacto diverge según el grado de desarrollo de los ordenamientos jurídicos que reglan la actividad administrativa.

a) *Objeciones técnico-jurídicas para su implementación.* Previo al abordaje de los riesgos derivados de la *aplicación* de las decisiones administrativas automatizadas corresponde citar las objeciones fundadas en las dificultades técnico-jurídicas que depara su efectiva *implementación*.

1) *Objeciones técnicas.* En primer lugar, existen objeciones basadas en la complejidad que implica traducir contenidos jurídicos, expresados en lenguaje natural, al lenguaje formal[123].

El funcionario comunica en su idioma las instrucciones jurídicas al programador, quien las incorpora en lenguaje informático al *software*[124]. Si bien es verdad que la ley y el programa tienen estructuras muy similares, el lenguaje natural de la norma jurídica se basa en una lógica profundamente diversa de aquella que informa el lenguaje de programación. Esto es así porque la redacción del programa del ordenador exige una absoluta univocidad que no es propia de los lenguajes naturales. Plagados estos de expresiones indeterminadas, términos vagos, sinónimos y figuras retóricas, sus enunciados no resultan conducibles a los esquemas rígidos de los lenguajes informáticos[125]. La complejidad semántica del derecho, connotado de vaguedad y ambigüedad,

[123] Lucatuorto, *Intelligenza artificiale e diritto: le applicazioni giuridiche dei sistemi esperti*, "Ciberspazio e Diritto", nº 2, 2006, p. 2.

[124] Marongiu, *Gli atti ad elaborazione elettronica: la compilazione di un "pre-software" in lingua italiana*, "Quaderni del DAE, Rivista di Diritto Amministrativo Elettronico", jul. 2003, p. 2.

[125] Marongiu, *Gli atti ad elaborazione elettronica: la compilazione di un "pre-software" in lingua italiana*, "Quaderni del DAE, Rivista di Diritto Amministrativo Elettronico", jul. 2003, p. 3.

representa, así, un obstáculo relevante al desarrollo del proceso de normalización[126].

Un segundo orden de objeciones reside en la imprevisibilidad y falibilidad de los resultados alcanzados por la automatización, debidos, en parte, a la estructura del *software* y, en parte, a los límites de la ciencia del cálculo[127].

La misma estructura y el modo de operar del *software* generan incertidumbre[128]. El código traducido en un lenguaje de programación se reescribe cada vez que la máquina lo ejecuta. El sistema no garantiza que en cada reescritura no se modifique el significado originario del código, ni tampoco asegura que no se verifiquen eventos inesperados. Además, existe en el proceso de cálculo un elemento de imponderabilidad, invisible al ojo humano, escondido en los complejos procedimientos llenos de operaciones afectadas por errores[129]. Por su parte, dado que la decisión algorítmica se funda sobre datos, asegurar su calidad puede resultar dificultoso[130] –y

[126] Lucatuorto, *Intelligenza artificiale e diritto: le applicazioni giuridiche dei sistemi esperti*, "Ciberspazio e Diritto", nº 2, 2006, p. 14. Además, existen circunstancias en las cuales tal proceso de transposición de la ley en programa informático no es posible. Se trata de aquellos casos en los que la ley contiene *a propósito* un término o significado impreciso, porque el legislador considera que es deber del órgano administrativo interpretarlo en base a las contingencias que se presenten en cada caso. O porque el concepto remite a un *juicio de valor* que puede ser expresado solo al momento de la aplicación concreta de la norma (p.ej., la *belleza paisajística* del lugar a declarar como tal) (Marongiu, *Gli atti ad elaborazione elettronica: la compilazione di un "pre-software" in lingua italiana*, "Quaderni del DAE, Rivista di Diritto Amministrativo Elettronico", jul. 2003, p. 4).

[127] Avanzini, *Decisioni amministrative e algoritmi informatici*, p. 18.

[128] De todos modos, hemos de admitir con la doctrina que dicha consecuencia no es exclusiva de la automatización, habida cuenta que no siempre el ordenamiento jurídico está en condiciones de ofrecer a los operadores certezas sobre el resultado de un procedimiento (cfr. Costantino, *Lampi. Nuove frontiere delle decisioni amministrative tra "open e big data"*, "Diritto Amministrativo", nº 4, 2017, p. 802).

[129] Avanzini, *Decisioni amministrative e algoritmi informatici*, p. 18.

[130] Para una profunda reflexión sobre la calidad de los datos y sobre cómo estos pueden influir sobre las decisiones de la Administración,

costoso– si se aprecia que aquellos pueden volverse rápidamente obsoletos, resultar manipulados, o contener errores por malfuncionamiento de los sistemas de recopilación[131].

2) *Objeciones de talante jurídico a su implementación.* Se ha objetado la adopción de decisiones automatizadas sin una ley que, expresamente, habilite al órgano a expedirse de ese modo. Sobre el punto se ha dicho que autorizar previamente a la Administración para que de ella emanen decisiones algorítmicas constituye una premisa inexcusable[132], y es una derivación del principio de legalidad en su versión más exigente[133].

Otra objeción reside en el impacto que produce sobre el ejercicio de las funciones administrativas. La circunstancia

---

remitimos al minucioso ensayo de Costantino, *Lampi. Nuove frontiere delle decisioni amministrative tra "open e big data"*, "Diritto Amministrativo", nº 4, 2017, p. 808 a 813.

131 Avanzini, *Decisioni amministrative e algoritmi informatici*, p. 19 y 20. Además, esgrime Marongiu, *Intelligenza artificiale"istituzionale": limite (attuali) e potenzialita*, "European Review of Digital Administration & Law", nº 1, issue 1-2, 2020, p. 37, que la inteligencia artificial conlleva el riesgo de incurrir en la paradoja de que el recurso a cantidades indefinidas de datos puede conducir a decisiones más precisas desde el plano formal, pero menos correctas desde el punto de vista ético y jurídico, porque le resulta muy dificultoso a la Administración controlar la "materia prima" a la que acude el sistema para decidir.

132 Cfr. Valero Torrijos, *Las garantías jurídicas de la inteligencia artificial en la actividad administrativa desde la perspectiva de la buena administración*, "Revista Catalana de Dret Públic", nº 58, 2019, p. 87. Para el enfoque contrario, véase Masucci, *L'atto amministrativo informatico*, p. 47. Para el análisis que concentra la necesidad de una autorización legislativa previa solo en el campo de los sistemas informáticos de auto aprendizaje, remitimos a Galetta, *Algoritmi, procedimento amministrativo e garanzie: brevi riflessioni, anche alla luce degli ultimi arresti giurisprudenziali in materia*, "Rivista Italiana di Diritto Pubblico Comunitario", nº 3-4, 2020, p. 508.

133 Cfr. Civitarese Matteucci, *Umano troppo umano. Decisioni amministrative automatizzate e principio di legalità*, "Diritto Pubblico", nº 1, 2019, p. 8, al que se remite para una visión exhaustiva de la cuestión. Para una posición que limita la habilitación legal solo a las decisiones automatizadas que impliquen tratamiento de datos personales, ver Avanzini, *Decisioni amministrative e algoritmi informatici*, p. 115.

de que el algoritmo es diseñado por empresas privadas[134], que traducen en normas informáticas las normas jurídicas, podría llevar a considerar que estas últimas, al hacerlo, ejercen potestades administrativas[135]. Además, la carencia de competencias técnicas en los cuadros de la Administración repercute necesariamente en la fase de control[136], implicando una auténtica claudicación de la autotutela[137].

b) *Riesgos específicos de la decisión algorítmica.* Cuando se habla de riesgos específicos de la decisión algorítmica, se hace referencia a tres órdenes de problemas: *1*) el carácter ininteligible de la lógica sometida al proceso decisional, particularmente aguda en casos de algoritmos de aprendizaje automático (problema de la opacidad o *black box*[138]); *2*) la

[134] Hay quien sostiene que el programador sería un nuevo tipo de operador jurídico [cfr. Alamillo Domingo, "La regulación de la tecnología: la superación del modelo papel como elemento de transformación digital innovadora", en Martín Delgado (dir.), *La reforma de la administración electrónica: una oportunidad para la innovación desde el derecho*, p. 122].

[135] Cerrillo i Martínez, *El impacto de la inteligencia artificial en el derecho administrativo ¿nuevos conceptos para nuevas realidades técnicas?*, "Revista General de Derecho Administrativo", nº 50, 2019. Se sostiene que, en realidad, ese sería el objetivo de la automatización, el que no residiría tanto en la aceleración del procedimiento sino en la voluntad de trasladar el ejercicio de la potestad administrativa hacia otras subjetividades (Di Martino, *Intelligenza artificiale, garanzia dei privati e decisioni amministrative: l'apporto umano è ancora necesario?*, "European Law Journal", nº 2, 2019, p. 70).

[136] Se observa que la difícil comprensión del lenguaje informático por parte del funcionario interviniente deriva en la reducción de las posibilidades concretas de control del resultado final, circunstancia que tiende a agigantarse con el uso de sistemas más complejos (cfr. Viola, *L'intelligenza artificiale nel procedimento en el proceso amministrativo: lo stato dell'arte*", "Federalismi.it", nº 21, 2018, p. 21).

[137] Di Martino, *Intelligenza artificiale, garanzia dei privati e decisioni amministrative: l'apporto umano è ancora necesario?*, "European Law Journal", nº 2, 2019, p. 72.

[138] El término acuñado por la doctrina refleja perfectamente el temor de que tales procedimientos se vuelvan verdaderas cajas negras, en el

aptitud discriminatoria del algoritmo (problema del *bias*[139]), y *3*) la mortificación de la persona humana convertida en objeto de decisiones íntegramente automatizadas (problema de la *dignidad*)[140].

1) *La ininteligibilidad. Problema de la opacidad.* La decisión automatizada resulta objetable en razón de que, según la complejidad algorítmica de la que emane, dificulta o no permite conocer –ni por ende controlar– los pasajes que derivaron en el resultado alcanzado por el sistema.

Se trata del llamado fenómeno de la caja negra (*black box*[141]), según el cual, con el empleo de algoritmos –sobre todo en los de aprendizaje–, la decisión se vuelve *invisible*, pues no es posible comprender, ni siquiera a sus programadores, el recorrido a través del cual la máquina produjo el resultado[142].

El *hermetismo* informático[143] impacta con vigor –aunque no exclusivamente– ante el uso de instrumentos más complejos de inteligencia artificial, en los que las decisiones, teniendo en cuenta el elevado número de datos y paráme-

---

sentido de resultar incapaces de revelar al hombre los mecanismos que posibilitan su funcionamiento, trayendo como consecuencia que la participación de sus destinatarios en el procedimiento administrativo y el sucesivo control judicial de lo decidido se verían fuertemente comprimidos por una actividad algorítmica difícilmente comprensible (cfr. Strinati, *Algoritmi e decisioni amministrative,* "Foro Amministrativo", nº 7-8, 2020, p. 1596).

139 Con el sustantivo *bias* la doctrina alude al problema de los sesgos o preferencias derivados de la operatividad algorítmica.

140 Resta, *Governare l'innovazione tecnologica: decisioni algoritmiche, diritti digitali e principio di uguaglianza,* www.forumdisuguaglianze-diversita.org/wp-content/uploads/2019/09/Resta.pdf.

141 Cfr. Pasquale, *The black box society: the secret algorithms that control money and information.*

142 Casonato, *Costituzione e intelligenza artificiale: un'agenda per il prossimo futuro,* "BioLaw Journal", nº 2, 2019, p. 717. Ampliar en Zuddas, *Brevi note sulla trasparenza algorítmica,* www.amministrazionein-cammino.luiss.it/wp-content/uploads/2020/06/ZUDDAS.pdf.

143 Vaccari, *Note minime in tema di intelligenza artificiale e decisioni amministrative,* "Giustamm", nº 10, 2019, p. 5.

tros a los que acude, tornan prácticamente imposible la reconstrucción del *iter* lógico seguido[144]; tanto más si se aprecia que, con el fin de mejorar la *performance*, la capacidad de autoaprendizaje genera nuevos algoritmos no cognoscibles, contribuyendo a que el fenómeno se vuelva cada vez más *oscuro*[145].

El carácter opaco de los algoritmos deriva de una pluralidad de factores que se intersecan y superponen[146]. Ante todo, al ser un producto de las ciencias de la ingeniería y la informática, utiliza un lenguaje lógico-matemático cuya comprensión requiere de una profesionalización y de un grado de especialización de la que carece el común de la sociedad[147]. Además, algoritmos y *software* son, en gran medida, productos comerciales[148], tutelados por leyes de secreto industrial y de propiedad intelectual, argumento frecuentemente invocado para impedir el acceso a ellos.

La *opacidad* algorítmica presenta tres formas diferentes: *a*) la *opacidad intencional*, en la que el funcionamiento del sistema se encuentra escondido para proteger derechos intelectuales; *b*) la *opacidad analfabeta*, en donde un sistema solo es comprensible a quienes tienen la capacidad técnica para leer y escribir el código, y *c*) la *opacidad intrínseca*, donde el proceso decisional resulta imposible de entender para cualquier humano, impidiendo conocer o evaluar sus tra-

[144] Costantino, *Intelligenza artificiale e decisioni amministrative*, "Rivista Italiana per le Scienze Giuridiche", nº 8, 2017, p. 373.

[145] Avanzini, *Decisioni amministrative e algoritmi informatici*, p. 17, para quien la complejidad exponencial de los sistemas ya no resulta más manejable por la inteligencia humana.

[146] Avanzini, *Decisioni amministrative e algoritmi informatici*, p. 16.

[147] Avanzini, *Decisioni amministrative e algoritmi informatici*, p. 16.

[148] El *software* puede ser: *a*) desarrollado por la Administración pública; *b*) reutilizado en todo o en parte por cuenta de la Administración pública; *c*) libre o de código fuente abierto; *d*) utilizable bajo modalidad de *cloud computing*; *e*) de tipo propietario mediante recurso a licencia de uso, y *f*) combinado de las precedentes soluciones; ampliar en Tranquilli, *Rapporto pubblico-privato nell'adozione e nel controllo della decisione amministrativa "robotica"*, "Diritto e Società", nº 2, 2020, p. 300.

zos a los más experimentados diseñadores o ingenieros en sistemas[149].

En definitiva, el fenómeno de la opacidad (*black box)* constituye un obstáculo fuerte, de naturaleza primordialmente técnica, a la posibilidad de rastrear los pasajes lógico-argumentativos que permiten a la máquina decidir, particularmente cuando esta lo hace en modo autónomo. Si bien el *output* final del procedimiento es conocido, no lo es el *iter* que lo ha generado. Por eso no es posible verificar la congruencia de los pasajes desenvueltos y, por ende, la exactitud de la actividad interna que derivó en la decisión[150]. La mentada *invisibilidad* impide darse cuenta de su eventual manipulación o malfuncionamiento, dificultando al extremo la posibilidad de pretender su remoción o modificación[151].

Del carácter opaco se derivan tres subproblemas.

a) La explicabilidad y motivación de la decisión. En primer lugar, la opacidad algorítmica dificulta técnicamente la explicación del proceso decisional e impide[152] al destinatario conocer las razones o *motivos* concretos de la

[149] "This problem is often termed 'algorithmic opacity', of which three distinct forms have been identified. The first is intentional opacity, where the system's workings concealed to protect intellectual property. The second is illiterate opacity, where a system is only understandable to those with the technical ability to read and write code. And the third is intrinsic opacity, where a system's complex decision-making process itself is difficult for any human to understand [...] The result of algorithmic opacity is that an automated system's decision-making process may be difficult to understand or impossible to evaluate even for experienced systems designers and engineers" (Cobbe, *Administrative law and the machines of government: judicial review of automated public-sector decision making,* "Legal Studies", vol. 39, nº 4, 2019, p. 639).

[150] Casonato, *Costituzione e intelligenza artificiale: un'agenda per il prossimo futuro,* "BioLaw Journal", nº 2, 2019, p. 721.

[151] Avanzini, *Decisioni amministrative e algoritmi informatici*, p. 17.

[152] Particularmente, cuando la decisión es el producto de un sistema de inteligencia artificial.

decisión[153]. El mero conocimiento del *algoritmo* no produce efectos si no permite descifrarse su lógica, si no puede comprenderse cómo dicho procedimiento conectó los datos, los evaluó y decidió cómo lo hizo[154]. Si la motivación[155] implica reflejar los elementos de hecho y de derecho considerados para decidir[156], la decisión automatizada está en serios aprietos para darle efectivo cumplimiento[157], en términos de correspondencia entre el método lógico y el contenido de la decisión, aun en aquellos supuestos en los que la simpleza del cálculo permita acudir a la interpretación técnica de un experto[158].

[153] Di Martino, *Intelligenza artificiale, garanzia dei privati e decisioni amministrative: l'apporto umano è ancora necesario?*, "European Law Journal", nº 2, 2019, p. 62.

[154] Simoncini, *L'algoritmo incostituzionale: intelligenza artificiale e il futuro delle libertà*, "BioLaw Journal", nº 1, 2019, p. 78.

[155] Para un profundizado estudio sobre las múltiples funciones de la motivación administrativa, remitimos al ensayo de Ramajoli, *Il declino della decisione motivata*, "Diritto Procesuale Amministrativo", nº 3, 2017, p. 894 a 926.

[156] Esa es la noción que emana del art. 6º de la ley 241/1990, reguladora del procedimiento administrativo italiano.

[157] Tal es el grado de opacidad que conlleva la conclusión automatizada que, aun en los supuestos en los que el procedimiento conduzca a un resultado correcto, también en esas hipótesis subsiste la sensación de que la decisión carece de motivación, pues al resultado lo inviste cierta dosis de aleatoriedad, propia de las decisiones adoptadas al azar (cfr. Di Martino, *Intelligenza artificiale, garanzia dei privati e decisioni amministrative: l'apporto umano è ancora necesario?*, "European Law Journal", nº 2, 2019, p. 66). Solo la motivación puede amortiguar (o mitigar) la sensación de oscuridad y de anonimato que el particular advierte de un acto administrativo automatizado (cfr. Masucci, *Procedimento amministrativo e nuove tecnologie*, p. 101 y 102).

[158] Avanzini, *Decisioni amministrative e algoritmi informatici*, p. 148. Sostiene la autora que el verdadero problema reside en la falta de adecuación del modo en que se puede considerar cumplida la motivación en relación con el proceso decisional algorítmico, cuya oscuridad se ve agudizada por la falta de participación e interlocución con el destinatario, por la compresión y ausencia de una dimensión ordinamental del procedimiento, entendida como ambiente de la decisión. Ampliar en Bonomi, *La motivazione dell'atto amministrativo: dalla disciplina generale alle regole speciali*, particularmente p. 47 a 52.

Por otra parte, también impacta en las potestades administrativas. Si la opacidad impide a la propia Administración comprender la lógica motivacional[159], tal situación afecta sus posibilidades concretas de controlarla[160], llevando consigo el riesgo de que se vuelva una mera espectadora de las decisiones que se le imputan[161].

b) Inmutabilidad de la decisión y dificultades de control judicial. La opacidad decisoria impide controlar la modalidad de uso del algoritmo[162].

Para que una decisión automatizada respete el *paradigma de la legalidad algorítmica*, debe resultar controlable por el juez[163]. La condición indefectible para el uso de la regla algorítmica en el procedimiento administrativo es la *plena* cognición por parte del juez administrativo. Para corroborar la logicidad y razonabilidad de la decisión algorítmica, la justicia debe analizar cómo ha sido construido el proceso, la arquitectura lógica que lo sostiene, la inserción de los datos, la validez de ellos, su gestión y la corrección del trámite seguido. El control, entendido en esos términos[164], solo es posible a condición de que el algoritmo sea cognoscible y, por ende, fácilmente explicable[165].

[159] Resta, *Governare l'innovazione tecnologica: decisioni algoritmiche, diritti digitali e principio di uguaglianza*, www.forumdisuguaglianzediversita.org/wp-content/uploads/2019/09/Resta.pdf.

[160] Circunstancia que tiende a agigantarse de manera proporcional a la complejidad de los sistemas informáticos utilizados (cfr. Viola, *L'intelligenza artificiale nel procedimento en el proceso amministrativo: lo stato dell'arte*", "Federalismi.it", nº 21, 2018, p. 21).

[161] Avanzini, *Decisioni amministrative e algoritmi informatici*, p. 91.

[162] Avanzini, *Decisioni amministrative e algoritmi informatici*, p. 145 y 146.

[163] Orsoni - D'Orlando, *Nuove prospettive dell'amministrazione digitale: open data e algoritmi*, "Istituzioni del Federalismo", nº 3, 2019, p. 607.

[164] Control que no solo es extrínseco, sino que atañe a su confiabilidad y a la exactitud del criterio técnico utilizado.

[165] Con ello quiere decirse que debe poder explicarse a cualquier sujeto dotado de conocimiento científico general, aun cuando no sea experto de inteligencia artificial, e incluso a quien padezca de *analfabetismo* digital.

El control judicial de las decisiones algorítmicas no es fácil[166]. No solo porque los jueces, en general, no están en mejores condiciones que el ciudadano medio para comprender los algoritmos, sino también porque las técnicas normalmente utilizadas para controlar la motivación de actos administrativos carecen de eficacia actual[167]. Estas técnicas –control de proporcionalidad, error manifiesto de apreciación, etc.– se erigen sobre modelos clásicos de *racionalidad causal*, de efectividad limitada frente a motivaciones basadas en *correlaciones estadísticas*, propias de los algoritmos de inteligencia artificial[168]. Si bien es cierto que en esa faena los jueces podrían ser ayudados por algoritmos[169], no cabe duda de que la *justicia algorítmica*[170] conlleva análogos

[166] Auby, *Il diritto amministrativo di fronte alle sfide digitali*, "Istituzioni del Federalismo", nº 3, 2019, p. 632.

[167] Mientras que la comprensibilidad nunca fue un problema central para el control judicial del acto tradicional, fácilmente puede serlo en el caso de un recurso previsto contra una decisión algorítmica (Auby, *Il diritto amministrativo di fronte alle sfide digitali*, "Istituzioni del Federalismo", nº 3, 2019, p. 632).

[168] Dudando de que las técnicas tradicionales de control judicial de la motivación tengan efectos limitados sobre las decisiones basadas en correlaciones estadísticas [cfr. Forte, *Diritto amministrativo e data science. Apunti di intelligenza amministrativa artificiale (Aai)*, "PA Persona e amministrazione", nº 1, 2020, p. 282].

[169] Ver Corvalán, *La primera inteligencia artificial predictiva al servicio de la justicia: Prometea, LL*, 29/9/2017; Otranto, *Jurisdicción y decisión automatizada. Ideas para un debate, RAP*, nº 482, p. 35; Patroni Griffi, *La decisione robotica e il giudice amministrativo*, www.giustizia-amministrativa.it; Dalfino, *Stupidità (non solo) artificiale, predittività e processo*, "Questione Giustizia", www.questionegiustizia.it; Donati, *Intelligenza artificiale e giustizia*, "Rivista AIC", nº 1, 2020, p. 415 a 436; Luciani, *La decisione giudiziaria robotica*, "Rivista AIC", nº 3, 2018, p. 872 a 893; De Stefano, *L'intelligenza artificiale nel processo?*, www.giustiziainsieme.it/it/scienza-logica-diritto/892-I-intelligenza-artificiale-nel-processso; Tuzet, *L'algoritmo come pastore del giudice?, Diritto, tecnologie, prova scientifica*, "MediaLaws", nº 1, 2020, p. 45 a 55.

[170] Se dijo que es preferible no utilizar el sintagma "justicia predictiva", por la sencilla razón de que los modelos algorítmicos judiciales no predicen el futuro, sino que ofrecen una serie de resultados probables a

problemas[171]. Las dificultades del control judicial no están signadas solo por la incomprensibilidad de la *lógica* empleada.

Normalmente el algoritmo contiene aquello que puede ser definido como un *nivel normativo clandestino*, una suerte de poder regulatorio escondido en su interior, "invisible" para todos aquellos que no tienen acceso al algoritmo o no están en condiciones de interpretarlo[172]. El riesgo que la opacidad proyecta sobre el control judicial reside en sucumbir ante la llamada *dictadura de la probabilidad*[173], debido al temor del juez de apartarse de la decisión preconizada por el instrumento[174]. La denominada *arrolladora fuerza práctica del algoritmo*[175]

---

partir de un análisis estadístico. Remitimos al meduloso ensayo de Battelli, *Giustizia predittiva, decisione robotica e ruolo del giudice*, "Giustizia Civile", nº 2, 2020, p. 281 a 319, en particular 309.

[171] Se pregunta la doctrina cuántos de los indicadores y cánones a los cuales acude el juez para controlar la legitimidad de una decisión administrativa resultan mensurables y traducibles a un algoritmo. Cfr. Adamo, *Innovazione tecnologica, azione amministrativa e organizzazione della P.A.*, www.giustizia-amministrativa.it. Además, si el control se ejercita con análoga modalidad y con las mismas informaciones de base, resulta altamente improbable que el *software* empleado en el procedimiento recursivo alcance conclusiones que desmientan la legitimidad –y oportunidad– de la decisión asumida por el *software* empleado por la Administración (cfr. Sola, *L'automatizzazione dell'azione amministrativa*, "www.amministrazioneincammino.luiss.it/wpcontent/uploads/2020/07/SOLA.pdf).

[172] Auby, *Il diritto amministrativo di fronte alle sfide digitali*, "Istituzioni del Federalismo", nº 3, 2019, p. 641. En análogo sentido, Orsoni - D'Orlando, *Nuove prospettive dell'amministrazione digitale: open data e algoritmi*, "Istituzioni del Federalismo", nº 3, 2019, p. 602.

[173] Costantino, *Intelligenza artificiale e decisioni amministrative*, "Rivista Italiana per le Scienze Giuridiche", nº 8, 2017, p. 374; en esa línea, ver Rodotà, *Il diritto di avere dei deritti*, p. 33, quien habla de una "dictadura del algoritmo".

[174] Cfr. Pajno, *Forum: law and artificial intelligence*, "BioLaw Journal", nº 1, 2020, p. 515.

[175] Simoncini, *L'algoritmo incostituzionale: intelligenza artificiale e il futuro delle libertà*, "BioLaw Journal", nº 1, 2019, p. 81.

terminaría por inducir al juez a aceptarla[176], deviniendo inmutable[177].

c) *La desresponsabilidad por la decisión automatizada.* Por último, la opacidad comporta el riesgo de pulverizar la responsabilidad derivada de la decisión asumida[178], fenómeno denominado *desresponsabilización*[179].

Si bien para algunos no se trata de inexistencia de responsabilidad, sino de dificultades en la búsqueda y en la *prueba*

176 Lo que no deja de ser "beneficioso" para el controlante, dado que lo releva del *burden of motivation*, es decir, del deber de dar las razones que lo indujeron a apartarse de la decisión algorítmica, pero también porque le permite calificar a su propia decisión como científica y neutral, dotándola así de un peculiar halo de autoridad (Donati, *Intelligenza artificiale e giustizia*, "Rivista AIC", nº 1, 2020, p. 432).

177 La *inmutabilidad* de la conclusión algorítmica se sustenta en dos claras premisas: *a*) la creencia de que la decisión es técnicamente correcta, infalible –con apoyo en la idea de neutralidad y eficiencia propia de la técnica–, y *b*) la aceptación de la imposibilidad material de controvertir los resultados por carencia de instrumentos y conocimientos para ello, induciendo al controlante a confiar en la decisión.

178 Cfr. Cavallaro - Smorto, *Decisione pubblica e responsabilità dell'amministrazione nella società del algoritmo*, "Federalismi.it", nº 16, 2019, p. 18; Muciaccia, *Algoritmi e procedimento decisionale: alcuni arresti della giustizia amministrativa*, "Federalismi.it", nº 10, 2020, p. 367. Dada la opacidad propia de la inteligencia artificial, aquellos que han sufrido daños podrían no tener acceso efectivo a los elementos probatorios necesarios para justificar una demanda judicial, por lo que sus posibilidades de obtener una efectiva reparación del daño podrían ser inferiores respecto de aquellos cuyos perjuicios han sido causados por tecnologías tradicionales (cfr. Tommasi, *L'intelligenza artificiale antropocentrica: limiti e opportunità*, "Juscivile", nº 4, 2020, p. 882).

179 Orsoni - D'Orlando, *Nuove prospettive dell'amministrazione digitale: open data e algoritmi*, "Istituzioni del Federalismo", nº 3, 2019, p. 604 y 605. Existe una propensión a establecer una ecuación entre la automatización del binomio procedimiento-decisión administrativa y la desresponsabilización del funcionario, quien, en el nuevo escenario automatizado, culminaría por volverse un mero agente "introductor de datos" [D'Angelosante, "La consistenza del modello dell'amministrazione 'invisibile' nell'età della tecnificazione: dalla formazione delle decisioni alla responsabilità per le decisioni", en Civitarese Matteucci - Torchia (a cura di), *La tecnificazione*, p. 169].

de los vicios[180], para la mayoría, como corolario de la *autonomía* propia del aprendizaje automático se produce un hiato entre el diseño inicial y la decisión adoptada, lo que genera problemas desde el punto de vista de la *imputación*[181]. Sostienen que a partir de un determinado grado de automatización ya no resulta posible afirmar con seguridad si las consecuencias derivadas del sistema provienen de la Administración y le son imputables[182].

Además, si en el diseño del mecanismo decisional interviene una pluralidad de sujetos, surge inmediatamente el interrogante sobre quién debe indemnizar por los daños y perjuicios producidos por un sistema informático autónomo[183], así como el grado de interferencia de los terceros en relación con la responsabilidad estatal[184]. La respuesta se ve com-

[180] D'Angelosante, "La consistenza del modello dell'amministrazione 'invisibile' nell'età della tecnificazione: dalla formazione delle decisioni alla responsabilità per le decisioni", en Civitarese Matteucci - Torchia (a cura di), *La tecnificazione*, p. 169.

[181] Cfr. Cavallaro, *Imputazione e responsabilità delle decisioni automatizzate*, "European Review of Digital Administration & Law", nº 1, issue 1-2, jun.-dec. 2020, p. 69 a 74.

[182] Cerrillo i Martínez, *El impacto de la inteligencia artificial en el derecho administrativo ¿nuevos conceptos para nuevas realidades técnicas?*, "Revista General de Derecho Administrativo", nº 50, 2019. Desde una óptica distinta, la ausencia de responsabilidad estatal no provendría tanto del defecto de imputabilidad cuanto del hecho de advertir que la Administración actúa tal como se lo indica el ordenador y, por ende, el contenido de la decisión no habría podido ser diverso (cfr. Costantino, *Intelligenza artificiale e decisioni amministrative*, "Rivista Italiana per le Scienze Giuridiche", nº 8, 2017, p. 387).

[183] Cerrillo i Martínez, *El impacto de la inteligencia artificial en el derecho administrativo ¿nuevos conceptos para nuevas realidades técnicas?*, "Revista General de Derecho Administrativo", nº 50, 2019.

[184] Afirma Valero Torrijos que habría que distinguir dos supuestos. En primer término, la obtención de datos desde fuentes abiertas gestionadas por otras entidades puede generar una interferencia en la relación de causalidad en caso de que adolecieran de algún tipo de problema. En este aspecto se podría plantear un supuesto de responsabilidad concurrente de la entidad encargada de la publicación de los datos por haber incumplido sus obligaciones y, asimismo, de la Administración titular

prometida por la complejidad y dinamismo de muchos algoritmos, que dificultan la determinación de si el daño provino de un error en su diseño, de su aprendizaje, de un uso incorrecto del usuario o de los datos suministrados o utilizados[185].

En el caso de algoritmos de menor intensidad es posible, con algún esfuerzo, deslindar la actuación de los sujetos intervinientes en su creación, formación y desenvolvimiento, y, con ello, precisar cuál ha sido la conducta generadora de la consecuencia dañosa. Ante algoritmos más complejos, preparados para decidir con desprendimiento de las instrucciones impartidas inicialmente, no parece tarea fácil desentrañar dónde se produjo el error y a quién imputarlo. Si el responsable de un acontecimiento es aquel que *decidió* el curso de acción causante del suceso, las normas tradicionales no parecen suficientes para precisar la responsabilidad derivada del sistema[186]. Pueden incluso ocasionar hipótesis de *responsability gap*, dando por entendida, con tal término,

---

del algoritmo en la medida que no hubiese realizado las comprobaciones oportunas en lo que se refiere a la calidad y el régimen de uso de los datos. En segundo orden, si el algoritmo hubiese sido desarrollado por una entidad privada, la Administración solo podría considerarse responsable en aquellos supuestos en que el daño fuese consecuencia inmediata y directa de una orden suya (cfr. Valero Torrijos, *Las garantías jurídicas de la inteligencia artificial en la actividad administrativa desde la perspectiva de la buena administración*, "Revista Catalana de Dret Públic", nº 58, 2019, p. 93).

[185] Cerrillo i Martínez, *El impacto de la inteligencia artificial en el derecho administrativo ¿nuevos conceptos para nuevas realidades técnicas?*, "Revista General de Derecho Administrativo", nº 50, 2019.

[186] La doctrina más atenta se interroga, en términos dilemáticos, sobre si realmente hay necesidad de nuevas normas o si existe la posibilidad de que el cuerpo normativo existente, adecuadamente interpretado, pueda resolver las cuestiones derivadas del uso del algoritmo. En otras palabras, resulta imperioso establecer si para regular el nuevo mundo tecnológico se necesita un nuevo *slot* de reglas –una *lex* robótica–, o basta con la aplicación de las normas del sistema jurídico actualmente en vigor (cfr. Ferrari, *L'uso degli algoritmi nella attività amministrativa discrezionale*, "Il Diritto degli Affari", nº 1, 2020, p. 21).

la situación en la que la reparación del daño es soportada por la víctima al no poder imputarse el hecho a sujeto humano alguno por defecto del nexo causal[187].

Debido a que los institutos propios de la responsabilidad no se encuentran adaptados a situaciones en las que un resultado, potencialmente errado, injustificado o injusto, haya sido el producto de una decisión administrativa automatizada[188], se ha postulado una batería de soluciones para mitigar los efectos de la desresponsabilidad, tales como calificar de naturaleza intrínsecamente "peligrosa" (riesgo informático) a la acción de acudir a las tecnologías informáticas para la elaboración de decisiones administrativas[189], establecer factores objetivos de responsabilidad estatal por la actuación

[187] Ello emana de la estructura de funcionamiento de la máquina autónoma dotada de mayor complejidad, pues están preparadas para comportarse en modo imprevisible incluso para quien las ideó o programó. Si bien las causas de las decisiones cumplidas por el mecanismo algorítmico pueden ser interceptadas desde el exterior, mediante observaciones empíricas y reconstrucciones probabilísticas, estas no aseguran certeza y veracidad del resultado reconstructivo. Por consiguiente, la imputación del hecho a un sujeto humano no sería en ningún caso posible porque faltaría el nexo causal entre la conducta dañosa de la máquina y la acción del sujeto llamado a responder (cfr. Ricciardelli, *Innovazione tecnologica e responsabilità civile: l'interpretazione come strumento di adattamento dell'ordinamento giuridico,* www.treccani.it/magazine/chiasmo/diritto_e_societa/Adattamento/3_sssgl_innovazione_tecnologica.html).

[188] Orsoni - D'Orlando, *Nuove prospettive dell'amministrazione digitale: open data e algoritmi*, "Istituzioni del Federalismo", nº 3, 2019, p. 605. Con solvencia se afirmó que, en esta materia, el principio de responsabilidad debe ser entendido en una doble dirección. Por un lado, exige considerar como responsable al funcionario que ha actuado en violación de los derechos, pero, por el otro, la decisión automatizada implica la necesidad de una responsabilidad por la construcción del algoritmo, dado que el modo en que la Administración elige los datos sobre los que se construye aquel, condiciona fatalmente el resultado (Cavallaro, *Imputazione e responsabilità delle decisioni automatizzate*, "European Review of Digital Administration & Law", nº 1, issue 1-2, jun.-dec. 2020, p. 73).

[189] Cfr. Masucci, *Procedimento amministrativo e nuove tecnologie*, p. 127.

algorítmica[190], hasta reconocer personalidad jurídica a los sistemas algorítmicos autónomos[191], con el fin de poder atribuirles responsabilidad directa[192].

2) *La aptitud discriminatoria del algoritmo. Problema de desigualdad.* Las decisiones automatizadas resultan también cuestionadas porque, lejos de ser vistas como herramientas que permiten superar desigualdades[193], propagan prejuicios y discriminaciones[194]. Es que los algoritmos no

[190] Cfr. Morollo, *Documento elettronico fra e-government e artificial intelligence*, "Federalismi.it", nº 2, 2015, p. 27; también, Cavallaro, *Imputazione e responsabilità delle decisioni automatizzate*, "European Review of Digital Administration & Law", nº 1, issue 1-2, jun.-dec. 2020, p. 73.

[191] Cfr. Ruffolo, *Il problema della "personalità elettronica"*, "Journal of Ethics and Legal Technologies", vol. 2, nº 1, 2020, p. 75 a 88; en idéntica dirección, Russo, *Io, persona robot. Il nuovo diritto pubblico della robotica"*, "Amministrativ@mente", nº 3-4, 2018; Celotto, *I robot possono avere diritti?*, "BioLaw Journal", nº 1, 2019, p. 91.

[192] La doctrina discrepa sobre si es posible atribuir responsabilidad directa al sistema robótico. Se ha expresado de manera positiva Ruffolo, *Intelligenza artificiale, machine learning e responsabilità da algoritmo*, "Giurisprudenza Italiana", 2019, p. 1692, pues el algoritmo, contando con la capacidad de automodificarse a partir de su experiencia, ostenta un "soplo de vida pulsante", una suerte de "alma", alterando la mentalidad y el rol causal de sus actos y comportamientos futuros. Negando dicha posibilidad, Ferrari opina que el algoritmo no es una persona ni un centro de imputación de intereses, careciendo además de un patrimonio propio y separado de la Administración (*L'uso degli algoritmi nella attività amministrativa discrezionale*, "Il Diritto degli Affari", nº 1, p. 20).

[193] Casonato, *Costituzione e intelligenza artificiale: un'agenda per il prossimo futuro*, "BioLaw Journal", nº 2, 2019, p. 716.

[194] Avanzini, *Decisioni amministrative e algoritmi informatici*, p. 22. Sobre el plano técnico, la idea de que la inteligencia artificial pueda ayudar a eliminar o disminuir los errores o los prejuicios que pueden influenciar el resultado del proceso decisorio ha sido desde hace tiempo eficazmente puesta en duda, toda vez que los errores y prejuicios ínsitos en el pensamiento humano pueden ser reproducidos e incluso aumentados mediante esa técnica. Es conocido el principio de *garbage in garbage out* por el que un algoritmo no puede reflejar más que la calidad de los datos sobre los cuales está construido (cfr. Simoncini, *L'algoritmo incostituzio-*

son neutros silogismos de cálculo[195], sino que constituyen opiniones estructuradas en forma matemática[196]. Dado que reflejan la visión de quien los proyecta, permiten convertir discriminaciones y prejuicios humanos en discriminaciones y prejuicios algorítmicos[197].

Estos últimos tienen origen en dos momentos y se suscitan por dos órdenes de factores.

En relación con la oportunidad, la discriminación tiene lugar al momento de diseñar el *software*, o bien, por la ges-

---

nale: intelligenza artificiale e il futuro delle libertà, "BioLaw Journal", nº 1, 2019, p. 85).

[195] En reacción con una descripción que describe al algoritmo, en general, como científico, objetivo y neutral, se subraya que su empleo importa en realidad una serie de decisiones y toma de posiciones para nada neutras. Desde la elección del modelo de razonamiento –causal, predictivo, probabilístico, etc.– hasta los criterios sobre la base de los cuales los datos son seleccionados, sistematizados y conectados, refractan las valoraciones de los responsables de su diseño y programación. Por consiguiente, los algoritmos son el resultado de una serie de decisiones que no pueden de manera creíble ser calificadas como objetivas (Cavallaro - Smorto, *Decisione pubblica e responsabilità dell'amministrazione nella società del algoritmo*, "Federalismi.it", nº 16, 2019, p. 3).

[196] Con el pretexto de la "neutralidad" se busca reducir a una mera cuestión técnica el discurso sobre los valores y las prerrogativas codificadas en los algoritmos, convirtiéndose en el pretexto ideal para legitimar la opacidad ínsita en aquellos (cfr. Mobilio, *L'intelligenza artificiale e i rischi di una "disruption" della regolamentazione giuridica*, "BioLaw Journal", nº 2, 2020, p. 407).

[197] Donati, *Intelligenza artificiale e giustizia*, "Rivista AIC", nº 1, 2020, p. 421. En análoga posición, D'Aloia, *Il diritto verso "il mondo nuovo". Le sfide dell'intelligenza artificiale*, "BioLaw Journal", nº 1, 2019, p. 16. Para un meticuloso análisis de la sentencia dictada por la Corte Suprema de Wisconsin, en el célebre caso del sistema Compas ["State of Wisconsin v. Eric L. Loomis", 881 NW 2d 749 (Wis.2016), c.n.2015AP157-CR, www.wicourts.gov], un programa de IA diseñado por una sociedad privada para calcular el riesgo de reincidencia y la peligrosidad social de las personas, ver Simoncini, *L'algoritmo incostituzionale: intelligenza artificiale e il futuro delle libertà*, "BioLaw Journal", nº 1, 2019, p. 71 a 73; ver, también, Avanzini, *Decisioni amministrative e algoritmi informatici*, p. 24 a 27.

tión incorrecta de los datos cuando aquel elabora sus propios modelos decisorios[198].

Respecto de las causas, los algoritmos reflejan las opiniones de aquellos que desarrollan los modelos matemáticos y sucesivamente los traducen en códigos[199]. Pero también el proceso de cálculo algorítmico puede reproducir, de modo inconsciente, los prejuicios ya presentes en la sociedad y escondidos en los datos sobre los que trabajan los sistemas digitales[200].

[198] Si los datos no han sido recopilados correctamente o contienen errores, la confiabilidad de los resultados sucesivamente ofertados por el sistema resultará inevitablemente comprometida. Un segundo momento puede depender de una "discriminación estadística", es decir, de la existencia de condicionamientos determinados por relevamientos estadísticos efectuados precedentemente, cfr. Donati, *Intelligenza artificiale e giustizia*, "Rivista AIC", nº 1, 2020, p. 422 y 423.

[199] Cfr. Tommasi, *L'intelligenza artificiale antropocentrica: limiti e opportunità*, "Juscivile", nº 4, 2020, p. 870.

[200] De este modo pueden reproducir un prejuicio o una escala de valores ya existentes, condicionando el modo de proceder del algoritmo, casi inconscientemente y contra la misma voluntad del proyectista, Avanzini, *Decisioni amministrative e algoritmi informatici*, p. 23 y 24. La elección de las variables sobre la base de las cuales se construye la decisión algorítmica puede traducirse en formas de discriminación indirecta. Por ejemplo, si en la programación de un algoritmo utilizado para decisiones relativas a la asunción de personal se concretiza la noción de "buen" dependiente teniendo en cuenta –entre otros– el criterio de la puntualidad en llegar al lugar de trabajo, eso puede terminar por penalizar sistemáticamente a todos aquellos que viven en la periferia y emplean por consiguiente mayor tiempo para alcanzar todos los días el lugar de trabajo. Debido a que en determinados contextos vivir en la periferia se correlaciona en medida prevalente con orígenes étnicos, condiciones sociales y magros ingresos, un criterio de ese tipo, formalmente neutro, podría terminar por reproducirse, dañando a categorías ya desaventajadas. En segundo lugar, puede resultar falaz el conjunto de datos sobre los cuales se ejercitan los procesos de autoaprendizaje de las máquinas. En particular, tales datos podrían referir a un muestreo demasiado restringido o parcial, o reflejar ellos mismos una situación discriminatoria. En tercer lugar, puede revelarse problemática la tipología de datos tomada en consideración. Por ejemplo, si la elección en materia de ocupación fuera hecha automáticamente en base al *ranking* de las universidades de

El efecto discriminatorio se potencia ante algoritmos predictivos. Dado que estos cristalizan un determinado *estado del mundo*[201], el riesgo estriba en que las condiciones de disparidad social existentes en un determinado momento histórico se reflejen sobre el juicio pronóstico. Si no son neutralizadas[202], las decisiones algorítmicas que se basen sobre tales factores reproducirán sus efectos discriminatorios[203]. En lugar de contribuir a reducirla, se corre el grave riesgo de que la discriminación culmine por sistematizarse[204].

---

proveniencia, ello tendría verosímilmente como resultado el premiar las franjas más altas, por censo e instrucción, de la población. En cuarto lugar, los *proxies* utilizados podrían correlacionarse con factores indicadores de disparidad social. Se piensa en el código postal utilizado como instrumento predictivo del riesgo de *default* respecto a la restitución de un crédito. Si bien es un criterio formalmente neutro, puede fotografiar una bien precisa historia de vida de la persona en cuestión. Finalmente, el algoritmo podría ser programado de manera intencionalmente discriminatoria, como en los conocidos casos reportados de publicidad *online*, que excluían personas de origen hispánico, o individuos con una determinada orientación sexual (Resta, *Governare l'innovazione tecnologica: decisioni algoritmiche, diritti digitali e principio di uguaglianza,* www.forumdisuguaglianzediversita.org/wp-content/uploads/2019/09/Resta.pdf).

[201] Ello es así debido a que la reconstrucción de tendencias predictivamente relevantes tiene lugar a partir de las circunstancias empíricas existentes, de las cuales las máquinas obtienen tendencias útiles para orientar la evaluación de situaciones futuras, por lo que el sistema propende a "codificar" el pasado, encasillando soluciones al interior de las grillas suministradas por los acontecimientos históricos y por el conjunto de valores que ha guiado la programación del sistema (Resta, *Governare l'innovazione tecnologica: decisioni algoritmiche, diritti digitali e principio di uguaglianza,* www.forumdisuguaglianzediversita.org/wp-content/uploads/2019/09/Resta.pdf).

[202] Si es que ello es posible, pues ciertos prejuicios subyacentes a los algoritmos no pueden ser jamás removidos (Costantino, *Rischi e opportunità del ricorso delle amministrazioni alle predizioni dei big data,* "Diritto Pubblico", nº 1, 2019, p. 55).

[203] Incidiendo de manera severa sobre grupos minoritarios y marginalizados, D'Aloia, *Il diritto verso "il mondo nuovo". Le sfide dell'intelligenza artificiale,* "BioLaw Journal", nº 1, 2019, p. 16.

[204] Cfr. De Stefano, *L'intelligenza artificiale nel processo?,* www.giustiziainsieme.it/it/scienza-logica-diritto/892-I-intelligenza-artificiale-nel-pro-

Finalmente, las desigualdades se amplían si se aprecia que, como corolario de la brecha digital[205], muchos ciudadanos no aportan datos, por lo que sus preferencias o necesidades corren el riesgo de ser ignoradas en las decisiones adoptadas por mecanismos de inteligencia artificial que se apoyan en datos masivos[206].

3) *La deshumanización del procedimiento administrativo. Problema de la dignidad.* Por último, se objeta que la decisión automática supone la deshumanización del procedimiento administrativo, mortificando al administrado al considerar comprometida su dignidad[207]. Pese a que en los procedimientos automatizados queda muy poco de la Administración pública[208], discutiéndose si se está o no en presencia de una verdadera actividad administrativa[209], la objeción afinca en afirmar que ellos carecen de un momento de interlocución humana[210].

---

cessso. También, Marongiu, *L'intelligenza artificiale "istituzionale": limiti (attuali) e potenzialità*, "European Review of Digital Administration & Law", nº 1, 2020, issue 1-2, p. 49.

205 *Digital divide* es la brecha existente entre quienes cuentan con acceso efectivo a las tecnologías de la información (en particular, ordenadores personales e internet) y quienes están excluidos, ya sea en modo parcial o total (cfr. Crisci, *Intelligenza artificiale ed etica dell'algoritmo*, "Foro Amministrativo", nº 10, 2018, p. 1789).

206 Cfr. Cotino Hueso, *Big data e inteligencia artificial. Una aproximación a su tratamiento jurídico desde los derechos fundamentales*, "Dilemata", nº 24, 2017, p. 138.

207 Sobre las repercusiones que sobre la dignidad conlleva la interlocución artificial, ver Casonato, *Costituzione e intelligenza artificiale: un'agenda per il prossimo futuro*, "BioLaw Journal", nº 2, 2019, p. 723.

208 Cassese, *Che cosa resta dell'amministrazione pubblica?*, "Rivista Trimestrale di Diritto Pubblico", nº 1, 2019, p. 1 a 11.

209 Recuerda la doctrina que en más de una ocasión (refiriendo a las sentencias gemelas del TAR Lazio, sez. III bis, del 10 septiembre 2018, n. 9224/9230), la jurisprudencia consideró ilegítimo el uso del algoritmo porque habría terminado por anular la actividad administrativa misma (Nicotra - Varone, *L'algoritmo, intelligente ma non troppo*, "Rivista AIC", nº 4, 2019, p. 90).

210 Se dijo que la decisión administrativa automatizada no solo impide discutir con la máquina la aplicación de su fría lógica informática,

No solo no está garantizado el aporte colaborativo del ciudadano en la fase de la instrucción procedimental, sino que tampoco existe actividad interlocutoria en la fase anterior al inicio del procedimiento[211], impidiendo asegurar al particular la posibilidad de revelar y tutelar su propio interés en sede procedimental[212]. Emitir una decisión lesiva de derechos sin que algún funcionario haya evaluado el caso[213] y sin expresión de motivación alguna constituye una frustración de las protecciones procedimentales conectadas al derecho de defensa[214].

Las decisiones algorítmicas producen efectivos vacíos de tutela procedimental en relación con el principio dialógico de la comunicación recíproca[215], porque no brinda alternativas de intervención humana frente a las anomalías del sis-

---

sino que el particular ya no tiene *derecho* a ser atendido personalmente [Alamillo Domingo, "La regulación de la tecnología: la superación del modelo papel como elemento de transformación digital innovadora", en Martín Delgado (dir.), *La reforma de la administración electrónica: una oportunidad para la innovación desde el derecho,* p. 122]. Es evidente que la automatización pone en discusión el rol del elemento humano en el proceso decisional que concretiza los derechos de los ciudadanos (Orsoni - D'Orlando, *Nuove prospettive dell'amministrazione digitale: open data e algoritmi*, "Istituzioni del Federalismo", nº 3, 2019, p. 603).

[211] Di Martino, *Intelligenza artificiale, garanzia dei privati e decisioni amministrative: l'apporto umano è ancora necesario?,* "European Law Journal", nº 2, 2019, p. 58.

[212] Di Martino, *Intelligenza artificiale, garanzia dei privati e decisioni amministrative: l'apporto umano è ancora necesario?,* "European Law Journal", nº 2, 2019, p. 67.

[213] Sobre el punto, es conocida la crítica que atribuye a los sistemas informáticos la imposibilidad de sentir emociones. También lo son aquellas que replican que en infinidad de oportunidades los funcionarios de la Administración resuelven con insensibilidad o que cuestionan la legitimidad de una decisión adoptada pura y exclusivamente sobre la base de emociones.

[214] Nicotra - Varone, *L'algoritmo, intelligente ma non troppo*, "Rivista AIC", nº 4, 2019, p. 90.

[215] Moro, *Algoritmi e pensiero giuridico. Antinomie e interazioni,* "MediaLaws", nº 3, 2019, p. 22.

tema[216]. Pero la orfandad participativa no solo vulnera garantías procedimentales, sino también principios generales del derecho administrativo, debido a la carencia de legitimación democrática de la decisión[217].

§ 7. *Actos susceptibles de automatización y límites*

Descripto de modo sucinto el proceso de automatización de la decisión administrativa, así como las ventajas y objeciones que su uso dispara, se torna conveniente presentar los principales lineamientos de una cuestión de singular incidencia en el presente ensayo, como es el del ámbito dentro del cual los operadores consienten que la Administración adopte decisiones automáticas.

a) *La actividad reglada.* La doctrina autoral no tiene reparos en aceptar que la decisión administrativa sea automatizable siempre que la disposición normativa resulte clara y unívocamente codificable –según la lógica binaria propia de la informática– en modo de poder emitir la instrucción idónea para determinar el contenido del acto[218].

Los autores hacen así referencia a la naturaleza de la potestad ejercida, vinculando la permisión con supuestos *reglados*[219]; esto es, aquellas hipótesis en las que la resolución

[216] Avanzini, *Decisioni amministrative e algoritmi informatici*, p. 89, a cuyas medulosas reflexiones conviene remitir.

[217] Di Martino, *Intelligenza artificiale, garanzia dei privati e decisioni amministrative: l'apporto umano è ancora necesario?*, "European Law Journal", nº 2, 2019, p. 58.

[218] Dado que el *software* traduce los datos jurídicos (principios generales, normas y jurisprudencia) y los datos fácticos a un lenguaje matemático, dando vida a un razonamiento lógico formalizado que llevará a una conclusión inmutable, solo resulta compatible con la lógica propia del elaborador electrónico la actividad reglada (Saitta, *Le patologie dell'atto amministrativo elettronico e il sindacato del giudice amministrativo*, "Quaderni del DAE, Rivista di Diritto Amministrativo Elettronico", 2003, p. 17).

[219] No subsisten muchas dudas sobre el hecho de que el acto reglado ha sido el "caballo de Troya" por el que la decisión electrónica ha re-

viene determinada por la aplicación automática de parámetros previamente delimitados que no dejan margen alguno al desvío respecto del que hubiera adoptado la Administración por medios convencionales[220]. Es en ese supuesto en el que será posible individualizar una serie finita de pasajes lógicos, ligados por un nexo consecuencial, a partir de los cuales, dado un problema, se puede alcanzar un resultado unívoco según un esquema de naturaleza silogística[221].

En una hipótesis así concebida adquiere relevancia solo aquello que puede ser reconducido a un juicio condicional por medio del cual, si se verifica el presupuesto *A*, entonces debe-

---

calado en la praxis administrativa (cfr. Viola, *L'intelligenza artificiale nel procedimento en el proceso amministrativo: lo stato dell'arte*", "Federalismi.it", nº 21, 2018, p. 5). Como resalta este último, el estrecho vínculo entre la categoría de acto reglado y la posibilidad de confiar la elaboración de la decisión administrativa a un ordenador ya estaba presente en un escrito de 1978 (alude al trabajo de Duni, *L'utilizzabilità delle tecniche elettroniche nell'emanazione degli atti e nei procedimenti amministrativi. Spunto per una teoría dell'atto amministrativo emanato nella forma elettronica*, www.privacy.it/archivio/duni19780601.html), el que probablemente constituye el punto de partida para la elaboración de toda la problemática. Pero de su lectura emana la fuerte sensación de que tal limitación constituye la resultante, más que de una verdadera y madura conciencia teórica, de la experiencia concreta de los sistemas utilizados en la praxis administrativa de la época.

[220] Martín Delgado, *Naturaleza, concepto y régimen jurídico de la actuación administrativa automatizada*, "Revista de Administración Pública", nº 180, 2009, p. 369.

[221] Se trata de un modelo reconstructivo simple, definido por algunos, como *razonamiento automático* (Sartor, *L'informatica giuridica e le tecnologie dell'informazione*, p. 292) y, por otros, como *formalismo procedimental* (Lucatuorto, *Teorie e modelli del diritto per il ragionamento giuridico automatico*, p. 43), que consiste en el pasaje de ciertas razones (premisas, objetivos) a conclusiones justificadas por tales razones. Una lógica reconstructiva y de funcionamiento que responde al "modelo clásico", constituido por la referencia al mecanismo lógico-deductivo propio del llamado silogismo jurídico o judicial (cfr. Viola, *L'intelligenza artificiale nel procedimento en el proceso amministrativo: lo stato dell'arte*", "Federalismi.it", nº 21, 2018, p. 7).

rá *indefectiblemente* producirse el efecto *B*[222]. El ordenador se limitará a transformar los datos cuantificables (*input*) en datos de salida (*output*) sin desenvolver razonamiento autónomo alguno, sino aplicando instrucciones previamente estructuradas en un algoritmo (proceso computacional inteligible al hombre) y sucesivamente traducidas en un programa (proceso computacional inteligible a la máquina)[223]. Siempre que el supuesto abstracto pueda ser construido en derredor de un concepto analítico idóneo para cuantificar la realidad[224], el sistema automatizado estará en grado de cumplir con uniformidad, eficiencia, versatilidad y celeridad la actividad que cumpliría normalmente un funcionario público[225].

Si un programa consiste en la descripción precisa del algoritmo que el ordenador debe seguir, el acto podrá adoptarse en modo automático solo cuando los preceptos normativos a aplicar se puedan reconducir a esquemas de categorías jurídicas algoritmizables[226]. Cuando el procedimiento decisional se encuentra totalmente reglado no cabe duda de que la emisión del acto se podrá automatizar, porque al prever todos los pasajes a seguir la emisión del acto resultará el comportamiento debido[227].

[222] Masucci, *Procedimento amministrativo e nuove tecnologie*, p. 89.

[223] Otranto, "Decisione amministrativa, intelligenza artificiale e legalità. Spunti per una ricerca", conferencia desarrollada en la Università degli Studi di Bologna el 3/11/2020 (inédita), p. 15.

[224] Follieri, *Decisione amministrativa e atto vincolato*, "Federalismi. it", nº 7, 2017, p. 13.

[225] Cfr. Usai, "Le elaborazioni possibili delle informazioni. I limiti alle decisioni amministrative automatiche", en Duni (a cura di), *Dall'informatica amministrativa alla teleamministrazione*, p. 77, para quien, en una actividad reglada el sistema automatizado hace idéntica tarea que el funcionario público, con la diferencia de que mediante la decisión electrónica se logra uniformidad, eficiencia y versatilidad, algo no siempre esperable de la actividad humana.

[226] Masucci, *L'atto amministrativo informatico*, p. 19.

[227] Russo, "Introduzione agli atti amministrativi elettronici: tra discrezionalità e vincolatività", en AAVV, *Diritto e nuove tecnologie. Saggi*

Según la doctrina[228], la automatización de la decisión en la actividad reglada puede aportar solo beneficios a la actuación administrativa en términos de imparcialidad y buena administración. Por su intermedio se obtiene la certeza de la absoluta igualdad de trato hacia los ciudadanos, se excluyen los errores debidos a simples distracciones de los funcionarios a cargo (particularmente frecuentes en este tipo de actividad, por lo común monótona y repetitiva), y permite acortar notablemente los tiempos de espera para obtener la respuesta a los reclamos presentados, lo que por lo general será inmediata. A esto debe agregarse que en los hechos las oficinas públicas pueden liberarse de incumbencias en relación con el cumplimiento de cuestiones meramente formales que detraen buena parte de los recursos humanos disponibles; de ese modo se podrá reasignar al personal en ámbitos más creativos o tareas que exijan efectivamente evaluaciones puntuales.

En definitiva, los especialistas son coincidentes en aceptar la decisión automática en el ejercicio de potestades regladas, pues los sistemas informáticos están en condiciones de reproducir la misma lógica decisoria seguida por el funcionario persona.

b) ***Las dificultades de automatización de las decisiones discrecionales.*** En cambio, distan de ser pacíficas las conclusiones sobre el ejercicio automatizado de la *actividad discrecional*, a la cual se le ha generalmente opuesto que la lógica misma de la discrecionalidad –que implica en sí misma un mecanismo de tipo evaluativo o ponderativo– impediría su automatización[229].

---

di informatica giuridica avanzata, p. 95; Fantigrossi, *Automazione e pubblica amministrazione*, p. 63.

[228] Usai, "Le elaborazioni possibili delle informazioni. I limiti alle decisioni amministrative automatiche", en Duni (a cura di), *Dall'informatica amministrativa alla teleamministrazione*, p. 77.

[229] Cfr. Saitta, *Le patologie dell'atto amministrativo elettronico e il sindacato del giudice amministrativo*, "Quaderni del DAE, Rivista di Diritto Amministrativo Elettronico", 2003, p. 17. Si una ley exige a la Adminis-

Para cierta doctrina la idea de discrecionalidad es considerada inconciliable con la noción de decisión administrativa automatizada. La posibilidad de que un ordenador electrónico pueda *preferir* entre diversas alternativas igualmente válidas –mediante un proceso de ponderación de intereses–, no es normalmente esperable de la rigidez[230] y predeterminación lógico-racional[231] que gobierna su comportamiento[232].

Corresponde preguntarse si el estado de la ciencia habilita a la informática, en supuestos de este tipo, a convertir los datos que tiene a disposición y, a través de un procedimiento, producir una regla o una decisión[233]. Las principales resistencias a una respuesta afirmativa se basan en la alegada imposibilidad de reproducir artificialmente la racionali-

tración una evaluación discrecional, esta no podrá ser emitida por el ordenador, salvo que se considere la posibilidad de transformarla en una elección reglada, fijando los parámetros objetivos sobre la base de los cuales debe tomarse la decisión. En otros términos, automatizar una elección discrecional significa necesariamente poder redirigirla a una cantidad finita de alternativas y, por ende, a un comportamiento implícitamente reglado (cfr. Russo, "Introduzione agli atti amministrativi elettronici: tra discrezionalità e vincolatività", en AAVV, *Diritto e nuove tecnologie. Saggi di informatica giuridica avanzata*, p. 93 y 94).

[230] Cfr. Orofino, *La semplificazione digitale*, "Il Diritto dell'Economia", nº 100, 2019, www.ildirittodelleconomia.it/wp-content/uploads/2020/03/04Orofino.pdf.

[231] Se dijo que no puede reconocerse perfil de discrecionalidad alguno al algoritmo porque es ontológicamente imposible en cuanto regla matemática, cfr. Sola, *La giurisprudenza e la sfida dell'utilizzo di algoritmi nel procedimento amministrativo*, "Giustamm", nº 2, 11/2/2020, www.giustamm.it/ga/id/2020/2/25827/g.

[232] Caridi, *Informatica giuridica e procedimenti amministrativi*, p. 145; también, Alamillo Domingo - Urios Aparisi, *La actuación administrativa automatizada en el ámbito de las administraciones públicas*, p. 26; Valero Torrijos, *El régimen jurídico de la e-Administración. El uso de los medios informáticos y telemáticos en el procedimiento administrativo común*, p. 74 y 75.

[233] D'Angelosante, "La consistenza del modello dell'amministrazione 'invisibile' nell'età della tecnificazione: dalla formazione delle decisioni alla responsabilità per le decisioni", en Civitarese Matteucci - Torchia (a cura di), *La tecnificazione*, p. 163.

dad humana, la cual, por su naturaleza, respondería a una lógica denominada opaca y multifacética y, por ende, no reconducible a procesos predeterminados o predeterminables[234].

Tal conclusión, definida como *ciberescéptica*, es consecuencia de la imposibilidad de traducir en precisos silogismos las expresiones del léxico jurídico connotadas de fisiológicas incertidumbres interpretativas y amplitud semántica[235].

Pero, con independencia de si la ciencia permite o no reproducir razonamientos de este tipo, se la ha fundamentado en la necesidad de preservar el rol institucional de la Administración –que tiene en la discrecionalidad su máxima expresión[236]– y de asegurar de la mejor manera la consecución del interés público, a través de una decisión lo más ajustada posible a las peculiaridades del caso concreto. La rigidez ligada a la predeterminación de los datos ofrecidos por el programa informático obsta a un desenvolvimiento correcto y legítimo de la actividad administrativa, si se tiene en cuenta que el principio de imparcialidad de la actuación administrativa equivale a tratamiento igualitario de todos los casos análogos, pero también tratamiento diverso para

[234] Merusi, *Ragionevolezza e discrezionalità amministrativa*, p. 51.

[235] Vaccari, *Note minime in tema di intelligenza artificiale e decisioni amministrative,* "Giustamm", nº 10, 2019, p. 7.

[236] Agudamente se ha observado que los sistemas de inteligencia artificial ponen en crisis no solo la noción de potestad discrecional –impactada por el advenimiento de la técnica en la gestión y regulación de los intereses públicos– sino, antes bien, del modelo de Administración, dado que si el poder discrecional es en verdad el sistema nervioso de la Administración pública, su existencia resulta amenazada si las decisiones son adoptadas por máquinas que no siguen sus instrucciones (cfr. Ferrara, *Il giudice amministrativo e gli algoritmi. Note estemporanee a margine di un recente dibattito giurisprudenziale*, "Diritto Amministrativo", nº 4, 2019, p. 779 y 780).

Con acierto se sostiene que no resulta posible afirmar la utilidad del uso de los algoritmos en los casos en los que es necesario hacer las cuentas con un aspecto de la Administración, tan central cuanto denso y esquivo, como es el contenido político de las decisiones que se le exigen (cfr. Orsoni - D'Orlando, *Nuove prospettive dell'amministrazione digitale: open data e algoritmi*, "Istituzioni del Federalismo", nº 3, 2019, p. 601).

situaciones diferentes. En las decisiones más complejas, las ventajas derivadas de la automatización no justifican el sacrificio de la peculiaridad de los casos singulares[237].

c) *Críticas, teorías de corto alcance e inteligencia artificial.* Con singular rigurosidad, han sido desplegados planteos críticos a la que parece ser la opinión prevalente, sobre la base de considerar que también la actividad discrecional puede ser reconducida a procesos lógico-racionales[238], que ella siempre cuenta con un componente reglado[239], lo que habilitaría su elaboración mediante computadora al menos en ese aspecto, y que existen supuestos de baja discrecionalidad en los cuales es posible individualizar varias opciones según un número determinado de pasajes, los que pueden considerarse compatibles con los procesos de automatización de la actividad reglada[240].

[237] Russo, "Introduzione agli atti amministrativi elettronici: tra discrezionalità e vincolatività", en AAVV, *Diritto e nuove tecnologie. Saggi di informatica giuridica avanzata,* p. 96.

[238] En la medida en que la actividad discrecional también necesita desenvolverse en fiel adhesión a determinados principios y criterios, los que pueden perfectamente parametrizarse. Se ponen como ejemplo de este tipo de decisiones parametrizables las relativas a la promoción de agentes públicos, de autorizaciones, etc. (cfr. Ravalli, *Atti amministrativi emanati mediante sistemi informatici: problematiche relative alla tutela giurisdizionale, TAR,* 1989, vol. II, p. 261 y 262).

[239] Cfr. Saitta, *Le patologie dell'atto amministrativo elettronico e il sindacato del giudice amministrativo,* "Quaderni del DAE, Rivista di Diritto Amministrativo Elettronico", 2003, p. 18; también Duni (a cura di), *Dall'informatica amministrativa alla teleamministrazione,* p. 6.

[240] Admite Martín Delgado la automatización en ejercicio de una potestad administrativa discrecional cuando la libertad decisoria se concreta en criterios técnicos y no políticos: "Me estoy refiriendo, en concreto, a la discrecionalidad técnica. No es difícil parametrizar en estos casos. Los méritos que reúne el aspirante a una plaza de funcionario público o la puntuación que debe obtener una oferta para la adjudicación de un contrato administrativo, aun cuando son susceptibles de valoración por el órgano llamado a concretarlos, tal valoración, técnicamente hablando, puede ser llevada a cabo por una máquina en uso de una aplicación informática debidamente configurada" (*Naturaleza, concepto y régimen jurídico*

Además de estos supuestos de discrecionalidad mínima, la tesis de la incompatibilidad entre discrecionalidad administrativa y elaboración electrónica de la decisión no se muestra insuperable.

Los autores que admiten su automatización acuden a la técnica administrativa de la *autolimitación*, que implica determinar preventivamente –al momento de la predisposición de los programas– las modalidades de ejercicio de la discrecionalidad[241]. En tal hipótesis, la discrecionalidad de la Administración sería ejercitada tempranamente por medio de la predeterminación de los criterios y principios a los que el ordenador debería atenerse al momento de procesar el material informativo y adoptar la decisión final[242].

---

de la actuación administrativa automatizada, "Revista de Administración Pública", nº 180, 2009, p. 369 a 371).

[241] Ver, Fantigrossi, *Automazione e pubblica amministrazione*, p. 81; Vipiana, *L'autolimite della pubblica amministrazione*, así como Police, *La predeterminazione delle decisioni amministrative: gradualità e trasparenza nell'esercizio del potere discrezionale*; Masucci, *Procedimento amministrativo e nuove tecnologie*, p. 93; Saitta, *Le patologie dell'atto amministrativo elettronico e il sindacato del giudice amministrativo*, "Quaderni del DAE, Rivista di Diritto Amministrativo Elettronico", 2003, p. 19; Costantino, *Intelligenza artificiale e dicisioni amministrative*, "Rivista Italiana per le Scienze Giuridiche", nº 8, 2017, p. 357; Pubusa, *Diritto di acceso e automazione*; Buscema, *Discrezionalità amministrativa e reti neuronali artificiali*, "Il Foro Amministrativo", nº 2-3, 1993; Caridi, *Informatica giuridica e procedimenti amministrativi*; Orofino, *L'attuazione del principio di trasparenza nello svolgimento dell'amministrazione elettronica*, www.judicium.it/wp-content/uploads/2020/10/Orofino.pdf; Vernile, *Verso la decisione amministrativa algoritmica?*, "MediaLaws", nº 2, 2020, p. 145. Se ha sostenido con rigor que la autolimitación supone adelantar los criterios del momento de la decisión al momento de la programación del sistema de información que se va a encargar de valorarlos. No hay transformación de potestad discrecional en potestad reglada, sino anticipación de una parte del ejercicio de la discrecionalidad y cambio en quien se encarga materialmente de la valoración de los criterios (Martín Delgado, *Naturaleza, concepto y régimen jurídico de la actuación administrativa automatizada*, "Revista de Administración Pública", nº 180, 2009, p. 370).

[242] En términos prácticos, en la autolimitación, el sujeto a quien atañe la asunción de la decisión discrecional decide no pronunciarse caso por caso, sino que preconstituye parámetros y los introduce en un

En particular está quien, readaptando la teoría de Alexy[243] a la actividad de ponderación de intereses propia del ejercicio de la discrecionalidad, propone la formulación de un algoritmo cuya aplicación debería garantizar la satisfacción del interés primario con el menor agravio para los intereses secundarios involucrados[244].

Con todo, aquellos que postulan la *autolimitación* entienden que, aun cuando al momento de diseñar el *software* fuese posible tipificar todos los supuestos o alternativas de decisión a las que podría echar mano la Administración, el programa no estaría en postura de encuadrar y de calificar nuevas situaciones que podrían presentarse con posterioridad[245]. Por lo que concluyen que, en el estado actual de las tecnologías, la solución a considerar atañe solo a la automatización de la elección discrecional que tenga características de tipicidad y repetición, mientras que todas las otras deben ser remitidas al funcionario humano. Se configura así lo que ha sido definido por la doctrina como *automatización a segmentos*, que prevé, en el marco de un mismo procedimiento, una alternancia de fases en las que las decisiones son confiadas, en parte, al ordenador y, en parte, al funcionario persona física[246].

---

software, el que proveerá en modo automático las decisiones relativas a los casos concretos (cfr. Marongiu, *Gli atti ad elaborazione elettronica: la compilazione di un "pre-software" in lingua italiana,* "Quaderni del DAE, Rivista di Diritto Amministrativo Elettronico", jul. 2003, p. 1).

243 Alexy, *On balancing and subsumption. A structural comparison,* "Ratio Juris", 2003, p. 433.

244 Lucatuorto - Bianchini, *Discrezionalità e contemperamento degli interessi nei processi decisionali dell'amministrazione digitale,* "Ciberspazio e Diritto", vol. 10, nº 1, 2009, p. 41.

245 Cfr. Cavallo Perin, *Ragionando come se la digitalizzazione fosse data,* "Diritto Amministrativo", nº 2, 2020, p. 326.

246 Cfr. Masucci, *L'atto amministrativo informatico,* p. 52, para quien la automatización por segmentos no representa la excepción sino mas bien la regla en los actuales sistemas administrativos, en los que aprecia un incremento y no una reducción de la actividad discrecional de la Administración pública.

No deben quedar dudas de que la imposibilidad técnica solo podría considerarse frente a la denominada informática tradicional, pues dado que la tecnología avanza a un ritmo incesante se han desarrollado aplicaciones informáticas, propias de la *inteligencia artificial*[247], orientadas a simular el funcionamiento de la mente humana aun en sus mecanismos más irracionales, como es el caso de elegir y crear soluciones, de aprender de su experiencia, y de encontrarse en posición de completar e interpolar informaciones fragmentarias o incompletas[248]. La actividad administrativa no es ajena a dichas aplicaciones[249].

247 Con el término inteligencia artificial se consideran las aplicaciones informáticas orientadas a permitir al ordenador desarrollar los mismos mecanismos cognitivos de la mente humana [cfr. Pérez Luño, "Saggi di informatica giuridica", en Limone (a cura di), *Dalla giuritecnica all'informatica giuridica, studi dedicati a Vittorio Frosini*, p. 316]. Vale aclarar que la cuestión de la inteligencia artificial no involucra solo a la informática, sino también a las ciencias cognitivas y, como reflejo de ello, a todos los ámbitos del conocimiento humano, no solo a las disciplinas jurídicas (Lucatuorto, *Intelligenza artificiale e diritto: le applicazioni giuridiche dei sistemi esperti*, "Ciberspazio e Diritto", nº 2, 2006).

248 En particular, las investigaciones en el campo informático sobre la inteligencia artificial están dirigidas a profundizar los fundamentos teóricos, las metodologías y las técnicas que consienten de proyectar sistemas *hardware* y *software* para proveer al ordenador electrónico prestaciones que a un observador común le parecerían ser de pertenencia exclusiva de la inteligencia humana. A través de redes neurales artificiales –que reproducen en el ordenador las conexiones del cerebro humano– la máquina debería estar en grado de comprender el lenguaje natural, de aprender a autoperfeccionarse con posterioridad a la adquisición de nuevos elementos, y el encontrarse en grado de completar e interpolar informaciones fragmentarias o incompletas. Una interesante aplicación de las redes neurales en el ámbito administrativo es descripta por Terraciano, *L'applicazione in campo giuridico delle reti neurali artificiali. Il programma "Giurinet", TAR*, nº 12, 1998, p. 497 a 509. Para una profundización de la temática, véase Buscema, *Discrezionalità amministrativa e reti neuronali artificiali*, "Il Foro Amministrativo", nº 2-3, 1993, p. 620.

249 Con referencia al uso de sistemas automatizados en la erogación y gestión de servicios públicos en Australia, ver Sartor, *Sistemi basati sulla conoscenza giuridica e servizi pubblici*, "Informatica e Diritto", nº 1-2, 2008, p. 463. Un pormenorizado catálogo de aplicaciones de inteligen-

De asumirse que la capacidad de cálculo de los ordenadores progresa de manera exponencial (se habla que la capacidad de cálculo de los ordenadores se duplica en unos dieciocho meses), puede decirse que la racionalización del proceso decisional de naturaleza discrecional, al menos en principio, no encuentra obstáculos de carácter tecnológico[250]. Sobre todo si se considera a los *sistemas expertos*[251], ámbito en el que parecen abrirse espacios más amplios para la llamada

---

cia artificial para decidir en los más variados ámbitos de la Administración, puede consultarse en Avanzini, *Decisioni amministrative e algoritmi informatici*, p. 41 a 78.

[250] La idea de que solo las decisiones de rutina pueden ser confiadas a los algoritmos, y no aquellas que abarcan condiciones de incertidumbre, discrecionalidad y valoraciones, está superada. Los sistemas de inteligencia artificial han demostrados poder operar con éxito también en ámbitos en los que faltan criterios precisos y unívocos, es decir, en sectores tradicionalmente confiados a la intuición humana [cfr. Sartor - Lagioia, "Le decisioni algoritmiche tra etica e diritto", en Ruffolo (a cura di), *Intelligenza artificiale. Il diritto, i diritti, l'etica*, p. 80].

[251] Se denomina de ese modo a las aplicaciones de inteligencia artificial que utilizan técnicas de "razonamiento" y conocimiento para resolver problemas complejos. Se trata de un *software* que se halla en grado de reproducir el comportamiento que adoptaría un ser humano competente en una determinada materia y, por ende, en grado de proveer la solución a los problemas que se pueden presentar en esa área. La respuesta no emerge, como ocurre con la informática tradicional, a través de la inserción predeterminada de los casos posibles y de las consecuencias a ellos asociadas (algoritmo), sino de su capacidad de aprendizaje de las soluciones ya adoptadas (meta-algoritmo). Técnicamente, el sistema experto presupone una base de conocimiento constituida por la experiencia del ordenador, a la que se le aplica un motor inferencial que le permite, mediante un proceso deductivo, encontrar soluciones a problemas nuevos recurriendo a la analogía con los casos ya conocidos. Para una mayor explicación sobre las aplicaciones del sistema experto en el campo jurídico, ver Terraciano, *L'applicazione in campo giuridico delle reti neurali artificiali. Il programma "Giurinet"*, *TAR*, nº 12, 1998, p. 498; Lucatuorto, *Intelligenza artificiale e diritto: le applicazioni giuridiche dei sistemi esperti*, "Ciberspazio e Diritto", nº 2, 2006, p. 219; Usai, *Le prospettive di automazione delle decisioni Amministrative in un sistema di teleamministrazione*, "Il Diritto dell'Informazione e dell'Informatica", nº 1, 1993, p. 170.

decisión automatizada[252]. En caso de actividad administrativa discrecional el sistema elabora la decisión recabando los criterios para adoptarla de las respuestas precedentes. Cada nuevo supuesto que se somete al ordenador se encuentra posibilitado de actuar retroactivamente, modificando la base de conocimiento y fungiendo de presupuesto para las decisiones sucesivas, mejorándolas constantemente.

Con respecto a su adopción en el ámbito de la Administración pública la doctrina se muestra discordante[253]. Por un lado están aquellos que auspician su recepción, sosteniendo que de este modo se podría aportar también a la actividad discrecional las ventajas que actualmente se pueden obtener con la informática tradicional en el marco de la actividad reglada (imparcialidad, buena administración, reducción de tiempos, etcétera)[254]. De la otra parte se encuentran aquellas posiciones, netamente mayoritarias, que no ven en la introducción de los sistemas expertos la posibilidad dc un real mejoramiento de la actividad administrativa[255].

[252] Cfr. Russo, "Introduzione agli atti amministrativi elettronici: tra discrezionalità e vincolatività", en AAVV, *Diritto e nuove tecnologie. Saggi di informatica giuridica avanzata,* p. 98, con cita de Macioce, *Un'ermeneutica per i sistema esperti? Problemi e prospettive.*

[253] Sobre aplicaciones concretas de los sistemas expertos en el ámbito de la administración, ver Caridi, *Corso elettronico di informatica giuridica.*

[254] Cfr. Masucci, *L'atto amministrativo informatico,* 35; Usai, "Le elaborazioni possibili delle informazioni. I limiti alle decisioni amministrative automatiche", en Duni (a cura di), *Dall'informatica amministrativa alla teleamministrazione,* p. 64. Entre nosotros, cfr. Delpiazzo, "Procedimiento administrativo y derecho informático", en Pozo Gowland - Halperin - Aguilar Valdés - Juan Lima - Canosa (dirs.), *Procedimiento administrativo,* p. 1352.

[255] Con acierto se sostiene que no resulta posible afirmar la utilidad del uso de los algoritmos en los casos en los que es necesario hacer las cuentas con un aspecto de la Administración, tan central cuanto denso y esquivo, como es el contenido político de las decisiones que se le exigen [cfr. Orsoni - D'Orlando, *Nuove prospettive dell'amministrazione digitale: open data e algoritmi,* "Istituzioni del Federalismo", nº 3, 2019, p. 601; también Pérez Luño, "Saggi di informatica giuridica", en Limone (a cura di), *Dalla giuritecnica all'informatica giuridica, studi dedicati a Vittorio Frosini,* p. 128].

La aparición de estos sistemas en el campo de la actuación administrativa no está exenta de críticas[256], particularmente porque dichos programas se caracterizan por reflejar cierto espíritu reduccionista que lleva a trasponer a un plano determinista procesos mentales que, en realidad, escapan a cualquier posibilidad de racionalización[257].

En cambio, un dato sobre el que los especialistas parecen estar de acuerdo reside en admitir que si los sistemas expertos no pueden ser los ejecutores últimos de las decisiones discrecionales de alta complejidad, igualmente pueden desenvolver una vital función de auxilio o apoyo en la asunción de decisiones, deviniendo en cierta medida en los nuevos *asesores* de los funcionarios administrativos[258], tornando solo teórica la posibilidad de que el órgano llamado a adoptar la decisión se disocie de la recomendación aportada por el ordenador electrónico[259].

[256] Usai, "Le elaborazioni possibili delle informazioni. I limiti alle decisioni amministrative automatiche", en Duni (a cura di), *Dall'informatica amministrativa alla teleamministrazione,* p. 64. Un interesante tratamiento de la cuestión puede encontrarse en D'Angelosante, "La consistenza del modello dell'amministrazione 'invisibile' nell'età della tecnificazione: dalla formazione delle decisioni alla responsabilità per le decisioni", en Civitarese Matteucci - Torchia (a cura di), *La tecnificazione,* p. 155.

[257] Como sostienen Taddei Elmi - Romano, *Il robot tra ius condendum e ius conditium,* "Informatica e Diritto", nº 1, 2016, toda la tendencia cultural informática, decisional y legislativa, aun cuando ostenta indudables implicancias positivas, corre el riesgo, si es utilizada en modo acrítico y reduccionista, de llevar a situaciones de eficiencia formal pero de pobreza sustancial.

[258] Cfr. Russo, "Introduzione agli atti amministrativi elettronici: tra discrezionalità e vincolatività", en AAVV, *Diritto e nuove tecnologie. Saggi di informatica giuridica avanzata,* p. 99; Raganelli, *Decisioni pubbliche e algoritmi: modelli alternativi di dialogo tra forme di intelligenza diverse nell'assunzione di decisioni amministrative,* "Federalismi.it", nº 22, 2020, p. 258, quien entiende que este modelo no solo jerarquiza la díada "hombre-máquina", sino que se muestra compatible con aquella postura que sostiene que en toda decisión discrecional hay siempre presente un mínimo de "politicidad".

[259] Lacava - Otranto, *Principio de legalidad y decisiones administrativas mediante inteligencia artificial,* "Rap", nº 514/515, 2021, p. 31.

En definitiva, si bien no existen divergencias en admitir la adopción de decisiones automáticas en el marco de la actividad administrativa reglada, la implementación de la automatización en materia discrecional muestra un debate abierto, marcado por el desigual impacto de la evolución de la técnica y la cibernética en el derecho.

§ 8. *Tratamiento normativo de las decisiones administrativas automatizadas*

El modo en que el derecho afronta la automatización del procedimiento decisor administrativo no está privado de problemas, ni se sustrae de las objeciones de quienes tienen el temor de *enyesar* el impetuoso desarrollo tecnológico mediante reglas demasiado rígidas y expuestas a una rápida obsolescencia[260]. Es que, como se ha dicho con razón, plantea el interrogante de si conviene fijar reglas y, en caso afirmativo, de hacerlo sin *sofocar* los progresos de la ciencia ni *lesionar* los derechos de las personas[261].

El problema del fundamento para emitir decisiones algorítmicas, convenientemente tratado por la más autorizada literatura[262], más que un ejercicio en perspectiva del principio de legalidad, tensiona sobre el rol de la tecnología en el derecho[263]. El escenario ordinamental refleja hipótesis en las que la misma ley o una disposición reglamentaria prevén la automatización de la totalidad del procedimiento o de parte de este.

260 Cfr. Resta, *Governare l'innovazione tecnologica: decisioni algoritmiche, diritti digitali e principio di uguaglianza,* www.forumdisuguaglianzediversita.org/wp-content/uploads/2019/09/Resta.pdf.

261 Cfr. Faralli, *Diritti e nuove tecnologie,* "Tigor, Rivista di Scienze della Comunicazione e di Argomentazione Giuridica", nº 2, 2019, p. 44.

262 Se remite al meduloso trabajo de Civitarese Matteucci, *Umano troppo umano. Decisioni amministrative automatizzate e principio di legalità,* "Diritto Pubblico", nº 1, 2019, p. 5 a 41.

263 Para una profundización sobre la relación entre derecho y tecnología, ver Faini, *Il diritto nella tecnica: tecnologie emergenti e nuove forme di regolazione,* "Federalismi.it", nº 16, 2020, p. 79 a 117.

No obstante, el recurso al análisis algorítmico no siempre está precedido de previsiones normativas que así lo contemplen[264], en el entendimiento de que la actividad decisoria no se diferencia de la modalidad tradicional, incluso cuando es el corolario de mecanismos de inteligencia artificial.

La reacción inicial de los ordenamientos jurídicos ha sido tratar de obviar su efectiva existencia, asumiendo que los incrementos de capacidad computacional solo hacen simplemente más potente la herramienta empleada para el cálculo[265]. En otros casos directamente se ha optado por prohibir su empleo. De todos modos, se ha dicho que razones de comodidad explican esa solución. Ellas permiten a la Administración no tener que enfrentarse a una realidad incómoda y llena de incertidumbres, y ayudan a retrasar una intervención reguladora que, para ser satisfactoria y adecuada a la velocidad del desarrollo tecnológico requiere de un conocimiento y control sobre estos avances que, probablemente, los poderes públicos no poseen.

La lógica de la prohibición *tout court* no parece razonable, dados los inmensos beneficios sociales derivados de la toma de decisiones mediante el empleo de la inteligencia artificial[266]. Ignorar esta realidad, o actuar como si no tuviera

[264] Avanzini, *Decisioni amministrative e algoritmi informatici*, p. 82.

[265] Valero Torrijos, *Las garantías jurídicas de la inteligencia artificial en la actividad administrativa desde la perspectiva de la buena administración*, "Revista Catalana de Dret Públic", nº 58, 2019, p. 85; en idéntica posición, Boix Palop, *Los algoritmos son reglamentos: la necesidad de extender las garantías propias de las normas reglamentarias a los programas empleados por la administración para la adopción de decisiones*, "Revista de Derecho Público: Teoría y Método", nº 1, 2020, p. 231.

[266] Resta, *Governare l'innovazione tecnologica: decisioni algoritmiche, diritti digitali e principio di uguaglianza,* www.forumdisuguaglianzediversita.org/wp-content/uploads/2019/09/Resta.pdf; análogamente, Boix Palop, *Los algoritmos son reglamentos: la necesidad de extender las garantías propias de las normas reglamentarias a los programas empleados por*

trascendencia jurídica alguna, difícilmente sea una solución satisfactoria en el futuro[267].

a) *El derecho comparado.* Para comprender el impacto jurídico de las llamadas tecnologías emergentes en la sociedad contemporánea, cuya principal característica es la vocación trasnacional de sus problemáticas[268], bueno resulta auscultar sintéticamente las respuestas ofrecidas por algunos ordenamientos de avanzada. El derecho a no ser sometido a una decisión completamente automatizada, el derecho a conocer la lógica algorítmica, la codificación de la administración electrónica, la modificación de los procedimientos administrativos y la influencia de las normas de protección de datos personales, entre otros, son desarrollos que no se encuentran replicados en los diversos ordenamientos[269]; razón más que valedera para conocer los principales lineamientos diseñados por las jurisdicciones seleccionadas a los fines de afrontar la cuestión.

1) *El derecho de la Unión Europea.* En el ámbito de la Unión Europea, la principal fuente por la que habitualmente se canaliza la solución al empleo de algoritmos en las decisiones administrativas es el Reglamento general para la protección de datos personales (GDPR)[270]. Criticado por al-

la administración para la adopción de decisiones, "Revista de Derecho Público: Teoría y Método", nº 1, 2020, p. 232.

[267] Boix Palop, *Los algoritmos son reglamentos: la necesidad de extender las garantías propias de las normas reglamentarias a los programas empleados por la administración para la adopción de decisiones,* "Revista de Derecho Público: Teoría y Método", nº 1, 2020, p. 232.

[268] Faini, *Il diritto nella tecnica: tecnologie emergenti e nuove forme di regolazione,* "Federalismi.it", nº 16, 2020, p. 80.

[269] Se ha dicho de modo inobjetable que las experiencias nacionales, influenciadas por una mayor o menor propensión cultural a convivir con el desarrollo de la técnica, ofrecen respuestas diversas producto de la diferente permeabilidad al fenómeno en cuestión (Sola, *L'automatizzazione dell'azione amministrativa,* "www.amministrazioneincammino.luiss.it/wpcontent/uploads/2020/07/SOLA.pdf).

[270] Reglamento nº 679/2016, del Parlamento Europeo y del Consejo, del 27 de abril de 2016, en vigor desde mayo de 2018.

gunos[271] y exaltado por otros[272], lo cierto es que constituye una de las pocas normas reguladoras de procesos automatizados de toma de decisiones[273]. Si bien es cierto que no pone una atención especial en la actividad administrativa, fija reglas que también se aplican a las administraciones[274]. Su preocupación mayor está ligada a las profundas transformaciones de los tratamientos automatizados y a la gran masa de datos personales utilizados, debidos principalmente a la evolución tecnológica, al desarrollo de internet y al análisis algorítmico, respecto de los cuales las técnicas tradicionales de protección se muestran carentes de idoneidad para suministrar garantías adecuadas[275].

[271] Entre quienes cuestionan la solución europea, está quien, catalogando a la estrategia como "decepcionante", sustenta su posición en advertir, entre otras desinteligencias, que la norma no ha sido diseñada para controlar la automatización de la decisión administrativa, sino para regular el tráfico jurídico privado y proteger a consumidores frente a empresas que realizan tratamientos de datos cada vez más masivos, y que presenta una gran variedad de vías de escape a su aplicación (cfr. Boix Palop, *Los algoritmos son reglamentos: la necesidad de extender las garantías propias de las normas reglamentarias a los programas empleados por la administración para la adopción de decisiones*, "Revista de Derecho Público: Teoría y Método", nº 1, 2020, p. 244, 245 y 247).

[272] Entre quienes saludan la normativa, no sin reservas, ver el minucioso estudio de Avanzini, *Decisioni amministrative e algoritmi informatici*, p. 93 a 114.

[273] Con referencia específica al proceso decisional automatizado, el Reglamento distingue entre "decisiones enteramente automatizadas", por un lado, y "decisiones no íntegramente automatizadas", por el otro. Mientras las primeras son, en principio, prohibidas, las segundas, también en principio son admitidas (cfr. Sassi, *Gli algoritmi nelle decisioni pubbliche tra trasparenza e responsabilità*, "Analisi Giuridica dell'Economia", nº 1, 2019, p. 112).

[274] Carloni, *IA, algoritmos y Administración pública en Italia*, "Revista de Internet, Derecho y Política", nº 30, 2020, p. 6.

[275] Avanzini, *Decisioni amministrative e algoritmi informatici*, p. 95. Para otros, el objetivo del reglamento es claro: anteponer el hombre a la máquina algorítmica, o, si se quiere, poner a la máquina en modalidad de asistente del hombre (cfr. Sassi, *Gli algoritmi nelle decisioni pubbliche tra trasparenza e responsabilità*, "Analisi Giuridica dell'Economia", nº 1, 2019, p. 114).

Contiene una disciplina de las salvaguardias a adoptar ante decisiones automatizadas que involucren datos personales, y al tema en objeto le dedica principalmente dos artículos: el 15 y el 22, además del consid. 71.

El primero alberga una garantía fundamental en todo procedimiento decisional automatizado que se valga de datos personales: el derecho de saber. La norma establece el derecho de obtener informaciones acerca de la lógica utilizada, así como su importancia y las consecuencias previstas de tal tratamiento para el interesado. Por su parte, el art. 22[276] fija un límite sustancial al uso del tratamiento algorítmico. Sobre el punto, establece que el interesado tiene el derecho a no ser sometido a una decisión basada *únicamente* sobre el tratamiento automatizado si este es susceptible de producir efectos jurídicos o incidir en modo análogo de manera significativa sobre su persona.

A pesar de tratarse de una verdadera prohibición[277], de cuya violación se siguen efectos invalidantes para el titular del tratamiento[278], ella no opera cuando la decisión: *a*) es necesaria para concluir o ejecutar un contrato entre el interesado y el titular del tratamiento; *b*) esté autorizada por el derecho de la Unión o del Estado miembro al que está sometido el titular del tratamiento, o *c*) se base en el consentimiento explícito del interesado. Ante los casos *a* y *c*, el

[276] Realizando un concienzudo análisis del dispositivo, se afirmó que se trata de uno de los pocos preceptos que prevé una serie de garantías jurídicas a favor de las personas que se ven sometidas a decisiones tomadas por una máquina (cfr. Palma Ortigoza, *Decisiones automatizadas en el RGPD. El uso de algoritmos en el contexto de la protección de datos*, "Revista General de Derecho Administrativo", nº 50, 2019).

[277] Se dijo con rigor que interpretar el art. 22 como una prohibición –y no como un derecho– significa que la persona está tutelada automáticamente por efecto del tratamiento de datos, con independencia de que la interesada accione (cfr. Avanzini, *Decisioni amministrative e algoritmi informatici*, p. 109).

[278] Resta, *Governare l'innovazione tecnologica: decisioni algoritmiche, diritti digitali e principio di uguaglianza*, www.forumdisuguaglianzediversita.org/wp-content/uploads/2019/09/Resta.pdf.

Reglamento obliga al titular del tratamiento a activar medidas apropiadas para tutelar los derechos y libertades del interesado. Entre estas, asumen particular relevancia el derecho de obtener la intervención humana por parte del titular del tratamiento, de expresar su propia opinión y de impugnar la decisión[279]. El cuadro se completa con un límite sustancial insuperable constituido por el principio por el cual las decisiones algorítmicas autorizadas (por el derecho de la Unión o del Estado miembro) no pueden valerse de datos particulares a los que refiere el art. 9º (es decir, los datos de la salud, sobre la orientación sexual, sobre las opciones ideológicas y sindicales, sobre las pertenencias étnicas, etc.), a menos que subsistan las justificaciones previstas en el art. 9º, párr. 2º, *a* (consentimiento explícito de la persona) o *g* (tratamiento necesario por motivos de interés público relevante).

Pese al esfuerzo por elaborar una disciplina transversal al sector público y al sector privado, el Reglamento suscita perplejidades y cautelas[280].

[279] Es decir, debe existir en el proceso decisional una contribución humana capaz de controlar, validar o desmentir la decisión automática. Es el modelo conocido por los programadores como HITL (*human-in-the-loop*) que considera que, para producir su resultado, es necesario que la máquina interactúe con el ser humano (cfr. Simoncini, *L'algoritmo incostituzionale: intelligenza artificiale e il futuro delle libertà*, "BioLaw Journal", nº 1, 2019, p. 79). Para ampliar sobre el modelo, consideramos indispensable remitir al trabajo de Goldenfein, "Algorithmic, transparency and decision-making accountability: thoughts for buying machine learning algorithms", en Office of the Victorian Information Commissioner (ed.), *Closer to the machine: technical, social and legal aspects of AI (2019)*, https://ssrn.com/abstract=3445873.

[280] Agudamente se dijo que si los alcances de las excepciones son tan amplios, cabe preguntarse en realidad si puede aplicarse la regla (cfr. Simoncini, *L'algoritmo incostituzionale: intelligenza artificiale e il futuro delle libertà*, "BioLaw Journal", nº 1, 2019, p. 80). Por su parte, desde otra óptica se ha lamentado que la normativa no haya avanzado en una suerte de hábeas corpus respecto de quien se encuentra sometido a un procedimiento decisorio automático. La tímida solución legal se explicaría en el tentativo de equilibrar la exigencia de transparencia decisoria con el intento de evitar obstáculos a la innovación tecnológica

En lo concerniente al art. 15, instrumento capaz de responder –al menos en parte– al problema de la "transparencia" del algoritmo, se discute si el derecho a obtener informaciones refiere a las características generales del modelo y la lógica utilizada por el *software*, o si en cambio atañe más específicamente a la relación entre tal lógica y la decisión adoptada[281]. Como bien se pregunta Resta, ¿se trata de un modelo de control general sobre las consecuencias esperables del tratamiento, o de un canon cognoscitivo dirigido a comprender *el modo en el que la decisión ha sido adoptada en relación a la específica situación subjetiva y fáctica del interesado*?[282].

---

en el mejoramiento de los procedimientos administrativos (cfr. Falletti, *Decisioni amministrative e diritto alla spiegazione: alcune riflessioni comparatistiche*, "Il Diritto dell'Informazione e dell'Informatica", nº 2, 2020, p. 178).

[281] Lógica aplicada, en palabras de Boix Palop, aun cuando para este autor en ningún caso nos encontramos ante una obligación de revelar el contenido completo y exacto de la totalidad del código fuente, sino una muy limitada obligación de ilustrar sobre las líneas básicas y criterios a partir de los cuales opera la misma (*Los algoritmos son reglamentos: la necesidad de extender las garantías propias de las normas reglamentarias a los programas empleados por la administración para la adopción de decisiones*, "Revista de Derecho Público: Teoría y Método", nº 1, 2020, p. 246 y 247). En cambio, Avanzini alude al proceso interno que ha conducido a la elaboración de la decisión, pues el conocimiento del razonamiento seguido debe permitir comprender los motivos de la decisión y ser funcional al ejercicio razonado del derecho de pedir la intervención humana al titular y de impugnar la decisión (cfr. *Decisioni amministrative e algoritmi informatici*, p. 114).

[282] Resta, *Governare l'innovazione tecnologica: decisioni algoritmiche, diritti digitali e principio di uguaglianza*, www.forumdisuguaglianzediversita.org/wp-content/uploads/2019/09/Resta.pdf. En ese sentido, la oscuridad intrínseca de los algoritmos implica una modulación del derecho de información de tal magnitud que el Grupo WP29, compuesto por los garantes de la *privacy* de la UE, en su líneas guías, subrayó que el acceso no debe necesariamente traducirse en una explicación compleja de los algoritmos utilizados, ni debe consistir en la divulgación del algoritmo completo (ver *Guidelines on automates individual decision-making an profiling for the pourposes of regulation* 2016/679, http:/ec.europa.eu/justice/data-protection/index).

En cuanto al art. 22, sus dificultades derivan: *a*) de la circunstancia de encontrarse el derecho limitado a la hipótesis en el que el procedimiento decisional esté *íntegramente* basado sobre el tratamiento automatizado[283], lo que ocurre en un número limitado de casos; *b*) de la restrictiva noción de *decisión*, lo cual implica la exclusión del ámbito aplicativo de la norma de todas las formas de *micro-targeting*; *c*) de la prevalente lógica individualista por medio de la cual se aborda un tema de relevancia decididamente *meta* individual y colectivo, como es aquel de las decisiones algorítmicas[284]; *d*) de la complejidad para establecer cuándo el tratamiento automatizado incide "significativamente" sobre la persona del interesado[285]; *e*) de las dificultades para el ciudadano de comprender a pleno las finalidades declaradas y aquellas implícitas en el tratamiento, que por lo común no son ni siquiera previsibles al momento de manifestar su consentimiento, así como también que, en no pocas ocasiones, para acceder a una prestación o a un determinado servicio el ciudadano no tiene otra alternativa que

[283] Según una autorizada opinión, la decisión debe excluir cualquier forma de intervención humana, en el sentido de que resulte adoptada autónomamente por el sistema sin ningún control por parte de una persona física que ostente autoridad y competencia para modificarla (cfr. Avanzini, *Decisioni amministrative e algoritmi informatici*, p. 109).

[284] Resta, *Governare l'innovazione tecnologica: decisioni algoritmiche, diritti digitali e principio di uguaglianza*, www.forumdisuguaglianzediversita.org/wp-content/uploads/2019/09/Resta.pdf. Ha de recordarse que una característica distintiva de los algoritmos utilizados en la toma de decisiones estriba en que sus defectos estructurales son susceptibles de desplegarse en todas las futuras decisiones, por lo que se dirigen a una platea indefinida de destinatarios (cfr. Mobilio, *L'intelligenza artificiale e i rischi di una "disruption" della regolamentazione giuridica*, "BioLaw Journal", nº 2, 2020, p. 295).

[285] Avanzini, *Decisioni amministrative e algoritmi informatici*, p. 110, para quien se trataría de hipótesis en los que el resultado del tratamiento no produce una mutación de la esfera jurídica subjetiva del interesado, pero que no obstante genera repercusiones tales como para exigir la aplicación del régimen de protección.

prestarlo[286], y *f*) de que en los casos en los que el sujeto esté obligado a sufrir una decisión algorítmica sin intervención humana, el derecho de expresar su propia opinión y de impugnar la decisión supone aquel de haber comprendido la lógica de la decisión[287], lo que resulta dificultoso de frente a algoritmos autónomos.

Por el consid. 71, el Reglamento reconoce al interesado el derecho a no ser sometido a una decisión basada *únicamente* en un tratamiento automatizado sin intervención humana si este requiere evaluar aspectos personales que le atañen. Además de traer a la superficie el tema del perfilado[288], corresponde señalar que el considerando prevé algunas garantías que no han sido incorporadas al articulado, tal como, por ejemplo, el derecho a "obtener una explicación" de la decisión.

[286] Avanzini, *Decisioni amministrative e algoritmi informatici*, p. 112 y 113. También se dijo que el grado de dependencia de la tecnología y la asimetría entre los contrayentes cuando está involucrada una de las llamadas *big tech*, hacen que la libertad del consentimiento sea una mera *fictio*, una *mitología contemporánea*. Si el sujeto no da su consentimiento, simplemente no tiene acceso a los servicios (cfr. Simoncini, *L'algoritmo incostituzionale: intelligenza artificiale e il futuro delle libertà*, "BioLaw Journal", nº 1, 2019, p. 80).

[287] Simoncini, *L'algoritmo incostituzionale: intelligenza artificiale e il futuro delle libertà*, "BioLaw Journal", nº 1, 2019, p. 83.

[288] La perfilación es definida en el art. 4º, punto 4, del Reglamento como cualquier forma de tratamiento automatizado de datos personales consistente en el uso de ellos para evaluar determinados aspectos personales relativos a una persona física, con el fin de analizar o prever algunos comportamientos, intereses o capacidades, en particular, para analizar o prever aspectos atinentes al rendimiento profesional, la situación económica, la salud, las preferencias personales, los intereses, la confiabilidad, el comportamiento, la ubicación y los traslados de dicha persona física. Se trata de una modalidad de conocimiento de un individuo o un grupo social y de sus relativos comportamientos, actitudes y preferencias que nace de las múltiples correlaciones entre datos de distinta procedencia, que no sería posible extraer según las técnicas tradicionales de aprendizaje y cognición (cfr. Avanzini, *Decisioni amministrative e algoritmi informatici*, p. 98). Ampliar en Sassi, *Gli algoritmi nelle decisioni pubbliche tra trasparenza e responsabilità*, "Analisi Giuridica dell'Economia", nº 1, 2019, p. 112.

Esto adquiere particular trascendencia en relación con el art. 15, pues obtener una explicación de a decisión (*the right to an explanation*) expresa un *quid pluris* respecto del derecho a "recibir informaciones relevantes sobre la lógica de la decisión". En este caso, *explicación* quiere significar que el algoritmo debe ser *comprensible* según los principios de razonabilidad ordinarios[289]. Pero la trascendencia del dispositivo estriba en que de sus expresiones emana un principio a la no discriminación algorítmica, si bien su papel se halla relativizado, pues solo vale como orientación interpretativa al carecer el considerando de eficacia vinculante[290].

Pese a las críticas, el Reglamento ostenta relevancia, no solo porque se trata de uno de los primeros desarrollos que disciplinan la decisión automatizada, sino porque, en consideración del valor de su fuente –norma general y abstracta–, tiene plena e inmediata aplicación en todos y cada uno de los Estados miembros de la Unión Europea. A su fuerza uniformadora[291] que de tal carácter se desprende, cabe agregar que, por su naturaleza supranacional, sus dispositivos prevalecen sobre cualquier norma de derecho local que pudiera oponérsele, incluso de fuste constitucional.

Con todo, es posible decir que, por tres claras razones, su valor se encuentra parcialmente mitigado. Por un lado, porque, como su título refleja, regula el tratamiento automatizado de "datos personales", razón por la cual parece quedar al margen –al menos parcialmente– el tratamiento de datos no personales[292]. También, porque la amplitud de sus

[289] Simoncini, *L'algoritmo incostituzionale: intelligenza artificiale e il futuro delle libertà*, "BioLaw Journal", nº 1, 2019, p. 83.

[290] Mobilio, *L'intelligenza artificiale e i rischi di una "disruption" della regolamentazione giuridica*, "BioLaw Journal", nº 2, 2020, p. 294.

[291] Efecto propio del derecho *comunitario*, particularmente el efecto directo e inmediato atribuido por los tratados constitutivos a los reglamentos.

[292] En este sentido cabe resaltar que, en paralelo con el instrumento analizado, la Unión Europea sancionó el Reglamento 2018/1807 sobre circulación de datos "no personales".

excepciones parece favorecer la subsistencia de los riesgos derivados de la automatización. Finalmente, porque las soluciones regulatorias contempladas parecen adecuadas para resolver problemas derivados del uso de algoritmos simples y no de sistemas de inteligencia artificial.

Por último, y sin perjuicio de observar importantes desarrollos en el ámbito convencional[293], la Unión Europea intervino de manera significativa en otros ámbitos de estrecho contacto con las decisiones administrativas automatizadas. Sirva de ejemplo la resolución del Parlamento europeo del 16 de febrero de 2017[294], refractaria de Recomendaciones a la Comisión concernientes a normas de derecho civil sobre la robótica[295] que, haciéndose cargo de la mentada desresponsabilización derivada de la automatización, realiza una serie de propuestas orientadas a elaborar una responsabilidad civil aplicable a los *robots*, en una equilibrada coexistencia entre la intervención de la máquina y la humana[296]. La resolución, compuesta de 68 puntos, subraya la urgencia proveniente del fuerte desarrollo de la autonomía robótica y en referencia a la responsabilidad por su actuación dañosa

[293] Cfr. Finck, "Automated decision-making and administrative law", en Cane *et al.* (eds.), *Oxford handbook of comparative administrative law*, p. 18 y su cita del Council of Europe Parliamentary Assembly, "Report on Technological Convergence, Artificial Intelligences and Human Rights", 10 abril de 2017, Doc. 14288.

[294] P8_TA (2017) 0051, "Normas de derecho civil sobre la robótica. Resolución del Parlamento europeo del 16 febrero de 2017 que establece recomendaciones a la Comisión concernientes a normas de derecho civil sobre la robótica [2015/2103 (INL)]". El texto integral de la resolución es consultable en www.europarl.europa.eu/sides/getDoc.do?type=TA&reference=P8-TA-2017-0051&language=IT&ring=A8-2017-000.

[295] Para un comentario a esta resolución y sus implicancias en el ámbito de la responsabilidad civil, ver Coppini, *Robótica e intelligenza artificiale: questioni di responsabilità civile*, "Politica del Diritto", vol. 49, nº 4, 2018, p. 713; también, se remite a Russo, *Io, persona robot. Il nuovo diritto pubblico della robotica*", "Amministrativ@mente", nº 3-4, 2018, particularmente p. 4 y siguientes.

[296] Sassi, *Gli algoritmi nelle decisioni pubbliche tra trasparenza e responsabilità*, "Analisi Giuridica dell'Economia", nº 1, 2019, p. 114.

auspicia soluciones de responsabilidad objetiva, en el intento de individualizar, en quien está detrás de él, el deber de resarcir los daños producidos por ilícitos robóticos. Como se explica con acierto, esta solución parte de la prospectiva de que los *robots* son meros instrumentos carentes de toda subjetividad por lo que no consienten que se les atribuya responsabilidad directa alguna[297]. Sin embargo, parece que la resolución contempla (y corteja) una suerte de subjetividad jurídica (ficción) a atribuir a la máquina, que asumiría un estatus jurídico de "persona electrónica"[298], como ocurre en el caso de las sociedades y otros entes dotados de personalidad jurídica ficta[299].

2) *Las decisiones administrativas automatizadas en Alemania.* En el derecho alemán, si bien la ley de procedimientos administrativos contaba con regulaciones especiales para el dictado de actos administrativos con ayuda de dispositivos automáticos[300], la admisión de decisiones administrativas de forma automatizada tuvo desarrollos tardíos. Sus contornos actuales resultan el corolario de la incorporación del § 35a *VwVfG,* mediante la ley de modernización del procedimiento administrativo del 18 de julio de 2016[301], con el objetivo de mejorar la eficiencia administrativa y reducir costes[302].

[297] Cfr. Taddei Elmi - Romano, *Il robot tra ius condendum e ius conditium,* "Informatica e Diritto", nº 1, 2016, p. 127.

[298] Para ampliar sobre la subjetividad robótica, ver Ruffolo, *Intelligenza artificiale, machine learning e responsabilità da algoritmo,* "Giurisprudenza Italiana", 2019, p. 75 a 88; igualmente, D'Aloia, *Il diritto verso "il mondo nuovo". Le sfide dell'intelligenza artificiale,* "BioLaw Journal", nº 1, 2019, p. 24 y 25.

[299] Taddei Elmi - Romano, *Il robot tra ius condendum e ius conditium,* "Informatica e Diritto", nº 1, 2016, p. 128.

[300] Cfr. Maurer, *Derecho administrativo alemán*, p. 460.

[301] Concretamente el art. 20 de la *Gesetzes zur Modernisierung des Besteuerungsverfahrens,* (BGBl 2016, 1679), cuya entrada en vigor se produjo el 1º de enero de 2017.

[302] Schmid, *"Der vollständig automatisierte Erlass eines Verwaltungsakts (§ 35a VwVfG) sowie die Bekanntgabe eines Verwaltungsakts über öffentlich zugängliche Netze (§ 41 Abs. 2a VwVfG)", jurisPR-ITR 3,*

La peculiaridad del modelo alemán reside en que, por un lado, admite abiertamente la posibilidad de que las decisiones administrativas sean *íntegramente* elaboradas por un sistema automatizado, aunque supedita su validez a que tal modalidad de actuación se encuentre legalmente prevista[303]. Por el otro, prohíbe el uso de algoritmos para adoptar decisiones administrativas cuando se trata de actividad de contenido discrecional susceptible de lesionar derechos individuales[304].

Respecto de la exigencia legal, entiende la doctrina que el § 35a *VwVfG* no puede invocarse como norma general de habilitación, sino que el legislador o la mismísima Administración deben previamente definir qué áreas y procedimientos resultan adecuados para automatizar íntegramente la

---

2017, Anm. 2; Schmitz Prell, Neues zum E-Government, NVwZ, nº 18, 2016, p. 1273 a 1280. Para profundizar sobre la actividad automatizada en Alemania luego de la reforma, se remite a los trabajos de Fraenkel-Haeberle, *Fully digitalized administrative procedures in the German legal system*, "European Review of Digital Administration & Law", nº 1, issue 1-2, jun.-dec., p. 105 a 111, y Buoso, *Fully automated administrative acts in the German legal system*, "European Review of Digital Administration & Law", nº 1, issue 1-2, jun.-dec. 2020, p. 105 a 111 y 113 a 122, respectivamente. En español, ver Boix Palop, *Los algoritmos son reglamentos: la necesidad de extender las garantías propias de las normas reglamentarias a los programas empleados por la administración para la adopción de decisiones*, "Revista de Derecho Público: Teoría y Método", nº 1, 2020, p. 231.

303 La referencia a una disposición legal previa no necesariamente alude a una ley en sentido material. Se ha dicho con claridad que "to make that possible, a general rule of primary or secondary rank (Rechtsvorschrift) is required to ensure that only suitable procedures can be carried out in a fully automated manner" (cfr. Fraenkel-Haeberle, *Fully digitalized administrative procedures in the German legal system*, "European Review of Digital Administration & Law", nº 1, issue 1-2, jun.-dec., p. 108).

304 La regulación limita el tipo de potestad administrativa que puede ser ejercitada: una decisión íntegramente automatizada solo es admisible en ausencia de discrecionalidad de la administración (*Ermessen*), o cuando no existen márgenes para una apreciación administrativa independiente (*Beurteilungsspielraum*).

decisión[305]. Lo pretendido halla justificación en la necesidad de limitar potestades del Ejecutivo, evitando así una incontrolada digitalización en cascada[306].

En orden a la prohibición en sede discrecional, la literatura alemana discrepa sobre las razones que animan tal limitación. Para algunos, reside en el desarrollo alcanzado por la tecnología informática. A partir de una confusa asociación entre actividad discrecional e inteligencia artificial se sostiene que solo los algoritmos determinísticos se hallan en grado de traducir adecuadamente las normas jurídicas en un lenguaje computacional y, por consiguiente, garantizan la trazabilidad de las decisiones[307]. Otros, identifican la *ratio* en la imposibilidad de una revisión judicial plena, pulverizando la garantía del control humano sobre el acto automatizado[308].

La solución legislativa no deja de ser pasible de críticas, pues parece discutible autorizar la automatización íntegra en áreas que, si bien no resultan discrecionales, requieren de un complejo análisis sobre los hechos, variables que difícilmente puedan trasladarse a un simple cálculo matemático o numérico[309].

305 "§ 35a VwVfG is not directly applicable but requires a further statutory basis allowing for fully automated administrative acts in the different areas of administrative activity [...] Thus an intervention on behalf of the sector-specific legislator is required in order to identify which measures (and procedures) are suitable for full automation" (cfr. Buoso, *Fully automated administrative acts in the German legal system*, "European Review of Digital Administration & Law", nº 1, issue 1-2, jun.-dec. 2020, p. 117).

306 Buoso, *Fully automated administrative acts in the German legal system*, "European Review of Digital Administration & Law", nº 1, issue 1-2, jun.-dec. 2020, p. 117.

307 Cfr. Guckelberg, "E-Government: ein paradigmenwechsel in verwaltung und verwaltungsrecht?", en Sacksofsky (ed.), *Gleichheit, Vielfalt, Technischer Wandel*, p. 265.

308 Cfr. Schmitz - Prell, *Neues zum E-Government*, *NVwZ*, nº 18, 2016, p. 1276.

309 Buoso, *Fully automated administrative acts in the German legal system*, "European Review of Digital Administration & Law", nº 1, issue 1-2, jun.-dec. 2020, p. 118 y 121.

3) *Las decisiones administrativas automáticas en Francia.* El ordenamiento francés ha regulado antes que otros el recurso a los algoritmos en las decisiones de la Administración pública, tutelando la posición del ciudadano ante la profunda transformación tecnológica de la Administración francesa[310].

En ese sentido, la ley conocida como de *information et libertés*, de 1978[311], en su art. 10, prohibía que una decisión productora de efectos jurídicos sobre una persona física pudiese ser adoptada sobre la base de un tratamiento de datos destinados a trazar el perfil del interesado o evaluar ciertos aspectos de su personalidad sin intervención humana.

La ley 2018-493, al adaptar el ordenamiento francés al Reglamento europeo sobre la protección de datos personales (GDPR), aprovechó el margen de maniobra que el legislador supranacional reconoció a los Estados miembros[312]. En particular, modificó la versión original de la norma y delimitó mejor los ámbitos y las condiciones en los que se admite una decisión automatizada que concierne a datos personales. En la nueva versión del art. 10 se prohíben expresamente algunos tipos de decisiones automatizadas, como, por ejemplo, las judiciales o las que resuelven recursos presentados ante autoridades administrativas, así como las decisiones administrativas adoptadas "exclusivamente" sobre la base de un tratamiento automático. De esto último se deduce que son perfectamente posibles las decisiones adoptadas con ayuda de un sistema algorítmico que no sustituya la decisión final y en el que esté permitida la intervención y la participación humana[313].

[310] Avanzini, *Decisioni amministrative e algoritmi informatici*, p. 119.

[311] Ley 78-17, del 6 de enero de 1978, "relative à l'informatique, aux fichiers et aux libertés".

[312] Aludimos al art. 22 GDPR (cfr. Avanzini, *Decisioni amministrative e algoritmi informatici*, p. 122).

[313] Avanzini, *Decisioni amministrative e algoritmi informatici*, p. 122.

Por su parte, una reciente reforma legislativa al *Code des Rélations entre le Public et l'Administration* (CRPA) afrontó la cuestión del acceso directo al tratamiento algorítmico en casos de tratamiento de datos *no* personales, concentrándose en el grado y modo de cognoscibilidad del algoritmo mismo. Luego de modificado por la ley para la *Republique numérique*, del 7 de noviembre de 2016[314], estipula que cuando una decisión puntual es adoptada sobre la base de un algoritmo –lo cual, por expresa disposición legal es admisible–, tal situación debe ser comunicada expresamente al destinatario. La Administración debe indicar al interesado, *siempre que este así lo solicite*, las reglas que definen el tratamiento algorítmico y las principales características de su funcionamiento.

Las modalidades aplicativas de tal derecho han sido especificadas por un reciente reglamento (el decr. 2017-330, del 14 de marzo de 2017), que introdujo los arts. R.311-3-1-1 y R.311-3-1-2. La primera de las normas dispone que la comunicación debe indicar la finalidad perseguida por el tratamiento algorítmico, su derecho a obtener la comunicación de las reglas algorítmicas y debe precisar las modalidades de ejercicio y de tutela de tal derecho. La norma sucesiva concretiza el derecho del interesado a ser informado acerca del modo en el que la lógica general del algoritmo ha sido aplicada a su condición particular, comprendiendo así el modo y las formas en que ella ha incidido sobre los resultados de la decisión[315]. Para ser inteligible al ciudadano debe indicar, en modo claro y comprensible: *a*) el grado y la modalidad de contribución de la elaboración algorítmica al proceso decisional; *b*) los datos tratados y sus fuentes; *c*) los parámetros de tratamiento aplicados a la situación de la persona interesada y, si se da el caso, su pon-

[314] Ley que introdujo el art. L. 311-3-1 al *Code des Rélations entre le public et l'administration.*

[315] Resta, *Governare l'innovazione tecnologica: decisioni algoritmiche, diritti digitali e principio di uguaglianza,* www.forumdisuguaglianzediversita.org/wp-content/uploads/2019/09/Resta.pdf.

deración, y *d*) las operaciones efectuadas a través del tratamiento[316].

Finalmente, se incorporó al *Code* el art. L.312-1-3, el que prevé que las administraciones –excepción hecha de personas jurídicas cuyo número de dependientes esté por debajo de un mínimo fijado por decreto– publiquen *online* las reglas que definan los principales tratamientos algorítmicos utilizados en la ejecución de sus obligaciones, cuando en ellos se basen las decisiones individuales.

Del esquema emerge que si no se están en juego datos personales, la Administración no debe requerir el consentimiento del interesado, ni tampoco necesita de una norma legal que legitime la automatización del procedimiento. Pero debe dar preventiva comunicación de la existencia del tratamiento, y de una serie de informaciones que suplen la falta de garantías[317].

En definitiva, el ordenamiento francés permite que la decisión administrativa sea automatizada, aunque pone especial énfasis en la transparencia algorítmica y en la posibilidad de requerir la interlocución con la Administración tradicional[318]. Se trata de principios particularmente innovadores y relevantes, porque de un lado prefijan una serie de garantías procedimentales y sustanciales que elevan la tutela de la persona frente a las decisiones automatizadas, pero, por el otro, otorgan carta de ciudadanía al acto administrativo adoptado como corolario de un tratamiento automatizado de datos que incida sobre la situación subjetiva del particular[319].

[316] Enseña Auby que la previsión puede ser discutible, particularmente porque no impone claramente la necesidad de suministrar el Código fuente, pero entiende que la ausencia de referencias podría encontrar explicación en la eventualidad de que la administración no sea propietaria del algoritmo (*Il diritto amministrativo di fronte alle sfide digitali*, "Istituzioni del Federalismo", nº 3, 2019, p. 630).

[317] Avanzini, *Decisioni amministrative e algoritmi informatici*, p. 126.

[318] Avanzini, *Decisioni amministrative e algoritmi informatici*, p. 129.

[319] Resta, *Governare l'innovazione tecnologica: decisioni algoritmiche, diritti digitali e principio di uguaglianza*, www.forumdisuguaglianzediversita.org/wp-content/uploads/2019/09/Resta.pdf.

4) *El proceso decisional administrativo en España.* Resultan críticas las expresiones de la doctrina[320] sobre la actual regulación española de la actividad administrativa automatizada. Se considera que tiene pendiente una reflexión sobre los tipos de potestades administrativas que pueden automatizarse y las especies decisionales a que pueden dar lugar su ejercicio[321], no obstante advertir que la generación automatizada de actos administrativos se reguló tempranamente en el ordenamiento jurídico español.

En ese sentido, el derogado art. 45 de la ley 39/1992 LR-JAP-PAC (régimen jurídico de las administraciones públicas y del procedimiento administrativo común), considerada una previsión muy importante para la cuestión de la aplicación y uso de algoritmos[322], habilitó a la Administración a

[320] Algunos la consideran débil, dispersa y lagunosa (Ponce Solé, *Inteligencia artificial, derecho administrativo y reserva de humanidad: algoritmos y procedimiento administrativo debido tecnológico*, "Revista General de Derecho Administrativo", nº 50, 2019), otros, muy decepcionante e incapaz de afrontar la nueva realidad (Boix Palop, *Los algoritmos son reglamentos: la necesidad de extender las garantías propias de las normas reglamentarias a los programas empleados por la administración para la adopción de decisiones*, "Revista de Derecho Público: Teoría y Método", nº 1, 2020, p. 238), pensada más para la automatización de determinados actos de trámite que para el uso de la inteligencia artificial (Cerrillo i Martínez, *El impacto de la inteligencia artificial en el derecho administrativo ¿nuevos conceptos para nuevas realidades técnicas?"*, "Revista General de Derecho Administrativo", nº 50, 2019), resultando un enfoque manifiestamente insuficiente (Valero Torrijos, *Las garantías jurídicas de la inteligencia artificial en la actividad administrativa desde la perspectiva de la buena administración*, "Revista Catalana de Dret Públic", nº 58, 2019, p. 85).

[321] Cfr. Ponce Solé, *Inteligencia artificial, derecho administrativo y reserva de humanidad: algoritmos y procedimiento administrativo debido tecnológico*, "Revista General de Derecho Administrativo", nº 50, 2019, quien justifica la situación en lo novedoso del debate entre la escasa doctrina que se ocupó del tema. También, Cerrillo i Martínez, *¿Son fiables las decisiones de las administraciones públicas adoptadas por algoritmos?*, "European Review of Digital Administration & Law", nº 1, issue 1-2, jun.-dec. 2020, p. 22.

[322] Boix Palop, *Los algoritmos son reglamentos: la necesidad de extender las garantías propias de las normas reglamentarias a los programas*

adoptar decisiones automatizadas en el ejercicio de sus funciones, pero previa aprobación explícita del uso del instrumento por el órgano administrativo y la difusión pública de sus características. La ley 11/2007, LAE, se constituyó en la primera regulación en abordar sistemáticamente el empleo de medios electrónicos en los trámites administrativos. Allí se introdujeron dos previsiones referidas a la automatización administrativa, ampliamente tratadas por la doctrina[323]. El art. 38[324] admitió la posibilidad de adoptar resoluciones automatizadas, siempre que ello estuviera previa y legalmente previsto, y el art. 39[325] fijó los recaudos para su procedencia.

Se dijo que la normativa produjo una minimización de las garantías ciudadanas[326], particularmente en materia de conocimiento y transparencia del Código, pues eliminó la necesidad de aprobación previa del *programa* –lo que posibilitaba controles y posibilidades de impugnación[327]–, dejando entrever que en ningún caso resultaba exigible la publicación íntegra del códi-

---

empleados por la administración para la adopción de decisiones, "Revista de Derecho Público: Teoría y Método", nº 1, 2020, p. 239.

[323] Martín Delgado, *Naturaleza, concepto y régimen jurídico de la actuación administrativa automatizada*, "Revista de Administración Pública", nº 180, 2009.

[324] Art. 38: "Podrán adoptarse y notificarse resoluciones de forma automatizada en aquellos procedimientos en los que así esté previsto".

[325] Art. 39: "En caso de actuación automatizada deberá establecerse previamente el órgano u órganos competentes, según los casos, para la definición de las especificaciones, programación, mantenimiento, supervisión y control de calidad y, en su caso, auditoría del sistema de información y de su código fuente. Asimismo, se indicará el órgano que debe ser considerado responsable a efectos de impugnación".

[326] Cfr. Boix Palop, *Los algoritmos son reglamentos: la necesidad de extender las garantías propias de las normas reglamentarias a los programas empleados por la administración para la adopción de decisiones*, "Revista de Derecho Público: Teoría y Método", nº 1, 2020, para quien la normativa significó, paradojalmente, una involución del ordenamiento jurídico en la materia.

[327] Valero Torrijos, *Las garantías jurídicas de la inteligencia artificial en la actividad administrativa desde la perspectiva de la buena administración*, "Revista Catalana de Dret Públic", nº 58, 2019, p. 86.

go fuente[328]. No obstante, introdujo como garantía la necesidad de identificar al responsable del tratamiento.

Las leyes 39/1992 y 11/2007 fueron fusionadas en el año 2015 por la nueva ley 39/2015 LPAC (ley de procedimiento administrativo común), y la ley 40/2014 LRJSP (régimen jurídico del sector público), que continuaron la tendencia reduccionista de garantías asociadas al empleo de medios tecnológicos por parte de la Administración[329]. Pero nuevos parámetros normativos se consolidaron en el art. 41.2 LRJSP[330]: ya no es necesario dar detalles exactos de cómo y en qué sentido operará la programación; no se reconoce el derecho a acceder al código fuente ni se prevé la necesaria publicación de este, aunque admite su auditoría, y exige identificar un responsable encargado de su supervisión y de un responsable frente a la impugnación de la decisión automatizada.

Es evidente que las leyes persisten en un enfoque insuficiente. Sin grandes aportaciones desde la perspectiva de la innovación tecnológica, ambas reflejan no estar preparadas para afrontar los retos que plantean la informática afectiva, el análisis predictivo y la utilización de máquinas con capacidad de aprendizaje[331]. A pesar de las mentadas limitacio-

[328] Boix Palop, *Los algoritmos son reglamentos: la necesidad de extender las garantías propias de las normas reglamentarias a los programas empleados por la administración para la adopción de decisiones*, "Revista de Derecho Público: Teoría y Método", nº 1, 2020, p. 241 y 242.

[329] Boix Palop, *Los algoritmos son reglamentos: la necesidad de extender las garantías propias de las normas reglamentarias a los programas empleados por la administración para la adopción de decisiones*, "Revista de Derecho Público: Teoría y Método", nº 1, 2020, p. 242.

[330] Art. 41.2: "En caso de actuación administrativa automatizada deberá establecerse previamente el órgano u órganos competentes, según los casos, para la definición de las especificaciones, programación, mantenimiento, supervisión y control de calidad y, en su caso, auditoría del sistema de información y de su código fuente. Asimismo, se indicará el órgano que debe ser considerado responsable a efectos de impugnación".

[331] Valero Torrijos, *Las garantías jurídicas de la inteligencia artificial en la actividad administrativa desde la perspectiva de la buena administración*, "Revista Catalana de Dret Públic", nº 58, 2019, p. 86.

nes, lo cierto es que el art. 41.2 LRJSP es una previsión legal que, con ciertas matizaciones, podría ajustarse a las particularidades de la inteligencia artificial.

El otro instrumento normativo vinculado a las decisiones administrativas automatizadas emana de la ley orgánica 3/2018, de protección de datos, dispositivo que entiende adaptar la legislación del segmento a los lineamientos del Reglamento UE 2016/679. Entre sus principales aristas resalta que si los datos personales resultan obtenidos del afectado, el responsable del tratamiento debe informarle la prerrogativa que le asiste de ejercer los derechos establecidos en los arts. 15 a 22 del Reglamento europeo. Asimismo, si tales datos fueran a ser tratados para la elaboración de perfiles, además de informar esta circunstancia, se le hará saber que le asiste el derecho a oponerse a la adopción de decisiones individuales automatizadas que produzcan efectos jurídicos sobre él o le afecten significativamente de modo similar[332].

5) *La decisión administrativa automatizada en Italia.* A diferencia de otras experiencias jurídicas, el ordenamiento italiano refleja una sustancial carencia normativa[333]. La ley que regula el *iter* administrativo (ley 241, 7/8/1990) no se ocupó ni se ocupa del procedimiento automatizado, razón por la cual no prevé la hipótesis de adoptar decisiones administrativas por intermedio de algoritmos[334].

[332] Cfr. Ponce Solé, *Inteligencia artificial, derecho administrativo y reserva de humanidad: algoritmos y procedimiento administrativo debido tecnológico*, "Revista General de Derecho Administrativo", nº 50, 2019.

[333] Cfr. Sola, *Inquadramento giuridico degli algoritmi nell'attività amministrativa*, "Federalismi.it", nº 16, 2020, p. 336.

[334] Carloni, *IA, algoritmos y Administración pública en Italia*, "Internet, Derecho y Política", nº 30, 2020, p. 5, UOC, http://dx.doi.org/107238/idp.v0i30.3228. La inexistencia de normas legales que prevean la obligatoriedad de adoptar actos administrativos automatizados pone a la Administración ante el desafío de decidir si ejercita o no sus funciones en modalidad completamente digital, incluyendo la fase decisoria procedimental, mediante un *software*. La decisión de predeterminar los actos administrativos a través de un programa informático encuentra fundamento en la potestad discrecional de elegir los medios a utilizar para la

Cierto es que el art. 3° bis –fruto de una posterior modificación (artículo agregado por ley 15, del 11 de febrero de 2005)– hace expresa referencia al uso de la telemática por la Administración, y que otras normas posibilitan recurrir a soluciones de digitalización, pero no es posible releer la ley 241 como un instrumento idóneo para regular modalidades decisorias totalmente automatizadas[335]. El dispositivo se refiere a la telemática desde una perspectiva programática, incentivando su uso[336], y poniendo el acento prevalentemente sobre los perfiles de la simplificación y buen funcionamiento[337].

El llamado Código de la Administración Digital (CAD) (introducido por medio del decr. leg. 82, del 7 de marzo de 2005), a pesar de constituir el primer texto orgánico en materia de innovación tecnológica de la Administración pública[338],

---

consecución de los objetivos determinados por la ley (cfr. Gaetano, *La decisione amministrativa tra vincolatezza, discrezionalità ed intelligenza artificiale: la prospettiva per la Pubblica Amministrazione di una responsabilità da "algoritmo"*, "Rivista Elettronica di Diritto, Economia, Management", n° 2, 2018, p. 48).

335 Carloni, *IA, algoritmos y Administración pública en Italia*, "Internet, Derecho y Política", n° 30, 2020, p. 5, UOC, http://dx.doi.org/107238/idp.v0i30.3228. En esa dirección se dijo que la disciplina sobre el procedimiento administrativo no se presta fácilmente, ya sea por motivos textuales o por razones de fondo, a ser extendida a una dimensión de completa automatización (Tranquilli, *Rapporto pubblico-privato nell'adozione e nel controllo della decisione amministrativa "robotica"*, "Diritto e Società", n° 2, 2020, p. 296). Para una posición que entiende que el régimen jurídico de la actividad administrativa resulta perfectamente compatible con modalidades decisorias propias de la evolución tecnológica, remitimos al ensayo de Forte, *Diritto amministrativo e data science. Apunti di intelligenza amministrativa artificiale (Aai)*, "PA Persona e Amministrazione", n° 1, 2020, p. 256 y 257.

336 Muselli, *La decisione amministrativa nell'età degli algoritmi: primi spunti*, "MediaLaws", n° 1, 2020, p. 23.

337 D'Angelosante, "La consistenza del modello dell'amministrazione 'invisibile' nell'età della tecnificazione: dalla formazione delle decisioni alla responsabilità per le decisioni", en Civitarese Matteucci - Torchia (a cura di), *La tecnificazione*, p. 160.

338 Sola, *Inquadramento giuridico degli algoritmi nell'attività amministrativa*, "Federalismi.it", n° 16, 2020, p. 336.

tampoco contiene referencias específicas al uso de algoritmos con el fin de automatizar la actividad administrativa[339]. Ni siquiera luego de su remozamiento en el año 2016[340].

Un cambio de perspectiva emerge del *Libro Blanco*[341] adoptado por la Agencia para la Italia Digital (AGID). Dedicado a la inteligencia artificial, reconoce la necesidad de respetar las libertades fundamentales del ciudadano en el uso de estas tecnologías. Pone el acento en la calidad y neutralidad de los datos utilizados como fundamento del cálculo algorítmico, en la responsabilidad de quien hace uso de los algoritmos y en su inteligibilidad[342]. Si bien en un contexto normativo no vinculante –más bien propio del llamado *soft law*–, y pese a reflejar cierta timidez y vaguedad en afrontar temas que están a la orden del día[343], el instrumento postula posibles desarrollos de la automatización decisoria administrativa mediante el uso de la inteligencia artificial[344]. Su presentación ha contribuido a poner al centro del debate público el recurso a algoritmos y a deci-

[339] Como se dijo, la normativa refleja un enfoque "tradicional", entendiendo a las tecnologías de la información y de la comunicación como vicariales a procesos decisorios que permanecen bajo la responsabilidad de funcionarios humanos. Por tal razón se afirma que la disciplina legislativa resulta solo marginalmente útil para gobernar las nuevas problemáticas (cfr. Carloni, *I principi della legalità algorítmica. Le decisioni automatizzate di fronte al giudice amministrativo*, "Diritto Amministrativo", nº 2, 2020, p. 278).

[340] Por obra del decr. leg. 179, del 26 de agosto de 2016, como corolario del proceso de reorganización de las administraciones públicas instaurado por la ley 124, del 7 agosto 2015. La reforma, a su vez, fue objeto de una ulterior modificación tramite el decr. leg. 217, del 13 de diciembre 2017.

[341] *Libro Bianco sull'Intelligenza artificiale al servizio del cittadino*, marzo 2018, https://ia.italia.it/assets/librobianco.pdf.

[342] Avanzini, *Decisioni amministrative e algoritmi informatici*, p. 4.

[343] Cfr. Costantino, *Intelligenza artificiale e decisioni amministrative*, "Rivista Italiana per le Scienze Giuridiche", nº 8, 2017, p. 386.

[344] Un análisis exhaustivo del documento puede verse en Tresca, *I primi passi verso l'intelligenza artificiale al servizio del cittadino: brevi note sul Libro Bianco dell'Agenzia per l'Italia digitale*, "MediaLaws", nº 3, 2018.

siones automatizadas, con específica referencia a la Administración pública[345].

En definitiva, la automatización de las decisiones administrativas, a pesar de ser una realidad en constante aumento, no ha sido objeto de una particular atención por parte del legislador y, excepción hecha de algunos dispositivos de estirpe programática, se encuentra normativamente confinada a la regulación propia de la Administración tradicional[346].

b) *El ordenamiento jurídico nacional.* El régimen nacional de procedimientos administrativos, vertebrando sus aristas en la interlocución personal, lejos estuvo de prever la presencia de la automatización de sus decisiones. Pese a ello, descoordinadas intervenciones legislativas sentaron las bases de la administración digital[347].

Por su parte, en los últimos tiempos asistimos a una consistente obra de modernización administrativa[348], me-

[345] Tresca, *I primi passi verso l'intelligenza artificiale al servizio del cittadino: brevi note sul Libro Bianco dell'Agenzia per l'Italia digitale*, "MediaLaws", nº 3, 2018. Para una visión positiva sobre el estado del arte de la decisión algorítmica en la Administración italiana, se remite a Patroni Griffi, *La decisione robotica e il giudice amministrativo*, www.giustizia-amministrativa.it. Para un enfoque más escéptico, ver Carloni, *I principi della legalità algorítmica. Le decisioni automatizzate di fronte al giudice amministrativo*, "Diritto Amministrativo", nº 2, 2020, p. 277 a 281.

[346] Avanzini, *Decisioni amministrative e algoritmi informatici*, p. 34.

[347] Un estudio pormenorizado sobre dichas intervenciones puede verse en Cortelezzi, "El acto administrativo digital", en Tawil (dir.), *Acto administrativo*, p. 925. Para un análisis de las incidencias legislativas en el procedimiento administrativo informatizado (cfr. Comadira, "Nuevas tecnologías en el procedimiento administrativo", en AA.VV., *Procedimiento administrativo. A 20 años de la reforma constitucional*, p. 463).

[348] Por medio del decr. 434/2016 (BO, 2/3/2016), el Ejecutivo nacional puso en vigor el llamado plan de modernización del Estado, con el objetivo declarado de edificar una Administración pública al servicio del ciudadano, en un marco de eficiencia, eficacia y calidad en la prestación de sus servicios por medio de la innovación tecnológica, a partir de políticas tales como la gestión documental y la instauración de expedientes electrónicos. En ese sentido, el decr. 561/2016 (BO, 7/4/2016) aprobó la implementación del sistema de gestión documental electrónica de to-

diante la cual se ha promovido e incentivado el uso de las tecnologías de la información por parte de sujetos públicos. Desde esa perspectiva, el uso de los medios que la evolución tecnológica ofrece han sido primordialmente enderezados a simplificar la actividad administrativa[349], priorizando su eficiencia[350].

Aunque si es cierto que el entusiasmo que rodea a las revoluciones digitales[351] termina por ensombrecer el debate sobre la arquitectura jurídica necesaria para amortiguar sus impactos[352], la Argentina no ha sido una excepción.

Las transformaciones suscitadas por la revolución digital no han instalado una concienzuda reflexión conceptual, a juzgar por las respuestas regulatorias ofrecidas por el le-

---

das las actuaciones del sector público nacional, el decr. 1063/2016 (BO, 5/10/2016) la plataforma de trámites a distancia del sistema de documen tación electrónica, y el decr. 1336/2016 (BO, 30/12/2016) la implementación del sistema de gestión documental electrónica de las contrataciones públicas Contrat.ar, como medio para efectuar en forma electrónica todos los procedimientos de contratación y ejecución de los mencionados contratos del sector público nacional.

349 Mediante el decr. 891/2017 (BO, 2/11/2017), el Estado nacional estatuyó las "buenas prácticas en materia de simplificación aplicables al funcionamiento del sector público nacional", y por intermedio del decr. 894/2017 (BO, 2/11/2017), se aprobó el texto ordenado del reglamento nacional de procedimientos administrativos, con el objeto de adaptar sus dispositivos a los sistemas electrónicos en los trámites administrativos.

350 Cfr. Luqui, *Nuevas regulaciones del procedimiento administrativo nacional, LL*, 2018-B-1080, a cuyo trabajo se remite. También, Perrino, *Las reformas al procedimiento administrativo nacional. Simplificación administrativa y reducción de cargas a los administrados, LL*, 2018-A-1094, y Corvalán, *¿Qué hay de nuevo, viejo? Reformas al procedimiento administrativo nacional (Decretos nº 891/17 y 894/17)*, "DPI Cuántico", nº 177, 14/11/2017, https://dpicuantico.com/area_diario/7doctrina-en-dos-paginas-diario-administrativo-nro-177-14-11-2017/.

351 Sustentada en la equívoca sensación de libertad, de inmanencia en el contingente y de velocidad.

352 Venanzoni, *Internet e l'epoca delle costituzioni capillari: il ruolo del costituzionalismo nella società digitale*, "Ciberspazio e Diritto", vol. 19, 61, 3-2018, p. 297.

gislador. Los desarrollos legislativos, tímidos, sectorizados, más cosméticos que sustanciales, completan un fragmentado mosaico regulatorio que, además de asistemático, demuestra no comprender los efectos suscitados por la innovación. El plexo se integra básicamente por la normativa que regula la actividad general de la Administración pública nacional, esto es, la ley nacional de procedimientos administrativos[353] y sus disposiciones reglamentarias[354], algunas reglas de procedimiento sectoriales, como la de contratación pública[355] y de tinte fiscal[356], y por las normativas que rigen el acceso[357] y protección de datos[358], en la medida en que buena parte de las decisiones automatizadas se nutren de ellos, sean personales o no. No es baladí rememorar que las bases normativas de la decisión administrativa no se circunscriben a los dispositivos en cita, por lo que bien correspondería remitir al espectro de fuentes convencionales y constitucionales que modelan sus aristas.

Pero la indiferencia legislativa reflejada por el ordenamiento nacional se encuentra en cierto modo sacudida por la introducción de referencias legales que valen como punto

[353] Ley 19.549 (BO, 27/4/1972). A pesar de resultar anacrónicas, por no ajustarse a las profundas trasformaciones que ha experimentado la Administración contemporánea (cfr. Perrino, *Las reformas al procedimiento administrativo nacional. Simplificación administrativa y reducción de cargas a los administrados, LL,* 2018-A-1094), contiene los principales lineamientos del régimen general del acto administrativo, aun cuando nada dice sobre las decisiones automáticas.

[354] Decr. 1759/1972, según texto ordenado por el decr. 894/2017 (BO, 2/11/2017).

[355] Reglas dadas por decr. 1023/2001 (BO, 16/8/2001) y por decr. 1336/2016 (BO, 30/12/2016), que albergan las contrataciones públicas electrónicas y el sistema de gestión electrónica de la contratación pública, respectivamente.

[356] Se alude a una pléyade de disposiciones aduaneras en materia de multas y sanciones automáticas. Para profundizar sobre la normativa y su implementación, se remite al trabajo de Alais, *Los actos administrativos aduaneros automáticos*.

[357] Ley 27.275 (BO, 29/9/2016), de acceso a la información pública.

[358] Ley 25.326 (BO, 2/11/2000), de hábeas data.

de partida a la sistematización del proceso decisor administrativo.

En ese sentido, el decr. 894/2017 en su art. 26 impone al *titular* del órgano la responsabilidad por las deficiencias del procedimiento electrónico. Esto implica la recepción en el ordenamiento nacional de la figura del responsable del procedimiento[359], lo que puede leerse como la intención de aventar los riesgos de desresponsabilización provenientes de las decisiones automatizadas.

Por su parte, el dictado del decr. 733/2018, calificado como de importancia central por la doctrina doméstica[360], propicia la automatización de las decisiones administrativas en el marco de la inteligencia artificial. De ese precepto puede colegirse un importante criterio hermenéutico en orden a la aceptación de la decisión automatizada, incluso ante el uso de mecanismos informáticos más complejos.

Por último, la legislación de hábeas data realiza dos significativos aportes. El primero es su art. 20[361]. De esta norma, que refiere al tratamiento *informatizado* de datos perso-

[359] Advenimiento que ha pasado inadvertido por la doctrina en general, la cual prácticamente no le ha dedicado tratamiento, a pesar del significativo impacto que su presencia irradia en tres áreas bien marcadas: el procedimiento administrativo, la organización administrativa y la teoría de la responsabilidad estatal.

[360] La importancia estriba, para la doctrina, en el hecho de tratarse de la primera referencia normativa a la posibilidad del uso de la inteligencia artificial por parte de la Administración pública (cfr. Galetta - Corvalán, *Intelligenza artificiale per una pubblica amministrazione 4.0? Potenzialità, rischi e sfide della rivoluzione tecnologica in atto,* "Federalismi.it", nº 3, 2019, p. 5). Para un minucioso examen de los alcances del mencionado decreto, se remite a Corvalán, *Hacia una administración pública 4.0: digital y basada en inteligencia artificial. Decreto de "tramitación digital completa"*, *LL*, 2018-D-917.

[361] El art. 20 de la ley 25.326 prescribe: "*1.* Las decisiones judiciales o los actos administrativos que impliquen apreciación o valoración de conductas humanas, no podrán tener como único fundamento el resultado del tratamiento informatizado de datos personales que suministren una definición del perfil o personalidad del interesado.

nales, podría extraerse el principio de que la automatización *íntegra* de la decisión administrativa no se encuentra prohibida, toda vez que la nulidad del acto se dispara solo ante la perfilación[362], y en hipótesis de ausencia absoluta de intervención humana. Si no existe perfilado, o existiéndolo la automatización no resulta absoluta, entonces la decisión automática no conlleva *per se* nulidad. El restante es su art. 15[363]. En el marco del procedimiento de acceso a los datos personales, el suministro de información en modalidad automatizada debe hacerse de un modo no codificado y en un lenguaje comprensible para el conocimiento medio de la población. Esto adquiere, en nuestra opinión, singular interés en orden a los alcances del deber de motivación de las decisiones administrativas algorítmicas.

§ 9. *TRATAMIENTO JURISPRUDENCIAL DE LAS DECISIONES ADMINISTRATIVAS*

Es posible subrayar que, en ausencia de disposiciones legales específicas, ha sido la jurisdicción la que ha tenido un papel preponderante en el desarrollo de la reflexión y definición de las coordenadas jurídicas en lo relativo a las decisiones algorítmicas[364]. Sin perjuicio de las referencias específicas a su naturaleza jurídica, la jurisprudencia administrativa ha tomado posiciones diversas respecto del uso

---

2. Los actos que resulten contrarios a la disposición precedente serán insanablemente nulos".

[362] Para una definición de *perfilación*, remitimos al art. 4.4 del Reglamento europeo (GDPR), transcripto en oportunidad de explicar los desarrollos normativos en el ámbito de la Unión Europea.

[363] El art. 15 de la ley 25.326 estipula en su parte pertinente: "*1.* La información debe ser suministrada en forma clara, exenta de codificaciones y en su caso acompañada de una explicación, en lenguaje accesible al conocimiento medio de la población, de los términos que se utilicen".

[364] Carloni, *IA, algoritmos y Administración pública en Italia*, "Internet, Derecho y Política", nº 30, 2020, p. 10, UOC, http://dx.doi.org/107238/idp.v0i30.3228.

de procedimientos informatizados que delegan al algoritmo la decisión[365]. La ambigüedad parece ser un trazo distintivo de su recorrido, sobre todo en el tema de la decisión robotizada[366]. Por ese motivo se ha dicho con singular razón que la casuística jurisprudencial está aún en un proceso de maduración y consolidación evidente; es oscilante –incluso antitética–, y muestra una cierta dificultad para *dominar* la materia[367]. Pese a que la automatización administrativa continúa produciendo decisiones jurisdiccionales contrastantes[368] es posible sistematizar las expresiones jurisprudenciales más relevantes en dos claros grupos, según expriman una posición restrictiva o permisiva hacia ellas.

a) *Lineamientos jurisprudenciales restrictivos*. El posicionamiento de la justicia administrativa italiana, sobre todo de primer grado, es en general contraria a la admisibilidad de decisiones automatizadas en procedimientos complejos[369]. Críticas han sido sus expresiones[370] en relación

[365] Avanzini, *Decisioni amministrative e algoritmi informatici*, p. 85.

[366] Di Martino, *Intelligenza artificiale, garanzia dei privati e decisioni amministrative: l'apporto umano è ancora necesario?*, "European Law Journal", nº 2, 2019, p. 61.

[367] Carloni, *IA, algoritmos y Administración pública en Italia*, "Internet, Derecho y Política", nº 30, 2020, p. 4, UOC, http://dx.doi.org/107238/idp.v0i30.3228.

[368] Orofino, *La semplificazione digitale*, "Il Diritto dell'Economia", nº 100, 3/2019, p. 87 a 112, www.ildirittodelleconomia.it/wp-content/uploads/2020/03/04Orofino.pdf, p. 101.

[369] Muselli, *La decisione amministrativa nell'età degli algoritmi: primi spunti*, "MediaLaws", nº 1, 2020, p. 25.

[370] TAR Lazio, sez. III bis, sentencia nº 9227, 10 de septiembre de 2018. En idéntica dirección, las sentencias gemelas 9223/9230. No obstante, los repertorios jurisprudenciales revelan la presencia de pronunciamientos con una posición menos rígida. Ver, entre otros, TAR Puglia-Bari, sentencia nº 806, 27 de junio de 2016, en la que se postula la necesidad de prever procedimientos paralelos de tipo tradicional y activables para el caso de malfuncionamiento de los automáticos: "Considerando la manifiesta irrazonabilidad, injusticia e irracionalidad de un sistema de presentación de demandas de participación a un concurso que, a causa de meros malfuncionamientos técnicos, alcanza a ejercitar imper-

con la cuestionada deshumanización del procedimiento administrativo. La justicia considera inadmisible la subrogación del funcionario por una máquina algorítmica al momento de decidir[371], pues sin aquel no existe una verdadera y concreta *actividad* administrativa. El desenvolvimiento de la fase procedimental ha sido *delegado* a un algoritmo impersonal y huérfano de capacidad valorativa[372] y una fórmula matemática, aun preparada para considerar posiciones personales, títulos y puntajes, jamás podría salvaguardar las garantías procedimentales que tutelan al ciudadano en sus relaciones con la autoridad.

Puede observarse que la dialéctica impersonalidad-humanidad es la llave del razonamiento del tribunal, para quien la relación del particular con los poderes públicos no puede ser mortificada ni comprimida. En realidad, de las decisiones emana una suerte de desconfianza hacia los ordenadores, considerados incapaces de *pensar* humanamente[373]. Según su parecer, no hay complejidad alguna que justifique delegar el procedimiento a una máquina incapaz de evaluar las particularidades del caso concreto, función típica de la actividad administrativa tradicional. Especialmente si la decisión automatizada resulta incisiva de posiciones jurídicas de particulares, porque terminaría por aniquilar el princi-

---

sonalmente actividad administrativa sustancial, disponiendo exclusiones de facto conducentes a meras anomalías informáticas [...] para el futuro la Administración debe predisponer, junto a instrumentos telemáticos de simplificación de los flujos documentales en caso de procedimientos concursales masivos, otros procedimientos administrativos paralelos de tipo tradicional y activables para la emergencia, en caso de malfuncionamiento de los sistemas informáticos predispuestos para el fisiológico reenvío de la demanda".

371 Cfr. Carloni, *IA, algoritmos y Administración pública en Italia*, "Internet, Derecho y Política", nº 30, 2020, p. 4, UOC, http://dx.doi.org/107238/idp.v0i30.3228.

372 TAR Lazio, sez. III bis, sentencia 6688, del 28/5/2019.

373 Orofino, *La semplificazione digitale*, "Il Diritto dell'Economia", nº 100, 3/2019, p. 87 a 112, www.ildirittodelleconomia.it/wp-content/uploads/2020/03/04Orofino.pdf, p. 103.

pio de interlocución personal. El llamado *principio antropomórfico*[374] se convierte así en una verdadera barrera a las decisiones automatizadas.

Por otro lado, al contradecir los cánones de transparencia, de imparcialidad y el deber de motivación, la decisión automática culmina por frustrar las garantías procesales y del derecho de defensa en juicio de la parte[375]. Finalmente, consignar al sistema informático el desenvolvimiento de la actividad administrativa implica no solo el abandono de su potestad instructoria, sino también una suerte de abdicación al ejercicio mismo de su facultad decisoria y motivacional, "que solo la función *dianoética* del hombre puede desenvolver"[376].

Un enfoque diferente refracta la posición parcialmente restrictiva del Consejo Constitucional francés, en su sentencia 2018-765 del 12 de junio 2018[377]. La Corte, llamada a juzgar la constitucionalidad de la norma interna de adecuación al GPDR, se explayó sobre la admisión de decisiones individuales asumidas mediante tratamiento algorítmico y, en

[374] Civitarese Matteucci, *Umano troppo umano. Decisioni amministrative automatizzate e principio di legalità*, "Diritto Pubblico", nº 1, 2019, p. 31, quien identifica en el mentado principio en la siguiente considerando: "El tribunal es de la opinión que los procedimientos informáticos, hasta que adquieran un mayor grado de precisión y de perfección, *no pueden jamás suplantar*, sustituyéndola de manera completa, a la actividad cognitiva, adquisitiva y de juicio que solo un procedimiento confiado a un funcionario persona física está en grado de desarrollar".

[375] TAR Lazio, Sez. III bis, 10 de septiembre de 2019, nº 10964. En análoga solución, TAR Lazio, sez. III bis, sentencias nº 5139 del 19 de abril de 2019, nº 6688 del 28 de mayo de 2019 y nº 10963 del 13 de septiembre de 2019.

[376] TAR Lazio, Sez. III bis, 10 de septiembre de 2018, nº 9227; íd., 10 de septiembre de 2018, nº 9230. Dice el tribunal que el derecho de defensa "resulta comprometido todas las veces que la ausencia de motivación no permite inicialmente al interesado y sucesivamente, por impulso de este, al juez, de percibir el *iter* lógico-jurídico seguido por la Administración para alcanzar un determinado acto final".

[377] Cfr. www.conseil-constitutionnel.fr/decision/2018/2018765DC.htm.

particular, a través de algoritmos de aprendizaje automático, cuestionados porque impedían comprender la lógica motivacional subyacente a la decisión[378]. La Corte afirmó que el responsable del tratamiento debe estar siempre en grado de comprender el razonamiento algorítmico, en modo de poder explicar a la persona interesada, en detalle y en forma inteligible, cómo ha sido desenvuelto a su respecto[379]. No obstante –y esto es lo relevante– consideró *prohibidas* las decisiones administrativas basadas *exclusivamente* sobre algoritmos de *aprendizaje* automático cuyo funcionamiento escape a la comprensión del responsable del procedimiento, salvo que con ellos se torne más simple, precisa y neutral la actividad administrativa.

A diferencia de la jurisprudencia anterior, no existe una prohibición absoluta a la automatización de las decisiones administrativas aun cuando postula su inadmisibilidad si los actos conclusivos son el resultado de razonamientos algorítmicos de carácter autónomo[380].

[378] Los recurrentes sostenían que el recurso a los algoritmos privaba a la Administración del necesario poder de apreciación de las situaciones individuales, y que, en particular, los algoritmos de aprendizaje automático, implicando una continua revisión de las reglas de funcionamiento del algoritmo mismo, impedían a la autoridad comprender la lógica decisoria.

[379] La Corte también sostuvo, para justificar el rechazo parcial de los cuestionamientos, que: *a*) no existe una delegación del poder reglamentario al instrumento tecnológico, por ende los criterios y las modalidades de funcionamiento del algoritmo son establecidas *ex ante* y validadas por el responsable del procedimiento; *b*) el recurso al tratamiento algorítmico está subordinado a condiciones específicas y garantías previstas en un decreto doméstico, y *c*) contra el acto administrativo individual adoptado con base en un tratamiento algorítmico cabe siempre un recurso administrativo, y si están presentes las condiciones, de un recurso al juez.

[380] Para un análisis profundizado de los alcances de la decisión, ver, entre otros, a Resta, *Governare l'innovazione tecnologica: decisioni algoritmiche, diritti digitali e principio di uguaglianza,* www.forumdisuguaglianzediversita.org/wp-content/uploads/2019/09/Resta.pdf; Sassi, *Gli algoritmi nelle decisioni pubbliche tra trasparenza e responsabilità,* "Analisi Giuridica

El tribunal distrital de La Haya[381] se ha explayado en relación con el uso de algoritmos en el control de las demandas de subsidios públicos por parte de personas que transitan un estado de necesidad, mediante el programa conocido como SyRI[382]. En línea con la jurisprudencia francesa, indicó el Rechtbank que acudir a un sistema de *deep learning* para interceptar posibles casos de fraude no podía legitimarse habida cuenta de que un sistema que, por sus características operativas, no conoce ni comprende la realidad, impide al sistema explicar y al destinatario comprender por qué existiría una conexión con la calificación que se le atribuye. En otras palabras, la justicia holandesa no reconoce legitimidad a decisiones administrativas automatizadas que recurran a sistemas algorítmicos que no permitan al órgano administrativo justificar sus acciones ni motivar adecuadamente sus razones[383].

b) *Lineamientos jurisprudenciales permisivos.* El criterio de clausura[384] a la posibilidad de recurrir en cualquier su-

dell'Economia", nº 1, 2019, p. 117 y 118; Avanzini, *Decisioni amministrative e algoritmi informatici*, p. 119 a 129.

381 Cfr. Rechtbank Den Haag, 5 de febrero de 2020, C-09-550982-HA 18-388, https://rechtspaak.nl.

382 SyRI, siglas derivadas de *System Risicoindicatie*, que es un sistema capacitado para analizar grandes cantidades de datos que elabora parámetros de riesgo para prevenir fraudes en la atribución de beneficios fiscales y sociales. En pocas palabras, el sistema produce como resultado un indicador de riesgo respecto de personas a las que califica de sospechosas de cometer posibles fraudes o de incurrir en uso ilícito o no conforme con la legislación que disciplina el beneficio o subsidio requerido.

383 Un minucioso análisis de la decisión puede encontrarse en Falletti, *Decisioni automatizzate e diritto alla spiegazione: alcune riflessioni comparatistiche*, "Il Diritto dell'Informazione e dell'Informatica", nº 2, 2020, p. 191 a 198; también nos remitimos al trabajo de Meuwese, *Regulating algorithmic decision-making one case at the time: a note on the Dutch "SyRI" judgment*, "European Review of Digital Administration & Law", nº 1, 2020, p. 209 a 212.

384 Mantenido por la instancia en sucesivos pronunciamientos. La última decisión jurisprudencial de grado consultada es TAR Lazio, sez. III bis, sentencia nº 10964, del 10 de septiembre de 2019.

puesto[385] a una decisión automatizada no resulta inconmovible, pues su contenido contrasta con la posición del Consejo de Estado italiano[386]. El viraje es palmario. Mientras que en el grado se la consideró imprescindible, la alzada calificó a la ausencia de intervención humana –y el relegamiento de la decisión a un algoritmo– como una derivación del principio constitucional de buen funcionamiento de la Administración.

Sobre el punto, la Corte administrativa subrayó las indiscutibles ventajas que, en términos de eficiencia y economicidad, derivan de la automatización del proceso decisional cuando son empleados algoritmos que están en posición de evaluar y graduar una multitud de reclamos seriados y estandarizados[387]. Sostuvo que sistemas de ese tipo consienten a la Administración de realizar sus propios fines con el menor dispendio de medios y recursos, y a través de la racionalización y la aceleración del *iter* procedimental, respetando el mandato constitucional.

Al asumir que la máquina, a diferencia del hombre, no puede hacerse corromper[388], para el juez, la automatización decisoria elimina riesgos de interferencias personales y de

[385] En realidad, bien aprecia la doctrina que la sentencia no considera excluir del todo a la inteligencia artificial de la decisión, sino más bien afirmar su naturaleza de soporte, su finalidad sirviente y jamás autónoma respecto de la actividad decisoria humana (cfr. Simoncini, *L'algoritmo incostituzionale: intelligenza artificiale e il futuro delle libertà*, "BioLaw Journal", nº 1, 2019, p. 76).

[386] Cons. St., sez. VI, sentencia nº 2270, del 8 de abril de 2019.

[387] No cabe duda de que el recurso a procedimientos automatizados parece auspicioso en todos aquellos procedimientos connotados por un estricto carácter reglado y una fuerte repetitividad. En tales contextos, es precisamente la acción humana la que resulta de un automatismo tal como para poder ser fácilmente sustituida por un *software* en grado de elaborar los datos según esquemas de tipo silogístico, con importantes ventajas en términos de reducción de tiempos procedimentales y de la posibilidad de error (cfr. Sola, *La giurisprudenza e la sfida dell'utilizzo di algoritmi nel procedimento amministrativo*, "Giustamm", nº 2, 11/2/2020, www.giustamm.it/ga/id/2020/2/25827/g).

[388] Cons. St., sez. VI, sentencia nº 2270, del 8 de abril de 2019, par. 8.1.

comportamientos dolosos de los funcionarios, constituyendo así un presidio de legalidad e imparcialidad también desde la óptica de la prevención de la corrupción[389]. Además, reduce la probabilidad de error determinado por la negligencia humana, riesgo que se presenta cada vez que se debe atender a un número considerable de datos[390]. Pivota en la sentencia la idea de que el funcionario, en cuanto persona, puede equivocarse; la máquina, por el contrario, difícilmente cometería errores.

No obstante su posición favorable a la automatización decisoria[391] delinea condiciones. Para que pueda producir plenos efectos jurídicos, la regla algorítmica –expresada en un lenguaje no jurídico– debe ser *cognoscible*, en el sentido de que su traducción tenga lugar en un modo claro para usuarios y destinatarios, garantizando su máxima explicabilidad. Además, debe resultar *controlable* por el juez administrativo, quien debe poder verificar cómo se construyó el algoritmo y reconstruir el proceso desenvuelto por el ordenador.

En definitiva, confirmó la decisión del juez inferior, no por ausencia de contribución humana –pues para la justicia suprema ello no es un problema[392]–, sino porque la decisión automática resultó inmotivada, al no explicar las razones por las cuales el algoritmo asignó las vacantes[393].

[389] Cfr. Nicotra - Varone, *L'algoritmo, intelligente ma non troppo*, "Rivista AIC", nº 4, 2019, p. 94.

[390] Cfr. Nicotra - Varone, *L'algoritmo, intelligente ma non troppo*, "Rivista AIC", nº 4, 2019, p. 94.

[391] Se dijo que mediante esta sentencia, la jurisprudencia italiana admitió definitivamente el ingreso del algoritmo al corazón de la decisión pública (cfr. Carloni, *I principi della legalità algoritmica. Le decisioni automatizzate di fronte al giudice amministrativo*, "Diritto Amministrativo", nº 2, 2020, p. 287).

[392] Como vimos, para el juez de apelación la ausencia de intervención humana en una actividad de mera clasificación automática de instancias numerosas, según reglas predeterminadas (que sí son elaboradas por el hombre), y la asignación de tal actividad a un eficiente ordenador electrónico resulta coherente con la actual evolución tecnológica.

[393] Cfr. Cons. St., sez. VI, sentencia n. 2270, del 8 de abril de 2019, par. 9.

Al reaccionar a críticas de variado tenor[394], y, por sobre todo, ante la incolumidad de la posición adoptada por la jurisdicción de grado, los jueces de Palazzo Spada volvieron a pronunciarse sobre la cuestión[395]. Luego de reiterar lineamientos de la sentencia anterior, concentraron su análisis en las decisiones automatizadas mediante inteligencia artificial.

En esa dirección se consideró que si bien la evolución tecnológica propicia admitir la automatización decisoria bajo modalidades de *machine learning*, posibilitando decisiones siempre más confiables en campos complejos[396], y tal situación requiere de garantías adecuadas[397], sobre todo en materia de transparencia. El tribunal definió estas condiciones inspirándose en los principios sobre el tratamiento

[394] Algunas críticas se concentraron en que sus expresiones parecen líneas de reflexión maduradas en torno a procesos de toma de decisiones automatizados mecánicos o deterministas, pero de escasa utilidad ante sistemas de aprendizaje automático que no funcionan según una lógica causal (cfr. Orofino, *La semplificazione digitale*, "Il Diritto dell'Economia", nº 100, 3/2019, p. 87 a 112, www.ildirittodelleconomia.it/wp-content/uploads/2020/03/04Orofino.pdf, p. 108; Carloni, *IA, algoritmos y Administración pública en Italia*, "Internet, Derecho y Política", nº 30, 2020, p. 10, UOC, http://dx.doi.org/107238/idp.v0i30.3228). Otras, en la falta de referencias a las soluciones brindadas por el reglamento europeo en materia de protección de datos, derecho de imperativa vigencia en Italia.

[395] Cons. St., sez. VI, sentencia nº 8472, del 13 de diciembre de 2019. En idéntico sentido, las sentencias gemelas nº 8473 y 8474, fechadas el mismo día.

[396] Sobre la necesidad de no demonizar el uso de los algoritmos complejos en las decisiones administrativas, ver Avanzini, *Decisioni amministrative e algoritmi informatici*, p. 81.

[397] Con rigor se dijo que el elemento de novedad introducido por esta sentencia ha sido la apertura a perfiles relativos a la tutela de las libertades fundamentales del ciudadano, aspectos que hasta el pronunciamiento en comentario, habían sido soslayados por los jueces administrativos (cfr. Laviola, *Algoritmico, troppo algorítmico: decisioni amministrative automatizzate, protezione dei dati personali e tutela delle libertà dei cittadini alla luce della più recenté giurisprudenza amministrativa*, "BioLaw Journal", nº 3, 2020, p. 392).

automatizado de datos personales contenidos en el Reglamento europeo[398].

Partió de dos premisas, entendidas como garantía mínima en toda hipótesis de uso público algorítmico: *1*) la plena y previa cognoscibilidad del modulo utilizado y de los criterios aplicados, y *2*) la imputabilidad de la decisión al órgano titular del poder, el cual debe poder verificar la logicidad y legitimidad de la decisión confiada al algoritmo[399], reiterando sobre el primer aspecto conceptos de su anterior pronunciamiento; para el segundo acudió a la Carta de la Robótica[400] del Parlamento europeo.

Al hacer propios pasajes que describen los procesos decisorios autónomos enfatizó la necesidad de garantizar la imputabilidad de la decisión final a la autoridad y al órgano competente según la ley atributiva del poder[401].

[398] Carloni, *IA, algoritmos y Administración pública en Italia*, "Internet, Derecho y Política", nº 30, 2020, p. 10, UOC, http://dx.doi.org/107238/idp.v0i30.3228. En ese contexto viene reafirmada la aplicación de tres principios supranacionales a los que deben tender las decisiones públicas adoptadas, es decir: *i*) el principio de plena cognoscibilidad, en combinación con lo dispuesto con los arts. 13, 14 y 15 del GDPR; *ii*) el principio de no exclusividad de la decisión algorítmica: en observancia del art. 22 del GDPR, y *iii*) el principio de no discriminación algorítmica derivado del consid. 71 del GDPR.

[399] Cons. St., sez. VI, sentencia n. 8472, del 13 de diciembre de 2019, par. 12.

[400] Ver www.europarl.europa.eu/doceo/document/TA-8-2017-0051_IT.html.

[401] Posición ya sostenida por la justicia de grado. En un caso en el que se reclamaba responsabilidad por el mal funcionamiento del sistema informático, el tribunal condenó a la Administración al considerar que las respuestas emanadas de las plataformas tecnológicas utilizadas son imputables a ella, agregando que, desde el momento en que son usadas, pasan a formar parte de su organización (cfr. TAR Trento, sez. Única, sentencia nº 149, del 12 de marzo de 2015; para su análisis, se remite al agudo comentario de Barmann, *La responsabilità della amministrazione per il cattivo funzionamento dei sistemi informatici*, "Giornale di Diritto Amministrativo", nº 3, 2016, p. 393 y siguientes). En la línea del citado pronunciamiento, se consideró ilegítima una adjudicación ante la falta

Finalmente, se apoyó sobre dos institutos cardinales del derecho administrativo, el derecho de acceso y aquel de participación en el procedimiento, remodelados en relación con los principios de cognoscibilidad, de no discriminación y de no exclusividad.

c) *La apertura a la discrecionalidad.* El caso del algoritmo utilizado por el Ministerio de la Instrucción, de la Universidad y de la Investigación italiano (MIUR) sirvió de detonante para volver[402] a abordar la decisión automática en el marco de la actividad discrecional.

El tribunal de grado[403], en una aproximación tangencial al problema discutido[404], sostuvo que el acto informático resulta jurídicamente admisible respecto de la actividad reglada de la Administración, dada su compatibilidad con la lógica del ordenador electrónico. Enfatizó que, en la medida que el *software* traduce los elementos de hecho y los datos jurídicos a un lenguaje matemático, da vida a un razonamiento lógico formalizado que lleva a una conclusión inmutable.

---

de conocimiento de la Administración comunal sobre el uso de los instrumentos informáticos a los que recurrió. Esta última había excluido a una empresa de un concurso por no haber alcanzado a leer los documentos informáticos trasmitidos por la postulante. La sentencia estableció que la falta de lectura de la documentación presentada es imputable exclusivamente a la responsabilidad de la Administración pública (cfr. TAR Puglia-Bari, sez. I, sentencia nº 1646, 18 de diciembre de 2015).

[402] La Corte de Casación italiana, a inicios del milenio, expresó que las decisiones pueden automatizarse, siempre y cuando no requieran de evaluaciones discrecionales y motivaciones correlacionadas a las particularidades del caso concreto (cfr. Cass, Civ. I, 28 de diciembre de 2000, nº 16204, "Dir. & Form.", 2002, 681).

[403] TAR Lazio, sez. III bis, sentencia nº 3769, del 22 de marzo de 2017.

[404] El tribunal administrativo debía expedirse sobre el derecho de acceso al razonamiento algorítmico seguido por el ordenador para decidir las asignaciones de sede, no así sobre la legitimidad de la decisión, tal como ocurrió en otros pronunciamientos de grado y alzada de los que se dará cuenta a continuación.

Pero, en lo que parece un viraje importante sobre la cuestión[405], remarca que la admisibilidad de la decisión automática no está ligada a la naturaleza discrecional o reglada del acto sino, en cambio, a la posibilidad –que califica de científica y no jurídica– de reconstruir el *iter* lógico sobre la base del cual el acto emana del procedimiento automatizado.

En definitiva, para el juez de primera instancia la línea entre la deseabilidad o no de las decisiones automatizadas no pasa por el confín entre actividad discrecional y reglada, sino que, por el momento, para esta última es más simple comprender las condiciones de operatividad de la inteligencia artificial[406].

Sin embargo, posteriores pronunciamientos emanados del mismo tribunal[407], esta vez con relación a la cuestión de legitimidad suscitada por la decisión automatizada, preanuncian un cambio de posición. Sin realizar distingos según la mayor o menor intensidad reglamentaria predeterminada en el *software*, la tajante prohibición de confiar en un algoritmo la decisión, cuando esta es susceptible de incidir en posiciones jurídicas subjetivas relevantes, parece cerrar la posibilidad de que tal automatización se suceda aun en ámbitos de actividad reglada.

Los linderos del asunto, lejos de consolidarse, volvieron a discutirse, esta vez ante la máxima autoridad judicial administrativa italiana, en dos sentencias caracterizadas por reflejar posturas de diverso calibre.

En la primera de ellas[408], luego de subrayar las indiscutibles ventajas derivadas de la automatización del proceso decisional, privilegió su uso en un ámbito reglado, al con-

[405] A pesar de la claridad de sus expresiones, no puede ocultarse que la decisión alcanzada mediante algoritmo, en el caso, se había adoptado en el marco de una actividad netamente reglada.

[406] Civitarese Matteucci, *Umano troppo umano. Decisioni amministrative automatizzate e principio di legalità*, "Diritto Pubblico", nº 1, 2019, p. 32.

[407] TAR Lazio, sez. III bis, sentencias nº 9224/9230, del 10/9/2018.

[408] Cons. St., sez. VI, sentencia nº 2270, del 8 de abril de 2019.

siderar que tales ventajas solo pueden ser apreciadas en relación con procedimientos seriados o estandarizados, operaciones meramente repetitivas que implican la elaboración de ingentes cantidades de instancias y caracterizadas por la ausencia de toda apreciación discrecional. En un retorno a criterios de tinte conservador, los jueces de Palazzo Spada enfatizaron que la informatización concierne a operaciones mecánicas, es decir, aquellas que consisten en adquirir datos e interrelacionarlos correctamente entre sí, con el fin de adoptar el acto final, aplicando reglas predeterminadas por el hombre y carentes de márgenes de opinabilidad. Si bien es verdad que el tribunal no postula una prohibición expresa a su uso en ámbitos de matriz discrecional[409], ampliando el criterio zanjado por el TAR Lazio[410], reafirma que no pueden dejarse espacios aplicativos discrecionales al *software* dado que el ordenador electrónico se encuentra privado técnicamente de dicha posibilidad.

No obstante, algunos meses después, el Consejo de Estado[411] propició una solución favorable a los algoritmos en procedimientos discrecionales. Sostuvo que no existen razones concretas para circunscribir el uso de las decisiones automatizadas al campo de la actividad reglada antes que a la discrecional, toda vez que ambas constituyen expresiones de actividades autoritativas desenvueltas por la Administración para la persecución del interés público. Dado que cada actividad autoritativa comporta al menos una fase de verificación del ajuste de la decisión a los fines fijados por la ley, si bien ello puede parecer más simple en la llamada actividad reglada, nada prohíbe que los mismos fines puedan lograrse también en relación con una actividad connotada de ámbitos de discrecionalidad. Agrega que, aun cuando en el caso de la actividad reglada sea más relevante acudir a

409 Como se puede apreciar, solo alude a las ventajas emanadas de la informatización en el campo de la actividad reglada.

410 TAR Lazio, sez. III bis, sentencia nº 3769, del 22 de marzo de 2017.

411 Cons. St., sez. VI, sentencia nº 8472, del 13 de diciembre de 2019.

mecanismos de automatización de datos, ello no impide que también el ejercicio de actividad discrecional, especialmente en la técnica, pueda, en abstracto, beneficiarse de las ventajas ofrecidas por esos instrumentos[412].

§ 10. Conclusiones del capítulo

Cabe decir que es precisamente en el prisma de la evolución tecnológica, y en sus desafíos, que la doctrina y la jurisprudencia han recuperado un papel central en la construcción de las condiciones de legalidad de la decisión algorítmica, en detrimento de un legislador que hasta ahora no ha sido demasiado diligente en proporcionar respuestas detalladas a cuestiones que aun no considera sustanciales en la digitalización pública[413].

[412] A pesar de que la solución judicial obtuvo un saludable reconocimiento por parte de autorizada doctrina (cfr. Muciaccia, *Algoritmi e procedimento decisionale: alcuni arresti della giustizia amministrativa*, "Federalismi.it", nº 10, 2020, p. 365, no dejó de suscitar críticas y perplejidades por parte de otro segmento autoral). Para algunos la afirmación sería, en algún aspecto, solo cosmética, dado que en el campo de la discrecionalidad técnica no viene desenvuelta una verdadera ponderación de intereses, sino que la Administración está obligada a efectuar exclusivamente una valoración de hechos complejos, pero también podría revelarse problemática, por una serie de motivos, entre ellos la potencial tensión entre el resultado final del algoritmo, que debería ser único y cierto, y la decisión de un procedimiento discrecional que podría conducir a una pluralidad de resultados, todos válidos para el ordenamiento (cfr. Di Martino, *Intelligenza artificiale, garanzia dei privati e decisioni amministrative: l'apporto umano è ancora necesario?*, "European Law Journal", nº 2, 2019, p. 54 y 55). Para otros, la jurisprudencia parece no entender completamente las dinámicas del aprendizaje automático y, por lo tanto, revela una dificultad para comprender en profundidad las rutas decisionales de la automatización y de algoritmos que se alimentan de datos masivos (Carloni, *IA, algoritmos y Administración pública en Italia*, "Internet, Derecho y Política", nº 30, 2020, p. 10, UOC, http://dx.doi.org/107238/idp.v0i30.3228).

[413] Carloni, *IA, algoritmos y Administración pública en Italia*, "Internet, Derecho y Política", nº 30, 2020, p. 10, UOC, http://dx.doi.org/107238/idp.v0i30.3228.

Parece central reconocer que el recurso a algoritmos que utilizan técnicas de razonamiento más complejas va de la mano del grado de complejidad de la problemática a resolver por la Administración. Ya no se trata de acudir a la tecnología para hacer más rápido lo que los funcionarios humanos hacen, sino que se recurre a ella para resolver lo que los agentes públicos no pueden humanamente abordar.

Las ventajas que derivan del análisis algorítmico existen y son innegables, así como sus relativos límites. Siendo plenamente conscientes de estos últimos, es necesario interrogarse sobre el carácter instrumental o no del medio informático respecto de la actividad humana y su impacto sobre las previsiones que fundan la acción administrativa y tutelan al ciudadano[414].

En términos generales, la doctrina califica de ventajosas a las decisiones administrativas emanadas de *algoritmos programados*, dejando en el debe solo aspectos críticos menores. Lo opuesto acontece con las decisiones alcanzadas mediante *algoritmos autónomos*, sobre los que arrecian objeciones de muy variada índole. Si bien las ventajas de su uso se postulan como indiscutibles, la dialéctica suscitada entre los fines de la actividad administrativa y los modos de su ejercicio parecen exceder con creces los contornos de la disciplina jurídica.

Por su parte, la jurisprudencia parece no entender completamente las dinámicas del aprendizaje automático. Muestra particulares dificultades para comprender el razonamiento algorítmico propio de la inteligencia artificial, alimentada por datos masivos[415]. Si no presta atención a estas

[414] Recordando con algún autor que la distinción entre un algoritmo que apoya al decisor y un algoritmo que decida por sí mismo es menos plana de cuanto parece a primera vista (cfr. Civitarese Matteucci, *Umano troppo umano. Decisioni amministrative automatizzate e principio di legalità*, "Diritto Pubblico", nº 1, 2019, p. 27).

[415] Carloni, *IA, algoritmos y Administración pública en Italia*, "Internet, Derecho y Política", nº 30, 2020, p. 10, UOC, http://dx.doi.org/107238/idp.v0i30.3228.

profundas mutaciones, el riesgo es que culmine por disminuir la intensidad de su control.

De todos modos, dos principios emanan de los últimos pronunciamientos. El primero, que no hay que estigmatizar la decisión automatizada. A pesar de que la principal batalla de este siglo se desarrolla en el campo del cerebro humano, la postulación de "humano vs. máquina" constituye una falacia, y aun cuando existan posiciones radicales sobre el asunto, parece central reconocer que para la jurisprudencia superior el principio antropocéntrico no es esencialmente relevante. El segundo, que el problema no es solo jurídico, sino también técnico, en el sentido de que no pasa por prohibir lo que no se conoce, sino de reglar lo que la técnica permite.

En la senda de la legislación más avanzada, la jurisprudencia trazó una línea de demarcación entre la automatización permitida –actividad reglada– y la prohibida –actividad discrecional–. Pero esta distinción parece encontrar apoyo en lo que se considera el *estándar tecnológico posible*, y no en motivos de tinte estrictamente jurídicos. Aun cuando pueda respetarse la prudencia evidenciada por el legislador y la justicia europea –en particular, la italiana–, lo cierto es que tampoco se ha tomado en consideración que, incluso las decisiones definidas como regladas exigen evaluaciones y motivaciones sobre la especificidad del caso, connotando algún ámbito de discrecionalidad perfectamente reproducible por sistemas informáticos más rudimentarios.

De todos modos, que el empleo de los sistemas informatizados encuentre mayor difusión en el ámbito de la actividad reglada no habilita a negar legitimidad al uso de esa experticia en el ejercicio de actividades discrecionales. Es verdad que su admisión controvierte buena parte de las virtudes que se le endilgan al procedimiento automatizado de actividad reglada, pero también lo es que tales virtudes resultan controvertidas de igual modo cuando el ejercicio de la discrecionalidad reposa en el funcionario humano.

Que se sepa, no se registran pronunciamientos que impidan al funcionario persona adoptar decisiones administrativas discrecionales por la sola circunstancia de que la eficiencia y legalidad de su actuación no esté de antemano garantizada[416].

[416] Con sagacidad se sostiene que la alternativa al proceso decisional automatizado no es la decisión perfecta, sino la decisión humana con todos sus defectos e imperfecciones, por lo que un sistema algorítmico imperfecto bien podría ser más justo y equitativo que un ser humano plagado de prejuicios [cfr. Sartor - Lagioia, "Le decisioni algoritmiche tra ética e diritto", en Ruffolo (a cura di), *Intelligenza artificiale. Il diritto, i diritti, l'etica*, p. 80 y 81].

Capítulo II

LA CUESTIÓN DE LA NATURALEZA JURÍDICA

A) En el derecho comparado

§ 11. *La discusión en la doctrina*

Resumiremos los principales aspectos.

a) *La doctrina española.* La doctrina autoral española participa de la idea de que las decisiones administrativas emitidas bajo modalidad automática constituyen verdaderos *actos administrativos*.

Con simpleza se ha dicho que la actuación automatizada produce un acto administrativo, pues constituye una declaración de voluntad, de conocimiento, de juicio o de deseo, encontrándose sometida a idénticos requisitos de validez material y de eficacia que los requeridos para los de naturaleza presencial. Se trata de verdaderos actos administrativos toda vez que la declaración de voluntad, elemento esencial para considerarlo tal por el ordenamiento, no desaparece sino que se traslada a un momento anterior, cual es el de la programación informática, definiéndose allí los elementos subjetivos, objetivos y formales que lo integrarán[1]. Se cuestiona si la voluntad humana resulta esencial para la producción

[1] Cfr. Alamillo Domingo - Urios Aparisi, *La actuación administrativa automatizada en el ámbito de las administraciones públicas*, p. 43 y 44.

de actos administrativos o si, por el contrario, es posible prescindir de ella, y se responde de manera afirmativa a este último interrogante, pues reconocen la presencia de actos que eliminan el componente volitivo. De todos modos, se insiste en que dicha eliminación solo puede considerársela relativa, porque ha sido manifestada previamente al momento de su programación[2].

La posición citada, si bien mayoritaria, no es pacífica. Algunos rechazan la posibilidad de automatización porque consideran que los actos administrativos, en tanto declaraciones volitivas, no pueden provenir de las máquinas[3]. Por ende, si los ordenadores carecen de voluntad, el producto que de ellos emana jamás podría considerarse un acto administrativo. La posición mayoritaria responde que la inexistencia de intervención directa humana no puede llevar a negarles carácter activo, porque la participación del hombre está presente en distintos momentos. Primero, en la decisión de automatizar; luego, en el establecimiento de las condiciones informáticas de producción del acto; finalmente, en la supervisión del funcionamiento adecuado de esas condiciones[4].

Se pregunta Martín Delgado si el acto adoptado sin intervención directa humana encaja en el concepto tradicional de acto administrativo[5]. Dice que si se adopta como con-

[2] Alamillo Domingo - Urios Aparisi, *La actuación administrativa automatizada en el ámbito de las administraciones públicas*, p. 84.

[3] Parada Vázquez, *Régimen jurídico de las administraciones públicas y del procedimiento administrativo común*, p. 194. Para este autor los actos administrativos son manifestaciones de voluntad, y las máquinas, al no tenerla, carecen de posibilidad de producir actos jurídicos, y lo que reflejan no es más que el resultado de los datos y programas que se introducen en ellas.

[4] Cfr. Alamillo Domingo - Urios Aparisi, *La actuación administrativa automatizada en el ámbito de las administraciones públicas*, p. 86. En análogas expresiones se explaya Ponce Solé, *Inteligencia artificial, derecho administrativo y reserva de humanidad: algoritmos y procedimiento administrativo debido tecnológico*, "Revista General de Derecho Administrativo", nº 50, 2019.

[5] Cfr. Martín Delgado, *Naturaleza, concepto y régimen jurídico de la actuación administrativa automatizada*, "Revista de Administración Pública", nº 180, 2009, p. 363.

cepto la definición de Giannini[6], resulta evidente que dentro de ella encastra tanto la decisión materialmente adoptada por una persona física como la realizada por una aplicación informática. Ello así porque la voluntad de la que es expresión un acto administrativo no es una voluntad de persona física, sino *procedimental*, una voluntad normativa, una hipóstasis: el órgano administrativo, por medio de las personas que lo integran, procede a emanar una declaración de voluntad, juicio, conocimiento o deseo en ejecución de una norma. Pero el titular del órgano competente para ejercer la potestad no expresa una voluntad propia, sino la voluntad de la norma. Lo mismo ocurre cuando la resolución resulta automatizada[7]. La programación no sustituye la norma aplicable sino que la concretiza en un modelo de adopción de actos administrativos.

Advierte el autor que la voluntad imputada al órgano no deja de ser una *ficción*, como también lo es la imputación de la voluntad expresada por una máquina. La diferencia está en el proceso de adopción de la decisión, pero no en la imputación[8].

Si bien no deja de llamarle la atención que la legislación hable, en vez de *acto*, de *actuación administrativa automatizada*[9], las razones las encuentra en el hecho de apreciar que lo relevante de aquella no es el producto, que no deja de ser

[6] Para el jurista italiano, acto administrativo sería el instrumento mediante el cual la autoridad administrativa realiza el interés público encomendado en el ejercicio de sus potestades y afectando a la situación subjetiva del particular (Giannini, *Diritto amministrativo*, p. 672).

[7] Cfr. Martín Delgado, *Naturaleza, concepto y régimen jurídico de la actuación administrativa automatizada*, "Revista de Administración Pública", nº 180, 2009, p. 364 y 365.

[8] Martín Delgado, *Naturaleza, concepto y régimen jurídico de la actuación administrativa automatizada*, "Revista de Administración Pública", nº 180, 2009, p. 364 y 365.

[9] De ese modo lo identifica el art. 41, LRJSP: "Se entiende por actuación administrativa automatizada, cualquier acto o actuación realizada íntegramente a través de medios electrónicos por una Administración pública en el marco de un procedimiento administrativo y en la que no haya intervenido de forma directa un empleado público".

un acto administrativo normal y corriente, sino la *forma* en que se adopta, es decir, la actuación que permite llegar a ese producto final. Por ello, razona que del mismo modo que la actuación de un funcionario da lugar a un acto administrativo concreto, la actuación de una aplicación informática da lugar a un acto administrativo electrónico, que posee un soporte diferente pero que tiene el mismo contenido[10].

Concluye afirmando que un acto administrativo adoptado –incluso íntegramente– por medios electrónicos puede consistir en una declaración de voluntad (adjudicación de un contrato por subasta electrónica), en una declaración de juicio (valoración de los méritos de un candidato en el marco de un proceso de evaluación de su actividad), en una declaración de conocimiento (certificado electrónico de empadronamiento), o en una declaración de deseo (propuesta de sanción por infracción de tráfico), y que, en definitiva, un acto adoptado por medios electrónicos es igual en contenido que uno obtenido por medios humanos[11]. La diferencia reside en que la automatización no puede ser medio de actuación de *todas* las potestades administrativas, llevándolo a admitir que determinados actos administrativos no pueden ser adoptados por medios electrónicos[12].

[10] Cfr. Martín Delgado, *Naturaleza, concepto y régimen jurídico de la actuación administrativa automatizada*, "Revista de Administración Pública", nº 180, 2009, p. 365, y también en "La riforma dell'amministrazione digitale: un'opportunità per ripensare la pubblica amministrazione", en Civitarese Matteucci - Torchia (a cura di), *La tecnificazione,* p. 149.

[11] En otro trabajo, el autor citado arriesga una definición: acto administrativo automático es "toda declaración de voluntad, juicio, conocimiento o deseo, plasmada en soporte electrónico, realizada por una Administración pública en el ejercicio de una potestad administrativa mediante el empleo de un sistema de información adecuadamente programado y adoptada en el caso concreto, sin necesidad de intervención de una persona física" (cfr. Martín Delgado, *La gestión electrónica del procedimiento administrativo,* "Cuadernos de Derecho Local", nº 21, 2009, p. 98).

[12] Cfr. Martín Delgado, *Naturaleza, concepto y régimen jurídico de la actuación administrativa automatizada*, "Revista de Administración Pública", nº 180, 2009, p. 365, haciendo expresa alusión a los actos adminis-

Menos granítica se muestra la doctrina en relación con la naturaleza jurídica de las decisiones administrativas adoptadas mediante sistemas de inteligencia artificial. En ese sentido están aquellos que entienden que la modificación del modelo decisorio no impacta en la naturaleza de la decisión final. Es el caso de Ponce Solé, para quien las decisiones adoptadas con apoyo en mecanismos más complejos encuentran acomodo en las categorías clásicas de órgano y acto administrativo[13].

Por su lado, Martín Delgado comparte la opinión de que el acto derivado de una aplicación informática de tipo autónoma también satisface los requisitos de la definición clásica de acto administrativo, aun cuando entiende que tal actividad no puede ser desarrollada si no es posible parametrizar la acción del órgano competente. Esto último no significa –dice el autor– que no existan cambios relevantes en el uso de algoritmos, pero indica que las categorías conceptuales existentes siguen sirviendo[14].

Coincide parcialmente Cerrillo i Martínez, quien afirma que no ha podido identificar la necesidad de construir nuevos conceptos jurídicos con los que dar respuesta desde el derecho administrativo al uso de la inteligencia artificial en las administraciones públicas, aunque reconoce que algunos

---

trativos de contenido discrecional. Sin embargo, la doctrina española es lúcida en reconocer que, desde hace algunos años, se está empleando la actuación administrativa informatizada en determinados supuestos en los cuales, a pesar de la existencia de una cierta discrecionalidad técnica, los sistemas permiten parametrizar su ejercicio y, por ende, automatizar las resoluciones [cfr. Martínez Gutierrez, "Los retos de la innovación tecnológica en la jurisdicción contencioso administrativa", en López Ramón - Valero Torrijos (coords.), *20 años de la ley de lo contencioso-administrativo*, p. 235].

[13] Ponce Solé, *Inteligencia artificial, derecho administrativo y reserva de humanidad: algoritmos y procedimiento administrativo debido tecnológico*, "Revista General de Derecho Administrativo", nº 50, 2019.

[14] Cfr. Martín Delgado, *Automazione, intelligenza artificiale e pubblica amministrazione: vecchie categorie concettuali per nuovi problemi?*, "Istituzioni del Federalismo", nº 3, 2019, p. 655.

de ellos exigen una relectura a la vista de los últimos avances tecnológicos[15], en función del carácter condicionante de la innovación sobre el alcance de la normativa reguladora[16]. Estos cambios no encuentran fácil acomodo en la regulación procedimental vigente, que sigue anclada en la tradición administrativa del siglo veinte, cuando el proceso de toma de decisiones públicas respondía a otros parámetros[17].

Finalmente, Boix Palop sostiene que la automatización cognitiva propia de la inteligencia artificial multiplica las dificultades de su encuadre jurídico porque en estos casos las reglas de juego tradicionales, la racionalización formal *ex ante* y la previsibilidad de la decisión se desdibujan notablemente. Entiende que la respuesta jurídica basada en paradigmas de predeterminación normativa estricta no es apta para estos supuestos, ámbitos en los que, incluso los programadores no están en condiciones de predeterminar los resultados concretos del programa una vez ejecutado[18].

En lo atinente al algoritmo, también la literatura presenta alguna divergencia. Para Ponce Solé, en el campo de las potestades regladas el algoritmo no tiene naturaleza jurídica normativa, pues solo se limita a sustituir al decisor humano[19].

15 Cerrillo i Martínez, *El impacto de la inteligencia artificial en el derecho administrativo ¿nuevos conceptos para nuevas realidades técnicas?"*, "Revista General de Derecho Administrativo", nº 50, 2019.

16 Sostiene en su ensayo que los algoritmos que utilizan aprendizaje automático innovan sobre el ordenamiento jurídico al incorporar criterios que no están explícitamente previstos en la norma.

17 Cerrillo i Martínez, *¿Son fiables las decisiones de las administraciones públicas adoptadas por algoritmos?*, "European Review of Digital Administration & Law", nº 1, issue 1-2, jun.-dec. 2020, p. 35.

18 Boix Palop, *Los algoritmos son reglamentos: la necesidad de extender las garantías propias de las normas reglamentarias a los programas empleados por la administración para la adopción de decisiones*, "Revista de Derecho Público: Teoría y Método", nº 1, 2020, quien enfáticamente sostiene que el derecho público deberá probablemente renunciar a buena parte de su marco conceptual tradicional.

19 Ponce Solé, *Inteligencia artificial, derecho administrativo y reserva de humanidad: algoritmos y procedimiento administrativo debido tecnológi-*

La máquina adopta la decisión por delegación del humano y este es, a todos los efectos, a quien se imputa la decisión. Por su parte, Boix Palop considera que tienen naturaleza reglamentaria, por cumplir una función material equivalente a la de las normas jurídicas, al reglar y predeterminar la actuación de los poderes públicos. Los algoritmos empleados por la Administración de modo no instrumental producen materialmente los mismos efectos que cualquier reglamento, al preordenar la decisión final del poder público[20].

b) *La posición autoral alemana.* Es posible afirmar que la naturaleza jurídica de las decisiones administrativas automatizadas es una cuestión que se encuentra resuelta en la literatura alemana. Mucho se debe a la pacífica uniformidad de la jurisprudencia y a la peculiar amplitud con la que el derecho alemán define a sus actos administrativos. En ese sentido, y en línea con la solución postulada por la ley federal de procedimientos[21], las decisiones automáticas constituyen *actos administrativos*.

Pero las coincidencias del presente no pueden ocultar que, en los comienzos de la automatización, se produjeron relevantes estudios que negaban dicho carácter a la decisión emanada del ordenador. Esa era la postura defendida por

---

co, "Revista General de Derecho Administrativo", nº 50, 2019. Comparte esta apreciación Valero Torrijos, *Las garantías jurídicas de la inteligencia artificial en la actividad administrativa desde la perspectiva de la buena administración*, "Revista Catalana de Dret Públic", nº 58, 2019, p. 88.

20 Boix Palop, *Los algoritmos son reglamentos: la necesidad de extender las garantías propias de las normas reglamentarias a los programas empleados por la administración para la adopción de decisiones*, "Revista de Derecho Público: Teoría y Método", nº 1, 2020.

21 Refrenda la doctrina que la incorporación del 35.*a VwVfG*, tal como lo expresa el informe explicativo brindado por el comité parlamentario, tuvo por finalidad, entre otras razones, la de clarificar la naturaleza jurídica de los actos totalmente automatizados, a los que expresamente reconoció como actos administrativos (Buoso, *Fully automated administrative acts in the German legal system*", "European Review of Digital Administration & Law", nº 1, issue 1-2, jun.-dec. 2020, p. 115).

Zeidler[22], para quien, si la decisión elaborada por el ordenador no resulta una explicación de la voluntad del agente, sino un mero producto de máquina, entonces no puede ser calificado como *Verwaltungsakt* (acto administrativo), sino como un *Verwaltungsfabrikat* (producto administrativo).

En oposición a ella, la doctrina mayoritaria respondió que la decisión alcanzada mediante tratamiento electrónico de datos no impide aceptar la existencia de un acto administrativo.

Tal postura parte de la distinción entre acto administrativo electrónico y acto administrativo automático. El primero está determinado por su forma de transmisión, que no se produce por escrito, oralmente o a través de hechos concluyentes, sino por vía electrónica. Su contenido, por el contrario, no se establece de manera técnica, sino de modo tradicional. En cambio, el acto administrativo automático, dictado con ayuda de dispositivos automáticos, se transmite de modo tradicional. Su contenido se elabora total o parcialmente mediante equipos automatizados de datos, incluso cuando estos son dirigidos por programas predeterminados[23]. En este último caso, la autoridad administrativa es y sigue siendo dueña del procedimiento. Primero, porque dirige y predetermina la elaboración de la decisión a través de la programación e introducción de los datos, y, luego, porque hace obligatoria la decisión adoptada por la notificación. Por consiguiente, la autoridad considera a la resolución automatizada como *su* acto administrativo y exige su observancia y, por ello, este ha de imputársele[24].

Lo mismo sucede en el supuesto de que la Administración acuda a *sistemas expertos* o modalidades decisorias propias de la inteligencia artificial, porque, como agudamente explica la más autorizada doctrina, aun cuando el contenido

[22] Zeidler, *Verwaltungsfabrikat und gefährdnungshaftung*, "Deutsches Verwaltungsblatt", 1959, p. 681.

[23] Cfr. Maurer, *Derecho administrativo alemán*, p. 465 y 466.

[24] Maurer, *Derecho administrativo alemán*, p. 459.

de la decisión no pueda considerarse totalmente predeterminado en el programa, la Administración imputa para sí el resultado de la aplicación por el solo hecho de haber decidido recurrir a tal modalidad[25].

Hubo algún autor que, con posterioridad a la incorporación del art. 35.*a* en la ley de procedimientos, continuó desconociendo la naturaleza de acto a la decisión robótica con fundamento en la ausencia de voluntad declarada, a la que se calificó de elemento inherente a todo acto administrativo[26]. Como respuesta, se sostuvo que la propia ley ritual (refiere al art. 42.*a VwVfg*) le reconoce tal naturaleza a decisiones obtenidas como corolario del *silencio asentimiento*, actos que, evidentemente, no son el resultado de una manifestación de voluntad de la Administración[27] sino, más bien, de una ficción legislativa.

c) *La controversia en Italia.* Pocos escenarios jurídicos pueden mostrar, en el tema de la naturaleza jurídica de la decisión automatizada, un debate tan profundo y complejo como el suscitado por la doctrina italiana.

En ausencia de normativa que las definiera directamente[28], la doctrina autoral distinguió entre decisiones adminis-

[25] Cfr. Polomski, *Der automatisierte verwaltungsakt*, p. 82.

[26] Cfr. Ziekow, *Das verwaltungsverfahrenrecht in der digitalisierung der verwaltung*, "Neue Zeitschrift für Verwaltungsrecht", vol. 1, nº 6, 2018, p. 1169.

[27] Fraenkel-Haeberle, *Fully digitalized administrative procedures in the German legal system*, "European Review of Digital Administration & Law", nº 1, issue 1-2, jun.-dec., 108. En similar sentido, Buoso, *Fully automated administrative acts in the German legal system*", "European Review of Digital Administration & Law", nº 1, issue 1-2, jun.-dec. 2020, p. 115 y 116.

[28] Cabe traer a colación que en Italia, desde el año 2005, rige el decr. leg. 82, del 7 de marzo de 2005, denominado *Codice dell'amministrazione digitale* (CAD), cuyo art. 14 contenía, para una parte de la doctrina, una referencia indirecta a las decisiones automatizadas (cfr. Civitarese Matteucci, *Umano troppo umano. Decisioni amministrative automatizzate e principio di legalità*, "Diritto Pubblico", nº 1, 2019, p. 10). Por el decr. leg. 101/2018, tal artículo fue abrogado.

trativas adoptadas en formato electrónico y decisiones administrativas de elaboración electrónica[29]. En relación con las primeras no se suscitaron grandes discusiones, habida cuenta de que la automatización se concentró en el *soporte* digital. El segundo tipo de acto[30], en cambio, disparó en la literatura importantes y fundados disensos. En Italia, al igual que en España, la discusión se edificó en derredor de la necesidad o prescindencia de la intervención directa humana en la decisión que pone punto final al procedimiento automatizado. A pesar de la diversidad de fundamentos aportados, podemos básicamente aglutinar las opiniones de los expertos en dos grandes posiciones, según nieguen o reconozcan a la decisión automatizada naturaleza de acto administrativo. Pero de manera reciente se ha abierto una línea de pensamiento que, de manera ecléctica, ha partido aguas según sea la complejidad algorítmica de la que emane.

1) *La decisión automática no es un acto administrativo.* Ha de partirse de la base de que el *provvedimento*[31] es aque-

[29] La terminología y clasificación fue introducida por Duni, y reiterada desde los señeros trabajos de Masucci, *L'atto amministrativo informatico,* y Usai, *Le prospettive di automazione delle decisioni amministrative in un sistema di teleamministrazione,* "Il Diritto dell'Informazione e dell'Informatica", nº 1, 1993, p. 164; también, Russo, "Introduzione agli atti amministrativi elettronici: tra discrezionalità e vincolatività", en AAVV, *Diritto e nuove tecnologie. Saggi di informatica giuridica avanzata,* p. 86.

[30] Como explicamos antes, el procedimiento resulta tramitado íntegramente por el *software*, el que, mediante un esquema lógico de razonamiento memorizado, internaliza los *inputs* y produce el resultado.

[31] Se alude al *provvedimento amministrativo* y no al *atto amministrativo,* recordando que en ese país, dentro del género acto administrativo, aquel refiere a los actos que gozan de unilateralidad e imperatividad (cfr. De Leonardis, "I principi generali dell'azione amministrativa", en Romano (a cura di), *L'azione amministrativa,* p. 28) y que se caracterizan por tener eficacia externa e innovativa (Napolitano, *La logica del diritto amministrativo,* p. 165), efectos que no cabe predicar del *atto amministrativo.* Precisamente, es la noción de *provvedimento* y no la de *atto* la que se asemeja a lo que nosotros llamamos acto administrativo. Nos remitimos al trabajo de Mairal, *La influencia italiana en la definición argenti-*

lla clase de acto administrativo de tipo autoritativo, típico y nominado, por medio del cual se ejercita la voluntad de la Administración pública; tiene eficacia externa –en la medida en que incide sobre la esfera jurídica de los destinatarios– y concluye el procedimiento[32].

Desde esta perspectiva, si la decisión en formato electrónico es considerada un acto administrativo *stricto sensu*, no puede predicarse lo mismo de la obtenida mediante elaboración electrónica.

Para alguna opinión, con apoyo en la doctrina alemana[33], al procedimiento informático solo puede reconocérsele un rol instrumental. La modalidad de asunción de la voluntad administrativa (automática) impide atribuirle valor de acto administrativo pues este requiere necesariamente de la intervención del funcionario humano. Si el acto administrativo tradicional aparece caracterizado por la "imputabilidad" de la voluntad de su dictado al funcionario, en el caso en que la adopción de este lo sea por computadora, dicho acto no sería una explicación de la voluntad del sujeto agente, sino un mero *producto de la máquina*[34]. Si, como observa Cerulli Irelli[35], el acto administrativo es en realidad un acto jurídico y no un mero hecho, o en todo caso un hecho

---

na del acto administrativo: los problemas que resultan de no haber seguido más fielmente el modelo, LLonline, AR/DOC/3613/2017.

[32] El *provvedimento amministrativo* representa la expresión típica del poder administrativo en la medida en que que manifiesta hacia el exterior la voluntad de la Administración pública y es idóneo para incidir unilateralmente en la esfera jurídica de los terceros, pudiendo ser ejecutado aun contra la voluntad de su destinatario (cfr. Caringella, *Manuale di diritto amministrativo,* p. 1363).

[33] Se alude a Zeidler, *Verwaltungsfabrikat und gefährdnungshaftung,* "Deutsches Verwaltungsblatt", 1959, p. 681.

[34] Se ha señalado que la decisión asumida por el algoritmo resulta un *producto* porque es el resultado de operaciones informáticas –secuencia de pasajes lógicos y operaciones de cálculo– (cfr. Cavallo Perin, *Ragionando come se la digitalizzazione fosse data,* "Diritto Amministrativo", nº 2, 2020, p. 309).

[35] Cerulli Irelli, *Lineamenti del diritto amministrativo,* p. 388.

imputable a una voluntad humana, no puede catalogarse de acto administrativo a la decisión elaborada íntegramente de manera electrónica. En definitiva, siguiendo a Costantino, si el acto administrativo es fruto de la voluntad humana[36], calificar de *provvedimento* a la decisión automatizada conlleva problemas enormes.

En relación con su naturaleza jurídica, lo que la máquina produce en modo automático es un *hecho* imputable a la voluntad de la Administración[37]. Apartándose de lo que califica como fantasiosas teorías sobre la voluntad de la máquina, advierte Duni que no parece que el fenómeno[38] encuentre adecuado encuadramiento en la teoría de los actos jurídicos, sino más bien en la de los *hechos*, porque la voluntad humana ha operado una decisión adoptada al momento de la redacción del *software*, respecto de la cual los casos singulares son gestionados como *meras consecuencias*, sin que intervenga una ulterior voluntad específica, típica de los actos administrativos. Por tal motivo, considera correcto calificar al acto conclusivo como una *evidencia informática*. Concluye que la expresión "acto automático" vuelve claro aquello a lo que se quiere referir, quedando entendido que se trata solo de una evidencia de algo que ya existe[39], meros *eventos* derivados de una voluntad asumida anteriormente[40].

[36] Cfr. Costantino, "L'uso della telematica nella Pubblica amministrazione", en Romano (a cura di), *L'azione amministrativa*, p. 259.

[37] Duni, voce "Amministrazione digitale", en *Enciclopedia del diritto*, Annali, 2007, p. 42.

[38] Ha de resaltarse que para cierta doctrina la decisión automatizada no es un fenómeno jurídico sino un fenómeno determinado por un proceso tecnológico (cfr. Merusi, *Ragionevolezza e discrecionalità amministrativa*, p. 15).

[39] Duni, voce "Amministrazione digitale", en *Enciclopedia del diritto*, Annali, 2007, p. 42.

[40] Duni (a cura di), *Dall'informatica amministrative alla teleamministrazione*, p. 6. En esa línea argumental merece encasillarse a quien califica como meras "representaciones del acto" a las decisiones elaboradas por el ordenador informático (cfr. Prosperetti, *Accesso al software e al relativo algoritmo nei procedimenti amministrativi e giudiziali. Un'analisi*

Una solución particular presenta Marongiu[41]. A partir del hecho de que el sistema administrativo vigente ha sido concebido en una época anterior a la automatización, en el que incluso las meras respuestas a situaciones regladas exigen una actividad humana –en el caso, la firma del funcionario competente–, resultaría inexacto definir como *acto administrativo* a la decisión automática[42]. Entiende que el producto emanado del ordenador debe ser considerado como una suerte de *recordatorio* o *nota* que refleja decisiones asumidas previamente por la autoridad y fijadas en el *software*.

Cierto es que, hasta allí, la posición no se distingue de la de aquellos que niegan naturaleza de acto a la decisión conclusiva. Sin embargo, a renglón seguido, sostiene que lo emitido por el ordenador no será un simple *proyecto* o *esbozo* de acto[43] sino un verdadero *acto administrativo,* en hipótesis de automatización *fuerte,* es decir, en situaciones en las que todo el procedimiento resulta automatizado.

Aún así, considera superfluo definirlo como *provvedimento* porque el producto de la máquina resultará simplemente una *evidencia,* una suerte de *promemoria* de medidas

---

a partire da due pronunce del Tar Lazio, "Il Diritto dell'Informazione e dell'Informatica", nº 4, 2019, p. 986).

[41] Cfr. Marongiu, *Gli atti ad elaborazione elettronica: la compilazione di un "pre-software" in lingua italiana,* "Quaderni del DAE, Rivista di Diritto Amministrativo Elettronico", jul. 2003, p. 7 y 8.

[42] Con agudeza, observa el autor que la afirmación de que el ordenador puede *decidir* el contenido de actos administrativos es una expresión eficaz, pero técnica y jurídicamente inexacta, porque el ordenador no toma decisiones, sino que cada "elección" que adopta ha sido cumplida previamente por quien lo programó (Marongiu, *Gli atti ad elaborazione elettronica: la compilazione di un "pre-software" in lingua italiana,* "Quaderni del DAE, Rivista di Diritto Amministrativo Elettronico", jul. 2003, p. 1 y 2).

[43] De ese modo también lo califica Orofino, *L'attuazione del principio di trasparenza nello svolgimento dell'amministrazione elettronica,* www.judicium.it/wp-content/uploads/2020/10/Orofino.pdf.

que se disparan por sí mismas, como corolario de decisiones ya asumidas *a priori* y fijadas en el *software*[44].

2) *La decisión automática es un acto administrativo.* Rebate esa posición Masucci[45]. Sostiene que la máquina es solo un medio a disposición de la autoridad, pues los ordenadores producen la decisión mediante un programa definido por la autoridad y sobre la base de datos introducidos por la misma autoridad. Por consiguiente, no obstante que el acto sea adoptado a través de un ordenador, la *voluntad del acto informático* resulta siempre la *voluntad de la autoridad*.

En un trabajo posterior[46], reafirmó que si el *acto conclusivo* es el único idóneo para manifestar hacia el exterior la voluntad de la Administración, entonces la decisión automatizada reviste el carácter de acto administrativo. Este traduce en términos concretos las decisiones operadas de manera general y abstracta en el programa[47]. No hay desconexión entre la *voluntad de la Administración* y la *voluntad del acto*, porque a pesar de que este es adoptado mediante un ordenador, esa decisión sigue siendo manifestación de aquella, pues no hace más que aplicar[48] lo que está previs-

[44] Orofino, *L'attuazione del principio di trasparenza nello svolgimento dell'amministrazione elettronica*, www.judicium.it/wp-content/uploads/2020/10/Orofino.pdf.

[45] Masucci, voce "Atto amministrativo informatico", en *Enciclopedia del diritto*.

[46] Masucci, *Procedimento amministrativo e nuove tecnologie*, p. 96, considerado el ensayo más elaborado sobre la temática y fuente visible de los últimos desarrollos jurisprudenciales.

[47] Se dijo que el *provvedimento* concreto en nada resulta disímil respecto de aquel abstracto identificado en el procedimiento cristalizado en la memoria del ordenador (cfr. Contaldo - Marotta, *L'informatizzazione dell'atto amministrativo: cenni sulle problematiche in campo*, "Il Diritto dell'Informazione e dell'Informatica", nº 3, 2002, p. 579).

[48] A pesar de que en otras partes de su ensayo calificó al acto conclusivo como un producto del sistema informativo, al momento de tratar el defecto de motivación (Cavallo Perin, *Ragionando come se la digitalizzazione fosse data*, "Diritto Amministrativo", nº 2, 2020, p. 315, lo definió como un "*provvedimento* aplicativo" del algoritmo que se dispara auto-

to en el programa generado por la Administración. Por el principio *causa causæ est causa causati*, la *voluntad* del ordenador es, en cuanto a su génesis, *voluntad de la Administración* que ha predispuesto el programa. La redacción del programa se convierte así en una suerte de autoprogramación de las futuras decisiones.

Agrega que ello es así tanto para decisiones regladas como cuando estas son el corolario de *potestades discrecionales*, pues también las opciones discrecionales son predeterminadas en el programa. En este caso, el ejercicio del poder discrecional resulta anticipado al momento de la redacción del programa. Igualmente, debe reputarse como propia de la Administración si emana de un *sistema de aprendizaje*[49]. En ese supuesto, aunque el contenido de la decisión final no haya estado del todo predeterminado en el programa, le será íntegramente imputable porque la Administración permanece dueña del procedimiento.

La atribución del acto a la Administración se basa en su voluntad de programar la computadora en modo de consentirle la elaboración del contenido. La Administración, sea que ella misma haya elaborado el *software* o haga suyo el diseñado por centros especializados, *decide* sobre el programa y resulta responsable de todos los actos particulares futuros adoptados en ejecución de dicho programa[50]. Por consiguiente, dado que el resultado de la actividad de la máquina es imputable a la Administración, entonces la *volun-*

---

máticamente). En análoga dirección se expresa Ferrara, *Il giudice amministrativo e gli algoritmi. Note estemporanee a margine di un recente dibattito giurisprudenziale*, "Diritto Amministrativo", nº 4, 2019, p. 786, enfatizando que la decisión originada por el procedimiento informatizado debe catalogarse como un "acto de ejecución".

[49] En realidad, alude a los *sistemas expertos*, mecanismos informáticos propios de la evolución tecnológica imperante al momento de redactar su ensayo en el año 2011.

[50] El ordenador no sabría ejecutar ninguna operación que no haya estado predeterminada en ese programa (Perrino, *L'atto amministrativo informatico e le cause della sua invalidità*, www.amministrazioneincammino.luiss.it/2005/10/11).

tad del acto informático resultará siempre la *voluntad de la autoridad*[51]. Esta circunstancia encuentra confirmación en el hecho de que la Administración a su nombre comunica el acto al destinatario y a su nombre exige su cumplimiento[52].

Desde otra óptica, aduce que la tesis del contenido del acto como *voluntad del funcionario particular* no puede seguir sosteniéndose de frente a la complejidad del proceso de formación de la decisión administrativa[53]. Enseña que el contenido del acto administrativo ha sido reconstruido como *voluntad procedimental*, es decir, como el resultado de una secuencia de actos de oficinas y órganos, cada uno de los cuales aporta sus propios juicios y evaluaciones. Cuando ocurre la automatización del procedimiento decisional, el acto administrativo se configura como el resultado del procedimiento automatizado de elaboración de datos, según las instrucciones previstas en el programa[54]. Por consiguiente, la manifestación de voluntad de la Administración no es otra cosa que el resultado de un procedimiento automatizado, que se desenvuelve según las reglas preestablecidas por aquella en el programa.

En relación con su ubicación, entiende que corresponde acordarle una propia y específica dentro de la categoría de *atto*, sugiriendo definirlo como *acto administrativo automatizado*. Opina que la calificación de *automatisierte Verwaltungsakt*[55] recoge la especificidad de este tipo de acto, porque con el adjetivo *automatizado* se quiere resal-

[51] En igual sentido, Saitta, *Le patologie dell'atto amministrativo elettronico e il sindacato del giudice amministrativo*, "Quaderni del DAE, Rivista di Diritto Amministrativo Elettronico", 2003, p. 13.

[52] Masucci, *Procedimento amministrativo e nuove tecnologie*, p. 97.

[53] Al que define como poliédrico y siempre más complicado.

[54] Masucci, *Procedimento amministrativo e nuove tecnologie*, p. 98; En similar dirección, se remite a Fantigrossi, *Automazione e pubblica amministrazione*, p. 55; también a Notarmuzzi, "Il procedimento amministrativo informatico", en AA.VV., *Le amministrazioni pubbliche tra conservazione e riformeomaggio degli allievi al Prof. Cassese*, p. 258.

[55] Calificación que atribuye a Polomski y Maurer.

tar que el procedimiento decisional tiene lugar mediante un ordenador. El signo distintivo del acto automatizado está representado por el hecho de que la definición de su contenido es el resultado de la actividad de una máquina, sustituyendo a la actividad del funcionario. En síntesis, la especificidad del acto administrativo automatizado reside en que sus efectos derivan de un procedimiento que se desenvuelve según las instrucciones del programa y respecto del cual el funcionario se limita solo a introducir datos[56].

Análoga postura refleja Russo. Para este autor, si la voluntad del acto administrativo es procedimental[57], entonces la única voluntad que interesa es la del *acto* y no la del *contenido del acto*. La voluntad procedimental es el resultado de la concertación entre diversos despachos y órganos, cada uno de los cuales tiene alguna participación en la asunción de la decisión final, careciendo de trascendencia el momento psíquico del órgano al que se imputa. Si esto es así, entonces el acto automático no carece de voluntad porque, a pesar de que su contenido no es definido concretamente por el órgano emanante, el acto conclusivo es *querido* por la autoridad que decidió confiar al ordenador dicha tarea y predispuso las instrucciones al programa sobre el cual basó la máquina su actividad. El ordenador no desenvuelve un rol auxiliar de la actividad decisoria de los funcionarios, sino que *sustituye* al hombre mismo al momento de determinar el contenido del acto administrativo, tornándose a todos los efectos un verdadero *funcionario público*. Por ende –concluye– puede establecerse una neta correspondencia entre el *provvedimento* del procedimiento tradicional y el *producto*

[56] Masucci, *Procedimento amministrativo e nuove tecnologie*, p. 9 y 99.

[57] Cita a Giannini, quien considera que la voluntad del acto administrativo se presenta como una abstracción y, jurídicamente, como una hipóstasis, pues la voluntad *provvedimental* sería el corolario de una sumatoria de los puntos comunes entre las voluntades o querencias de muchas personas físicas. El acto administrativo, requiriendo su procedimiento de formación del pasaje por distintas oficinas del órgano, es el fruto del concurso de un número elevado de personas físicas.

(*ouput*) emanado del programa informático, porque en ambos casos se tratará del acto final o conclusivo de un procedimiento[58].

3) *La decisión automática según el modelo algorítmico.* Una postura que parece comprender mejor la intersección de la innovación tecnológica con la función administrativa es defendida por Otranto. Luego de expresar las razones por las que considera que las decisiones automatizadas obtenidas bajo algoritmos determinísticos, al resultar conformes a los principios y reglas que vertebran la actividad administrativa, son a todos los efectos *provvedimenti*, cuestiona que tal conclusión pueda predicarse de las decisiones adoptadas por sistemas de inteligencia artificial. Ello en el entendimiento de que dichos algoritmos, al emanar de sus características operacionales resultados impredecibles e incomprensibles, determinan una radical mutación del proceso de formación de la voluntad expresada en el acto, mediante la captura de la decisión, lo que incide negativamente en las garantías y derechos sobre los cuales se ha construido el régimen jurídico *provvedimentale*. En estos casos, la decisión algorítmica sería una "propuesta" para el decisor humano[59].

d) *Naturaleza jurídica del "software" (algoritmo).* Pero la real discusión no se circunscribió a disipar la naturaleza jurídica de la decisión automatizada en sí misma, sino antes bien, sobre el *software*. Concretamente, si el *programa* informático del que surge la decisión final constituye o no un acto administrativo[60].

[58] Russo, "Introduzione agli atti amministrativi elettronici: tra discrezionalità e vincolatività", en AAVV, *Diritto e nuove tecnologie. Saggi di informatica giuridica avanzata*, p. 88.

[59] Cfr. Otranto, "Decisione amministrativa, intelligenza artificiale e legalità. Spunti per una ricerca", conferencia desarrollada en la Università degli Studi di Bologna el 3/11/2020 (inédita).

[60] Ha de ponderarse que, desde el momento en que se decide adoptar decisiones de manera automatizada, el ordenador deja de ser un mero instrumento de apoyo a la actividad material de la Adminis-

En la doctrina italiana se desarrollaron dos escuelas de pensamiento.

La primera postula que el programa informático debe ser considerado un *acto administrativo* a todos los efectos, en la medida en que aquel, a través de la emisión del acto conclusivo, exterioriza en concreto la voluntad de la Administración. El programa es el instrumento en el que el órgano administrativo ejercita su poder de decisión, efectuando de manera preliminar lo que habría podido cumplir manualmente en la emanación de cada acto. Dado que contiene las *instrucciones* que disciplinan el actuar de la Administración respecto de los actos particulares futuros, esta corriente considera que el *software* asume las características típicas del acto administrativo[61].

Pero allí finalizan las coincidencias. Si bien para alguna posición minoritaria el *software* coincidiría con el *provvedimento*[62], la mayoría concuerda en que, debido a que el programa informático contiene decisiones destinadas a encontrar actuación en el futuro respecto de sujetos no determinados,

tración y pasa a revestir un rol en la formación de la decisión misma. En consecuencia, resulta vital encuadrar correctamente al *software* en la actividad administrativa, dada la relevancia que adquieren sus efectos.

[61] Sostienen la tesis del *software* como *atto amministrativo*, Masucci, *L'atto amministrativo informatico*, p. 58; Fantigrossi, *Automazione e pubblica amministrazione*, p. 109; Usai, *Le prospettive di automazione delle decisioni amministrative in un sistema di teleamministrazione*, "Il Diritto dell'Informazione e dell'Informatica", nº 1, 1993, p. 174; Nicotra - Varone, *L'algoritmo, intelligente ma non troppo*, "Rivista AIC", nº 4, 2019, p. 86.

[62] Fantigrossi, *Automazione e pubblica amministrazione*, p. 56 y 111, para quien, si es con el *software* que se concretaría la voluntad de la Administración, es con él que la Administración constituye, modifica y extingue situaciones jurídicamente relevantes y que, en consecuencia, resulta impugnable frente al juez administrativo si es lesivo de la esfera jurídica de otros. Más recientemente, al comentar una sentencia del Consejo de Estado, en Fantigrossi, *L'algoritmo nelle PA si impugna al TAR*, www.4clegal.com/settore-pubblico/lalgoritmo-pa-impugna-tar.

aquel debe ser considerado un *acto administrativo de alcance general*[63]. Es decir, proposiciones preceptivas mediante las cuales la Administración disciplina de manera general y abstracta una propia actividad futura. Su generalidad consiste en el hecho de que las prescripciones contenidas en el acto, además de configurarse como previsiones prescriptivas, asumen relevancia de frente a series abiertas y no cerradas de sujetos y conductas. Ellas reguardan a un número indeterminado de casos y no a destinatarios individualizados o individualizables. Su abstracción depende del hecho de que el mecanismo de producción de los efectos se explica en términos abstractos.

Para otros, en cambio, al tratarse de un acto que disciplina un procedimiento decisorio interno de la Administración, no tiene una relevancia directa e inmediata en la esfera jurídica subjetiva de los terceros, por lo que a falta de una relación de *alteridad*, este acto debe ser considerado como un *acto administrativo interno*[64]. El programa es un acto que define las modalidades concretas por medio de las cuales se forma la voluntad de la Administración[65], que viene trasfundida en el acto administrativo final, único acto idóneo para manifestar hacia el exterior la voluntad de la Administración pública.

Desde una posición opuesta, se entiende que el *software* no puede ser considerado un acto administrativo. Diversas razones justifican tal postulación.

[63] Masucci, *Procedimento amministrativo e nuove tecnologie*, p. 88 y 89.

[64] Cfr. Usai, *Le prospettive di automazione delle decisioni Amministrative in un sistema di teleamministrazione*, "Il Diritto dell'Informazione e dell'Informatica", nº 1, 1993, p. 174.

[65] Para esta posición, el programa sería un acto administrativo, pero se trataría de un acto *in fieri*, pues proyecta en el futuro una voluntad solo potencial de la Administración (cfr. Gaetano, *La decisione amministrativa tra vincolatezza, discrezionalità ed intelligenza artificial: la prospettiva per la pubblica amministrazione di una responsabilità da "algoritmo"*, "Rivista Elettronica di Diritto, Economia, Management", nº 2, 2018, p. 52).

Para algunos, ello es así porque el programa informático está escrito en un lenguaje incomprensible que mal se concilia con las reglas del procedimiento administrativo. El *software* está compilado en un lenguaje conocido solo por los programadores, e incomprensible para funcionarios y ciudadanos. Si bien se acepta que el ciudadano acceda al contenido del programa, en realidad se encuentra con una secuencia de información para él privada de todo ignificado[66].

Otros puntualizan que si la autoridad administrativa que activa el mecanismo informatizado no está en grado de expresarlo en términos informáticos, entonces el programa no es confeccionado por el órgano administrativo competente, sino por un sujeto externo, el técnico programador, que si bien debe crearlo sobre la base de las indicaciones ofrecidas por la autoridad administrativa, en puridad sería aquel el autor material del acto y no esta. Como corolario, ese *software* no podría ser imputable materialmente al funcionario[67].

[66] Orofino, *La patologia dell'atto amministrativo elettronico: sindacato giurisdizionale e strumenti di tutela,* "Il Foro Amministrativo", nº 9, 2002, p. 2277. En un trabajo reciente, se pregunta el autor en cita si es posible imaginar la existencia de un acto administrativo cuyo contenido sea descifrable únicamente por un número restringidísimo de técnicos programadores y no por los órganos de la Administración ni por los ciudadanos a los cuales tales actos se dirigen. Funda su respuesta negativa en dos razones: la primera, citando a Ferrajoli, *Principia iuris. Teoría del diritto e della democracia,* vol. 1, p. 489, en el hecho de que la producción de significados prescriptivos relevantes en el mundo del derecho es consentida solo cuando se usen formas del lenguaje y de la comunicación jurídica; la segunda, citando a Virga, estriba en que para que el *provvedimento* exista, es necesario que la determinación volitiva del agente sea externalizada para que pueda ser percibida por sus destinatarios (cfr. Orofino, *L'attuazione del principio di trasparenza nello svolgimento dell'amministrazione elettronica,* www.judicium.it/wp-content/uploads/2020/10/Orofino.pdf).

[67] Marongiu, *Gli atti ad elaborazione elettronica: la compilazione di un "pre-software" in lingua italiana,* "Quaderni del DAE, Rivista di Diritto Amministrativo Elettronico", jul. 2003, p. 2.

A consecuencia del crisol de argumentaciones en las que apoyan su posición[68], no se muestran uniformes en torno a la calificación jurídica del programa. Para algunos, el *software* constituye un síntoma del acto[69], una herramienta de la actividad administrativa[70] o un simple instrumento de auxilio para la consecución del objetivo perseguido por la Administración[71].

Si el programa está constituido por las indicaciones suministradas por la Administración al programador[72] –un documento en que estén contenidos todos los parámetros que aquel deberá tener en cuenta en la creación del programa informático–, entonces el *software* debería ser considerado un instrumento de ejecución de un acto

[68] Para un exhaustivo análisis, ver Sola, *Inquadramento giuridico degli algoritmi nell'attività amministrativa,* "Federalismi.it", nº 16, 2020; también Viola, *L'intelligenza artificiale nel procedimento en el proceso amministrativo: lo stato dell'arte*", "Federalismi.it", nº 21, 2018, p. 9 a 14.

[69] Russo, "Introduzione agli atti amministrativi elettronici: tra discrezionalità e vincolatività", en AAVV, *Diritto e nuove tecnologie. Saggi di informatica giuridica avanzata,* p. 90, para quien el *software* constituye un pródromo.

[70] Orofino, *La patologia dell'atto amministrativo elettronico: sindacato giurisdizionale e strumenti di tutela,* "Il Foro Amministrativo", nº 9, 2002, p. 2273 a 2277, y *L'attuazione del principio di trasparenza nello svolgimento dell'amministrazione elettronica,* www.judicium.it/wp-content/uploads/2020/10/Orofino.pdf.

[71] Saitta, *Le patologie dell'atto amministrativo elettronico e il sindacato del giudice amministrativo,* "Quaderni del DAE, Rivista di Diritto Amministrativo Elettronico", 2003, p. 19.

[72] Notarmuzi, "Il procedimento amministrativo informatico", en AA. VV., *Le amministrazioni pubbliche tra conservazione e riforme. Omaggio degli allievi al Prof. Cassese,* p. 241 a 259, quien entiende que el conjunto de informaciones necesarias para desarrollar el programa representan el contenido de un verdadero acto administrativo. En igual línea de pensamiento Orofino, *La patologia dell'atto amministrativo elettronico: sindacato giurisdizionale e strumenti di tutela,* "Il Foro Amministrativo", nº 9, 2002, p. 2278 a 2280, quien considera que revisten naturaleza de acto administrativo las deliberaciones administrativas preordenadas según la posición del programa.

administrativo general[73], y no un acto administrativo en sí mismo[74].

No puede dejar de citarse que, recientemente, la jurisprudencia administrativa lo catalogó como un mero *módulo organizativo* de la Administración[75], e, incluso, se lo identificó con el *procedimiento* mismo.

A partir de tales expresiones se postula, en una posición elástica y dinámica, que su naturaleza jurídica habrá de variar según las fases en que se fragmenta la actividad administrativa algorítmica. Así, será modulo organizativo interno en la etapa en que el algoritmo intervenga reflejando actividades internas de carácter burocrático; será procedimiento cuando con el algoritmo se constituyan, modifiquen o extingan situaciones jurídicas individuales, y será acto administrativo cuando concretice la voluntad final de la Administración[76].

§ 12. *La naturaleza jurídica según la regulación*

Retomando la aproximación legislativa al instituto, aquí la mirada se circunscribe a su calificación jurídica, es decir, tal como se lo concibe al interior del régimen regulador de la actividad administrativa.

[73] En esa dirección se expresa Cavallo Perin, *Ragionando come se la digitalizzazione fosse data*, "Diritto Amministrativo", nº 2, 2020, p. 309, quien no comparte la idea de que el algoritmo exprese completamente la voluntad de la Administración pública, porque, a su juicio, resulta difícil pensar que un acto general normativo no cuente con un momento ulterior de comprobación de los hechos relevantes para cada caso particular.

[74] Marongiu, *Gli atti ad elaborazione elettronica: la compilazione di un "pre-software" in lingua italiana*, "Quaderni del DAE, Rivista di Diritto Amministrativo Elettronico", jul. 2003, p. 7 y 8.

[75] Cfr. Cons. St., sez. VI, sentencia nº 8472, del 13 diciembre 2019.

[76] Sola, *Inquadramento giuridico degli algoritmi nell'attività amministrativa*, "Federalismi.it", nº 16, 2020, particularmente, p. 361 y 362.

En el plexo normativo español la legislación vigente continúa con el sendero de ambigüedad recorrido por la LAE[77]. Recordemos que se trata de una de las primeras fuentes europeas que reguló la actividad administrativa automatizada[78]; una arista distintiva fue su alusión a *actuación administrativa automatizada*[79] y no a actos administrativos. A pesar de los esfuerzos interpretativos[80], la legislación especial se cuidó muy bien de evitar calificar de este modo a la decisión conclusiva del trámite electrónico.

El régimen imperante continúa dicho derrotero. Por un lado, la actual LPAC, que integra en su articulado la regulación del uso de los medios electrónicos[81], omite expedirse sobre su naturaleza jurídica. Por otro, el art. 41.2 de la LRJSP sigue aludiendo a "actuaciones administrativas automatizadas". Si bien es cierto que en el inciso inmediato anterior la ley incluye en la noción de actuación administrativa automatizada a cualquier *acto* realizado íntegramente por medios electrónicos por la Administración, sin intervención directa de un empleado público y en el marco de un procedimiento (art. 41.1, LRJSP), también lo es que no puede afirmarse que, para el régimen vigente, dicho acto automatizado sea jurídicamente un acto administrativo[82].

[77] Ley 11 del 22 de junio de 2007, abrogada por las leyes 9, LPAC y 40 de la LRJSP, ambas del 1º de octubre de 2015, la primera de ellas con texto consolidado al 5 de noviembre 2019.

[78] Cfr. Valero Torrijos, *Las garantías jurídicas de la inteligencia artificial en la actividad administrativa desde la perspectiva de la buena administración*, "Revista Catalana de Dret Públic", nº 58, 2019, p. 9.

[79] Cfr. art. 39 de la LAE, que disponía en su parte pertinente que "en caso de actuación automatizada".

[80] Cfr. Martín Delgado, "La riforma dell'amministrazione digitale: un'opportunità per ripensare la pubblica amministrazione", en Civitarese Matteucci - Torchia (a cura di), *La tecnificazione*, p. 149.

[81] Cfr. Martín Delgado (dir.), *La reforma de la administración electrónica: una oportunidad para la innovación desde el derecho*, p. 162.

[82] Cerrillo i Martínez, *El impacto de la inteligencia artificial en el derecho administrativo ¿nuevos conceptos para nuevas realidades técnicas?"*, "Revista General de Derecho Administrativo", nº 50, 2019, para

La cuestión en el derecho *francés* se muestra decisivamente más clara. Luego de definir lo que considera un acto administrativo, el *Code des Rélations entre le Public et l'Administration*[83], en su art. L.200-1, estipula que los actos también pueden denominarse *decisiones individuales*. La aclaración normativa es importante, porque en el art. L.311-3-1, al referirse al acto conclusivo del procedimiento algorítmico, el dispositivo lo identifica bajo la denominación de *decisión individual,* cuestión que es reiterada en el R.311-3-1-2[84]. Emerge así del régimen regulador de la actividad administrativa francesa que las decisiones automatizadas constituyen, a todos sus efectos, actos administrativos.

Esa es también la solución emanada del ordenamiento jurídico *alemán*. A pesar de la presencia de disposiciones administrativas de antigua data, que propiciaban considerar en modo *implícito* a las decisiones automatizadas como actos administrativos[85], la incorporación del § 35*a*[86] al *Verwaltungsverfahrensgesetz (VwVfG)*, mediante la ley de modernización del procedimiento administrativo de 18 de

---

quien, cuando la LRJSP define la actuación administrativa automatizada, parece que está pensando en la automatización de meros actos de trámite.

[83] Ver http://codes.droit.org/CodV3/relations_entre_le_public_administration.pdf.

[84] Introducido al *Code des Rélations* por el decr. 2017-330 del 14 de marzo de 2017.

[85] Cfr. Maurer, *Derecho administrativo alemán*, 458 y 460 a 462. Refiere el autor, entre otros, a los arts. 37 y 39 de la ley federal de procedimientos, previstos para el acto administrativo dictado con ayuda de dispositivos automáticos, y que habilitan a omitir el nombre del titular responsable y la motivación. Critica la solución porque, precisamente, es en el caso de actos administrativos automatizados –que discurren en ámbitos en los que se acentúa el anonimato de la Administración– en donde debería más que nunca comunicarse el nombre del funcionario responsable e indicar los fundamentos jurídicos –y en su caso, fácticos– determinantes de la decisión.

[86] El § 35*a* *VwVfG* expresa que un acto administrativo puede ser emanado completamente por medios automáticos, a condición que ello esté permitido por la ley y que no sea discrecional.

julio de 2016[87], vino a refrendar –ahora de manera *expresa*– que el producto elaborado íntegramente de manera automática refleja un verdadero y propio acto administrativo[88].

Ha de recordarse que el dispositivo en cita contiene el concepto de acto administrativo, al que identifica como toda instrucción, resolución o cualquier otra medida de soberanía que una autoridad administrativa toma para la regulación de un caso individual en el ámbito del derecho público y que es dictado hacia el exterior con efectos jurídicos directos. Al incorporar una nueva sección bajo el título "emisión totalmente automatizada de un acto administrativo", el legislador alemán ha venido expresamente a admitir la posibilidad de que las decisiones resulten íntegramente elaboradas por medios automáticos, culminando así por reconocer que la decisión automatizada ostenta naturaleza de acto administrativo.

Cerramos esta referencia comparada trayendo a colación la respuesta legislativa *italiana*. A pesar de los interesantísimos aportes doctrinales y –como inmediatamente veremos– jurisprudenciales, paradojalmente la legislación de rito italiana no aborda la cuestión de la naturaleza jurídica del acto conclusivo automático[89].

[87] Concretamente el art. 20 de la *Gesetzes zur Modernisierung des Besteuerungsverfahrens* (BGBl 2016, 1679), en vigor desde el 1º de enero de 2017.

[88] "According to the explanatory report of the parliamentary committee that examined the new regulation, §35*a VwVfG*, pursued three aims: *1*) to clarify the nature of fully automated acts as administrative acts in accordance with § 35 *VwVfG* (*Klarstellungsfunktion*)" (Buoso, *Fully automated administrative acts in the German legal system*", "European Review of Digital Administration & Law", nº 1, issue 1-2, jun.-dec. 2020, p. 115).

[89] En realidad, la ley que regula la actividad administrativa, incluso luego de la sustancial reforma acaecida mediante la ley 7 de agosto de 2015, ni siquiera define lo que considera acto administrativo *–provvedimento–*, pese a asignarle un rol superlativo en la disciplina y contar con referencias constitucionales concretas (cfr. Corso, *L'attività amministrativa*, p. 134).

La ley que regula el trámite administrativo (ley 241, 7 de agosto de 1990) no se ocupa del procedimiento automatizado, razón por la cual no prevé la hipótesis de adoptar decisiones administrativas por intermedio de algoritmos[90]. Cierto es que el uso de la telemática en la Administración pública ha tenido formal reconocimiento a partir de la recepción de un dispositivo específico introducido en la ley procedimental como corolario de una ulterior modificación (art. 3° bis, agregado por ley 15, del 11 de febrero de 2005). Pero como se aprecia de su lectura[91], no puede considerarse que de él emane una general aceptación de las decisiones automatizadas[92], menos aun que resuelva la cuestión de su naturaleza jurídica. Por su parte, el llamado CAD (introducido por decr. leg. 82, del 7 de marzo de 2005), a pesar de constituir el primer texto orgánico en materia de innovación tecnológica de la Administración pública[93], no contiene referencias específicas y directas[94] al uso de algoritmos con el fin de automatizar la actividad administrativa. Tampoco las adquirió luego de las reformas que actualizaron sus contornos a los nuevos derroteros tecnológicos[95], acrecentando

[90] Carloni, *IA, algoritmos y Administración pública en Italia*, "Internet, Derecho y Política", n° 30, 2020, p. 5, UOC, http://dx.doi.org/107238/idp.v0i30.3228.

[91] Para un minucioso análisis del dispositivo, ver Costantino, "L'uso della telematica nella Pubblica amministrazione", en Romano (a cura di), *L'azione am*ministrativa, p. 242 a 260.

[92] Carloni, *IA, algoritmos y Administración pública en Italia*, "Internet, Derecho y Política", n° 30, 2020, p. 5, UOC, http://dx.doi.org/107238/idp.v0i30.3228.

[93] Sola, *Inquadramento giuridico degli algoritmi nell'attività amministrativa*, "Federalismi.it", n° 16, 2020, p. 336.

[94] Como se dijo antes, el CAD, en su art. 14 contenía una referencia *indirecta* a las decisiones automatizadas, dispositivo que resultó abrogado por el decr. leg. 101/2018.

[95] Por obra del decr. leg. 179, del 26 de agosto de 2016, como corolario del proceso de reorganización de las administraciones públicas instaurado por la ley 124, del 7 de agosto de 2015. La reforma, a su vez, fue objeto de una ulterior modificación por decr. leg. 217, del 13 de diciembre de 2017.

así la incertidumbre jurídica en la cual se desenvuelve la acción administrativa automatizada[96].

Esta breve descripción permite apreciar la sinuosidad del derrotero seguido por el legislador europeo ante el advenimiento de la decisión administrativa automatizada. Pese a reflejar estrategias e intensidades regulatorias diferentes, el común denominador ha sido el intento de acomodar las regulaciones existentes a las nuevas exigencias, sin detenerse demasiado en una reflexión profunda sobre la naturaleza jurídica de las modalidades decisorias robotizadas.

§ 13. *Desarrollos jurisprudenciales*

El estudio de los repertorios jurisprudenciales revela que, hasta no hace mucho tiempo, a la cuestión de la naturaleza jurídica de la decisión administrativa automatizada no se le había dedicado demasiada atención, tal vez en línea con la débil respuesta regulatoria adoptada por el legislador. Así, se advierte que, mientras en Alemania la jurisprudencia siempre consideró a la decisión como acto administrativo[97], por el lado francés y español no se discutió la esencia del acto decisor, aun cuando la legislación presenta, como vimos, diferentes enfoques.

Esa misma había sido la posición jurisprudencial en Italia[98]. No obstante, contemporáneamente al reciente des-

[96] Cfr. Orofino, *La semplificazione digitale*, "Il Diritto dell'Economia", nº 100, 3/2019, p. 87 a 112, www.ildirittodelleconomia.it/wp-content/uploads/2020/03/04Orofino.pdf, p. 101; también Otranto, "Decisione amministrativa, intelligenza artificiale e legalità. Spunti per una ricerca", conferencia desarrollada en la Università degli Studi di Bologna el 3/11/2020 (inédita).

[97] Así lo refiere Maurer, *Derecho administrativo alemán*, p. 460, quien remite a *BVerfG* NJW 1994, p. 574; *BVerwGE* 31, p. 326; *BVerwGE* 40, 212; *BVerwG* NVwZ, 1986, 198; *BVerwG* NJW, 1993, p. 1667; *OVG Bremen* DÖV 1974, p. 353; *OVG Münster* DÖV, 1974, p. 599; *OVG Weimar*, ThürVBl, 2000, p. 254; *BFinH* NVwZ, 1985, p. 519.

[98] Cons. St., sez. VI, nº 152, 7 de febrero de 1995, nº 1561, 24 de octubre de 1994, con fundamento en que la actividad automatizada no se diferenciaba de aquella tradicional.

pertar del debate autoral sobre los alcances de la decisión administrativa automatizada, se suscitó un interesante diálogo entre tribunales, reavivando la discusión en relación con la naturaleza jurídica del algoritmo utilizado para decidir. Si bien se trata de instancias que refractan consecuencias diferentes en orden al valor del precedente[99], no desconocemos la relevancia de sus expresiones, habida cuenta que, refiriendo a idéntico procedimiento automatizado, se explayan en una parcela del derecho administrativo cuya inteligencia lejos está de considerarse uniforme.

Las sentencias se originan en la citada cuestión del algoritmo utilizado por el MIUR en el marco del procedimiento de asunción del personal docente denominado *buona scuola*.

En efecto, mediante la ley 107/2015, el MIUR puso en práctica un plan extraordinario de asunción a tiempo determinado y de movilidad a escala nacional, atinente a la escuela primaria y secundaria, en el marco de un complejo proyecto de reforma escolar. La modalidad de asignaciones y traslados interprovinciales del personal docente fue confiada a un algoritmo, elaborado por una sociedad privada (la HPE Services SRL), con el objeto declarado de facilitar la ardua tarea.

La situación no habría generado problema alguno si no fuera que la decisión algorítmica terminó asignando a docentes con mejores puntajes, cargos en sedes ubicadas en provincias lejanas a su residencia o distantes del lugar indicado por los participantes como destino prioritario, aun cuando en dichas provincias existieren puestos disponibles. El procedimiento automatizado suscitó resultados verdaderamente paradojales, dado que docentes con muchísimos años de servicio fueron designados en sedes jamás solicitadas y situadas a cientos de kilómetros de su morada,

[99] Las primeras sentencias pertenecen al Tribunale Amministrativo Regionale, autoridad judicial de primera instancia en lo administrativo de las regiones italianas, mientras que las restantes reflejan la decisión de la sección jurisdiccional del Consiglio di Stato, cabeza de la justicia administrativa de la República italiana.

mientras que a otros docentes, con menos títulos y menor antigüedad en el servicio, les fueron adjudicadas las sedes previamente requeridas. Todo ello sin alguna motivación y en defecto de la más mínima transparencia respecto de los criterios utilizados.

a) *La sentencia del TAR Lazio 3769, del 22 de marzo de 2017.* El tribunal fue llamado a pronunciarse en un planteo que tenía por objeto el *derecho de acceso* al algoritmo que gestionaba el *software* utilizado para decidir las transferencias docentes[100]. El reclamo había sido formulado por una organización sindical, fundado en la necesidad de garantizar el derecho de defensa de sus afiliados, ante la eventualidad de tener que impugnar el acto de asignación de sedes. Si bien el Ministerio exhibió el documento descriptivo del algoritmo, negó el acceso a su código fuente, con base en dos argumentos. El primero, que el código algorítmico no es un documento administrativo, en los términos del art. 22 de la ley 241/90[101]. El segundo, que el código y, por ende, el respectivo *software,* constituye una obra del ingenio protegida por normas de propiedad intelectual.

El TAR dejó rápidamente de lado esto último[102], y consideró fundado el pedido de acceso sobre la base de entender que, en tanto fruto de un procedimiento administrativo, el documento al que se pedía acceder revestía carácter administrativo. Observó que si el algoritmo sustancia íntegramente el procedimiento, incluyendo la decisión final, enton-

[100] Para visualizar comentarios sobre la sentencia citada, ver Civitarese Matteucci, *Umano troppo umano. Decisioni amministrative automatizzate e principio di legalità,* "Diritto Pubblico", nº 1, 2019, p. 28 y 29; Cavallaro - Smorto, *Decisione pubblica e responsabilità dell'amministrazione nella società del algoritmo,* "Federalismi.it", nº 16, 2019, p. 10 a 13.

[101] El citado dispositivo regula el acceso a documentos administrativos en los procedimientos administrativos.

[102] Lo que hizo mediante el hábil argumento de que si la administración adquiere un servicio para hacer uso dentro de su propia actividad decisoria, la cuestión de la propiedad intelectual debe ceder. Ampliar en Civitarese Matteucci, *Umano troppo umano. Decisioni amministrative automatizzate e principio di legalità,* "Diritto Pubblico", nº 1, 2019, p. 28.

ces el *software* que gestiona el algoritmo debe reconducirse a la categoría de *acto administrativo informático,* al que alude el art. 22.

Luego de discurrir en la clásica distinción entre acto redactado con un instrumento informático y acto de elaboración electrónica, entendió que este último está contemplado en el dispositivo en cita, porque es el *software* el que concretiza la voluntad final de la Administración. Si es con el *software* que la Administración constituye, modifica o extingue las situaciones jurídicas individuales, aun cuando ello no lo sea de manera directa hacia el exterior, el *software* culmina por identificar y concretizar al procedimiento mismo, razón por la cual considera que el *software* es el *provvedimento*[103].

b) *La sentencia del TAR Lazio 9227, del 10 de septiembre de 2018.* El tribunal volvió a expedirse en relación con el mismo algoritmo, esta vez en una causa promovida por un grupo de docentes de escuela secundaria que habían impugnado el *resultado* del procedimiento para la cobertura de cargos vacantes, con fundamento en la ausencia de actividad administrativa en el procedimiento informático[104].

El tribunal invalidó la decisión al considerar que, en la especie, faltó una verdadera actividad administrativa por haber confiado el desarrollo de la totalidad del procedimiento a un algoritmo impersonal, en contraste con el principio de instrumentalidad del recurso a la informática en los procedimientos administrativos.

El fallo veda de manera tajante que los sistemas informatizados puedan adoptar decisiones automáticas sin inter-

[103] Cfr. Cavallaro - Smorto, *Decisione pubblica e responsabilità dell'amministrazione nella società del algoritmo,* "Federalismi.it", nº 16, 2019, p. 12.

[104] El criterio es replicado por el TAR Lazio, sez. III bis en las sentencias gemelas del 10 septiembre 2018, nº 9224, 9225, 9226, 9228, 9229 y 9230. A análogas conclusiones arribó el TAR Lazio, sez. III bis, con las decisiones del 19 de abril de 2019 nº 5139, 28 de mayo de 2019, nº 6688 y 13 de septiembre de 2019 nº 10.963.

vención humana. La impersonalidad del *software* lo convierte, según los jueces, en un agente privado de toda "capacidad valorativa", y, como tal, impedido de resolver por sí mismo las vicisitudes del caso. Para el tribunal, los procedimientos informáticos ostentan una función servicial[105], un rol instrumental y meramente auxiliar y nunca sustitutivo del funcionario humano.

Por su marcada posición conservadora, su dictado suscitó críticas[106], pero también cosechó elogios[107]. En lo que aquí interesa, cotejándola con la anterior, la sentencia refleja una peculiar contradicción[108]. Mientras en la primera se afirmó que el algoritmo es el *provvedimento*[109] porque sustituye a la decisión final, en la última, como no admite la decisión administrativa íntegramente automatizada, el algoritmo solo podría constituir un *presupuesto* de la decisión.

c) *La sentencia del Consiglio di Stato 2270, del 8 de abril de 2019.* Con posterioridad a las decisiones citadas, el Consejo

[105] Una suerte de "prótesis intelectual", para utilizar los términos empleados por Laviola, *Algoritmico, troppo algorítmico: decisioni amministrative automatizzate, protezione dei dati personali e tutela delle libertà dei cittadini alla luce della più recenté giurisprudenza amministrativa*, "BioLaw Journal", nº 3, 2020, p. 439.

[106] Ver www.giurdanella.it/2018/10/08/procedimento-amministrativo-informatico-algoritmo-software/. También se criticó que, de seguirse a rajatabla su postulado, toda norma legal que habilitase la adopción de decisiones administrativas en modalidad automática sería abiertamente inconstitucional, lo que llevaría a proscribir no solo el uso de algoritmos de aprendizaje sino también a los más simples (Civitarese Matteucci, *Umano troppo umano. Decisioni amministrative automatizzate e principio di legalità*, "Diritto Pubblico", nº 1, 2019, p. 31).

[107] Cfr. Galetta - Corvalán, *Intelligenza artificiale per una pubblica amministrazione 4.0? Potenzialità, rischi e sfide della rivoluzione tecnologica in atto*, "Federalismi.it", nº 3, 2019, p. 17 y 18.

[108] Cfr. Cavallaro - Smorto, *Decisione pubblica e responsabilità dell'amministrazione nella società del algoritmo*, "Federalismi.it", nº 16, 2019, p. 14.

[109] Posición que, para algún autor, merece calificarse como extravagante (cfr. Muciaccia, *Algoritmi e procedimento decisionale: alcuni arresti della giustizia amministrativa*, "Federalismi.it", nº 10, 2020, p. 356).

de Estado italiano se expidió sobre la legalidad de la decisión administrativa adoptada en el marco de un proceso con actores distintos, pero en relación con idéntico procedimiento algorítmico. Sus lineamientos dieron lugar a fecundos comentarios de doctrina[110].

Para el tribunal, siempre que exista la posibilidad de conocer y controlar el algoritmo utilizado, el procedimiento administrativo automatizado no solo es legítimo, sino antes bien, *preferible* a la intervención humana. En este sentido, sostuvo que la exclusión de la intervención del funcionario persona física respeta los principios de la actividad administrativa y refuerza su imparcialidad.

En lo atinente al encuadramiento jurídico, con firmeza optó por calificar al *software* o algoritmo como *atto amministrativo*. A partir de la idea de que el algoritmo es expresión de la voluntad de la Administración, y a través de él, la Administración incide -si bien de modo mediato- sobre situaciones jurídicamente relevantes, en razón de la generalidad y abstracción de las prescripciones en él contenidas, lo calificó como *acto general*. Tal afirmación definió la discusión doctrinal sobre la naturaleza jurídica del algoritmo.

La sentencia en cita no tomó expreso partido sobre la esencia jurídica del *acto conclusivo* del procedimiento automatizado. Si bien lo catalogó de una manera neutra como *decisione amministrativa automatizzata*, debemos admitir que el Consiglio lo consideró, al menos de manera implícita, como un *provvedimento*.

Esto es así porque, de otro modo, no habría podido expedirse sobre el punto, por la sencilla razón de que en el or-

[110] Entre otros, puede verse a Nicotra - Varone, *L'algoritmo, intelligente ma non troppo*, "Rivista AIC", nº 4, 2019; Di Martino, *Intelligenza artificiale, garanzia dei privati e decisioni amministrative: l'apporto umano è ancora necesario?*, "European Law Journal", nº 2, 2019, p. 48 a 73; Cavallaro - Smorto, *Decisione pubblica e responsabilità dell'amministrazione nella società del algoritmo*, "Federalismi.it", nº 16, 2019, p. 16.

denamiento italiano los *atti amministrativi*[111] no resultan *per se* impugnables en sede judicial[112].

d) ***La sentencia del Consiglio di Stato 8472, del 13 de diciembre de 2019.*** En lo que se considera un nuevo rumbo dentro de las oscilaciones[113] que refleja la casuística jurisprudencial[114], el tribunal varió la posición adoptada en la sentencia anterior. En respuesta a una lectura crítica del

[111] El *atto amministrativo* no es la expresión de una voluntad dirigida a alcanzar un objetivo prefijado, sino una manifestación de ciencia, de juicio. Su naturaleza es instrumental y preparatoria del *provvedimento* final con el que se concluye el procedimiento administrativo. Por consiguiente, solo tiene relevancia meramente interna y no es idóneo para incidir sobre la esfera subjetiva individual de los sujetos que entran en contacto con la Administración. Se trata de actos privados de imperatividad que, como consecuencia, no pueden modificar unilateralmente la esfera jurídica de sus destinatarios. También son llamados *atti amministrativi non provvedimentali* o meros actos administrativos (cfr. Caringella, *Manuale di diritto amministrativo*, p. 1364).

[112] Dada su falta de capacidad para modificar la esfera jurídica de sus destinatarios, los actos administrativos no resultan impugnables (Cons. St., sez. V, n.3977, 28 julio 2014). Por ende, en el caso de que hayan sido impugnados autónomamente, la demanda será declarada inadmisible por ausencia de interés (Cons. St., sez. V, n.931, 25 de febrero de 2015).

[113] Cfr. Carloni, *IA, algoritmos y Administración pública en Italia*, "Internet, Derecho y Política", nº 30, 2020, p. 4, UOC, http://dx.doi.org/107238/idp.v0i30.3228, para quien la casuística jurisprudencial, si bien se encuentra en un proceso de consolidación y maduración evidente, resulta oscilante y a veces antitética, y refleja cierta dificultad para dominar la materia.

[114] Con espíritu crítico se ha dicho que las intervenciones de la justicia administrativa relacionadas con la aplicación de la inteligencia artificial en el ejercicio de la actividad administrativa son preocupantes y hacen caso omiso al estado de discusión doctrinal en la materia (Civitarese Matteucci, *Umano troppo umano. Decisioni amministrative automatizzate e principio di legalità*, "Diritto Pubblico", nº 1, 2019, p. 27), revelando dificultades para comprender en profundidad las rutas decisionales de la automatización y los algoritmos que se alimentan de datos masivos (Carloni, *IA, algoritmos y Administración pública en Italia*, "Internet, Derecho y Política", nº 30, 2020, p. 10, UOC, http://dx.doi.org/107238/idp.v0i30.3228).

fenómeno, procedió a ampliar sus argumentos fondales. Sobre el punto, aceptó la posibilidad de automatizar la discrecionalidad y modeló la decisión algorítmica con la normativa europea de protección de datos personales, lo que constituye todo un programa de frente al advenimiento de la inteligencia artificial.

Pero en un verdadero cambio de timón –tal vez, advirtiendo la complejidad decisoria propia de los sistemas de aprendizaje–, encuadró al algoritmo como un *módulo organizativo*, como un instrumento de la fase procedimental, y, como tal, sin idoneidad para generar por sí solo situaciones jurídicas subjetivas en cabeza de terceros[115]. Nuevamente, no tomó expreso partido sobre la naturaleza jurídica del *acto conclusivo* del procedimiento automatizado. Pero en esta oportunidad, la calificación como *decisión automatizada* a la que acudió, encuentra expreso apoyo en el Reglamento europeo sobre tratamiento de datos personales (RGDP).

B) La cuestión en el derecho nacional

§ 14. *Introducción*

Una vez descripto en prieta síntesis el tratamiento dado a la naturaleza jurídica de la decisión administrativa automatizada por el derecho comparado, corresponde ahora relevar la cuestión en el escenario nacional. En contraposición a la intensidad de los desarrollos europeos, la realidad jurídica doméstica presenta una evidente deferencia a la cuestión de la calificación del producto de la denominada *zona a burocrazia zero*[116], pese a las significativas consecuencias que su definición conlleva en orden al régimen aplicable.

[115] Para una crítica acerca de la nueva postura, ver Sola, *Inquadramento giuridico degli algoritmi nell'attività amministrativa*, "Federalismi.it", nº 16, 2020, p. 343 a 346.

[116] Cfr. Napolitano, *La logica del diritto amministrativo*, p. 190.

§ 15. *Aspectos normativos*

Como se dijo antes, la LNPA (ley 19.549) no previó modalidades decisorias impersonales. Su diseño fue pensado desde la interlocución humana y con base en el soporte papel. Por eso se dice con singular razón que los principales institutos procesales, sus técnicas y sus racionalidades se inscriben dentro del citado paradigma[117].

Al igual que lo acontecido en el ordenamiento italiano, la legislación nacional no definió al acto administrativo sino que se limitó a construir sus contornos, dentro de los cuales no afloran referencias a su automatización.

A pesar de que el proceso de modernización administrativa[118], vigoroso promotor del uso de las tecnologías de la información por parte de sujetos públicos, reguló aspectos propios de la automatización al interior de los procedimientos[119], su conclusión en modalidad automatizada no ha sido objeto de un expreso tratamiento. Con la excepción del decr. 733/2018, aplaudido por la doctrina[120], que textualmente refiere en sus considerandos a la automatización de las decisiones en el marco de los procedimientos administrativos, la tímida respuesta regulatoria demuestra la ausencia de una verdadera reflexión sobre sus alcances conceptuales.

En definitiva, aun cuando puede considerarse que el ordenamiento nacional no prohíbe que las decisiones adminis-

[117] Cfr. Damsky, "La revitalización del procedimiento administrativo: nueva legitimidad democrática, expansión tecnológica y rol del abogado", en Alonso Regueira (dir.), *El control de la actividad estatal*, t. I, p. 489.

[118] Plan de modernización del Estado instaurado por el decr. 434/2016, y la pléyade de dispositivos que sucedieron a su dictado.

[119] Recordamos que el decr. 894/2017 (BO, 2/11/2017) tuvo por objeto adaptar sus dispositivos a los sistemas electrónicos y digitales en los trámites administrativos.

[120] Destacado por considerarla la primera referencia normativa a la posibilidad del uso de la inteligencia artificial por la Administración (cfr. Corvalán, *La primera inteligencia artificial predictiva al servicio de la justicia: Prometea*, *LL*, 29/9/2017).

trativas puedan elaborarse en modalidad automatizada, lo cierto es que la regulación no permite corroborar si para el legislador tales decisiones revisten naturaleza de actos administrativos o no.

§ 16. *Su discusión en la doctrina*

En el sendero de la apatía emplazada por la regulación[121], la literatura jurídica refleja que la doctrina especializada no ha instalado a la temática entre sus prioridades. Ni siquiera frente a los espasmódicos impulsos de creatividad intelectual que las revoluciones tecnológicas son capaces de suscitar.

Sin caer en atribuladas comparaciones[122], los repertorios jurídicos domésticos son un muestrario del poco interés suscitado por comprender las bases de un fenómeno al que cada vez con mayor asiduidad acude la Administración[123]. No obstante, quienes sí lo hicieron, mayoritariamente optaron por considerar a las decisiones administrativas adoptadas

[121] Acierta Schiavi al afirmar que "ni el derecho en general, ni el derecho administrativo en particular, ni en consecuencia el procedimiento administrativo, los actos administrativos y los demás institutos clásicos de nuestra disciplina pueden permanecer ajenos ni escapar a esta nueva realidad que, en forma vertiginosa y sin pedir permiso, golpea las puertas de las distintas administraciones públicas" (Schiavi, *Acto administrativo electrónico y nuevas tecnologías ¿evolución o disrupción?", LLonline*, AR/DOC/4133/2019.

[122] Las referencias bibliográficas del presente estudio son un buen ejemplo del grado de involucramiento intelectual de la academia comparada. Pese a que las plataformas locales reflejan un importante incremento de la creatividad jurídica, su contenido está lejos de afrontar la problemática, parapetándose mayoritariamente en aspectos vinculados a las formalidades electrónicas.

[123] Basta pensar que buena parte de las políticas públicas puestas en práctica para afrontar problemáticas derivadas de la actual emergencia sanitaria que asola por estos tiempos a nuestro país, son el resultado de la aplicación de potentes algoritmos predictivos y probabilísticos, de cuya entidad, capacidad y funcionamiento, poco o nada se conoce.

en modalidad automática como verdaderos *actos administrativos*.

De acuerdo con las enseñanzas desplegadas por el jurista uruguayo Delpiazzo[124], sostiene Galli Basualdo[125] que el acto administrativo electrónico designa tanto al formado *por* el computador como el formado *por medio* del computador. En el primer supuesto, el computador no se limita a materializar una voluntad externa, sino que *determina el contenido de esa voluntad*, decidiendo en el caso concreto. En el segundo, el computador simplemente manifiesta una *voluntad ya expresada* (semejante al acto administrativo tradicional). Entiende que en ambos casos la decisión expresa la voluntad del órgano estatal, aunque las mencionadas en primer término no son producto de la intervención de agentes públicos, sino de la actividad de las computadoras, esto es, por un *razonamiento cibernético* que reemplaza al *razonamiento jurídico de los hombres*. En su ensayo, a los primeros los califica como "actos administrativos automáticos"[126], una especie de actos administrativos electrónicos que resultan el corolario de un sistema de informática decisional que no requiere la intervención del servidor público.

[124] Cfr. Delpiazzo, "Procedimiento administrativo y derecho informático", en Pozo Gowland - Halperin - Aguilar Valdés - Juan Lima - Canosa (dirs.), *Procedimiento administrativo*, p. 1350, aun cuando en su ensayo cita a Delpiazzo, *Noción y regulación del procedimiento y de los actos administrativos electrónicos*, "Estudios de Derecho Administrativo", nº 1, 2010, p. 79.

[125] Galli Basualdo, *La Administración pública electrónica (e-administration). La aplicación de las nuevas tecnologías al procedimiento administrativo*, "Revista Jurídica de Buenos Aires", año 43, nº 96, 2018, p. 71 a 101.

[126] Cfr. Galli Basualdo, *La Administración pública electrónica (e-administration). La aplicación de las nuevas tecnologías al procedimiento administrativo*, "Revista Jurídica de Buenos Aires", año 43, nº 96, 2018, p. 88. En una posición similar, pero sin efectuar los distingos que se postulan en el presente ensayo, nos expresamos en Lacava, *Actos administrativos automáticos en el marco del Estado constitucional de derecho, ED Administrativo*, 3/12/2019, p. 5 a 12.

Al remitirse a la clásica noción brindada por Cassagne[127], arriesga incluso una definición de acto administrativo automático, identificándolo como el acto jurídico que traduce una declaración, manifestación o exteriorización de la voluntad o actuación automatizada de órganos de la Administración –en sentido lato– emitida en ejercicio de la función materialmente administrativa y caracterizada por un régimen administrativo, propio y típico del derecho administrativo, que genera efectos jurídicos directos con relación a los administrados destinatarios del acto[128].

Luego de aclarar que los actos administrativos de soporte digital no se diferencian en su régimen jurídico de los documentos en soporte papel, considera Gordillo[129] que las decisiones automáticas de la Administración resultan actos administrativos.

Al abordar el requisito volitivo de la actividad administrativa sostiene que el acto administrativo no es siempre la expresión de voluntad psíquica del funcionario actuante dado que, en determinadas circunstancias, el resultado jurídico se produce cuando se dan las condiciones previstas por la ley y no solo porque el funcionario lo haya querido[130]. Esgrime que todo acto que puede producirse electrónicamente necesita de la racionalidad del resultado que produzca más que de la racionalidad del funcionario que lo suscribe. Se trata de declaraciones productoras de efectos jurídicos en las cuales la voluntad de la Administración no está en verdad detrás del acto como voluntad psíquica de una persona, sino como voluntad *lato sensu* del aparato administrativo.

[127] Cassagne, *Curso de derecho administrativo*, t. I, p. 595.

[128] Galli Basualdo, *La Administración pública electrónica (e-administration). La aplicación de las nuevas tecnologías al procedimiento administrativo*, "Revista Jurídica de Buenos Aires", año 43, nº 96, 2018, p. 87.

[129] Aun cuando con tal afirmación parece referir a los actos administrativos de *forma* electrónica y no a las decisiones obtenidas por medio de la *elaboración* electrónica (cfr. Gordillo, *Tratado de derecho administrativo*, t. 3, VII-17).

[130] Cfr. Gordillo, *Tratado de derecho administrativo*, t. 3, II-20.

Al ejemplificar con mecanismos automáticos de gestión del tránsito, que funcionan a partir de una programación previa, sostiene que sus destinatarios se encuentran obligados a acatar sus respuestas aun cuando la voluntad del agente solo haya intervenido para hacer funcionar la máquina, no pudiendo resolver nada que no haya sido previamente resuelto en la computadora. Por ello, sostiene que la decisión automatizada es una declaración objetivamente apta para producir efectos jurídicos directos, realizada en ejercicio de la función administrativa, que recibirá el mismo tratamiento por el orden jurídico aunque no provenga de la voluntad individualizada y concreta de un funcionario[131].

Por su parte, Delpiazzo, al responder al interrogante sobre si la informatización de la actividad de la Administración erosiona de algún modo la caracterización esencial del acto administrativo, ha sostenido que se impone una respuesta negativa, más allá de que tal solución no implica desconocer el impacto que supone la viabilidad del acto administrativo electrónico en general y del acto administrativo automático en particular[132].

Muñoz considera que el acto adoptado de forma automatizada es un acto administrativo como cualquier otro, diferenciándose del tradicional solo por su fuente de producción: un sistema de información en lugar de una persona de "carne y hueso". Si bien no deja de calificarlo como tal por el hecho de que sea el producto de un sistema de inteligencia artificial, advierte que ello lo será en la medida en que reúna todos y cada uno de los requisitos y condiciones que el régimen jurídico exige para su completa validez y eficacia[133].

[131] Gordillo, *Tratado de derecho administrativo*, t. 3, II-24.

[132] Cfr. Delpiazzo, "Acto administrativo automático", presentado en IV Congreso Iberoamericano de Derecho e Informática, Montevideo, 1998.

[133] Cfr. Muñoz, *Las TICs en la Administración pública. La inteligencia artificial ante una perspectiva de derechos*, www.astrea.com.ar/resources/doctrina/doctrina0514.pdf.

Desde una óptica diferente, Corvalán parece reflejar la hipótesis contraria. Las decisiones administrativas automatizadas no serían actos administrativos pues, a su juicio, el sistema informático no podría adoptar la decisión de manera autónoma e independiente, dada la imposibilidad jurídica de que la inteligencia artificial reemplace la *competencia* del órgano. Pese a admitir excepcionalmente la validación del proceso algorítmico para la elaboración y firma de ciertas decisiones administrativas, los ejemplos que brinda dan cuenta de actos internos o preparatorios más que de verdaderos actos administrativos[134].

En la misma dirección, García Pullés pulveriza la posibilidad de que las decisiones adoptadas bajo modalidad automatizada resulten actos administrativos. Luego de dejar en claro que el carácter de "acto" solo podría ser el resultado de una suposición, funda su parecer en que aquellas no tendrían existencia real, siendo materialmente imposible conocer a su autor, su causa, motivación, procedimiento seguido y la finalidad tenida en cuenta para decidir[135]. Como corolario de su postura denuncia públicamente a esta modalidad del ejercicio de la potestad administrativa por no resultar consecuencia de la evolución informática sino del viejo deseo de los funcionarios de opacar las decisiones del poder, práctica que califica de inherente a un sistema *prerrepublicano*[136].

§ 17. *La jurisprudencia*

Pero si la doctrina autoral denota un alto grado de apatía sobre la naturaleza jurídica de la decisión automática,

[134] Cfr. Corvalán, *Hacia una administración pública 4.0: digital y basada en inteligencia artificial. Decreto de "tramitación digital completa"*, *LL*, 2018-D-917.

[135] Cfr. García Pullés, *Lecciones de derecho administrativo*, p. 239.

[136] García Pullés, *Lecciones de derecho administrativo*, p. 240.

decididamente insípida se presenta la opinión de nuestros tribunales.

A diferencia de lo acontecido en la geografía lindera[137], la jurisprudencia argentina carece de reflexiones expresas sobre la calificación jurídica del acto elaborado íntegramente por un sistema informático. Tal posicionamiento evidencia que la justicia nacional da por sobreentendida en esos casos la presencia de un verdadero acto administrativo[138], pero también, la falta de una auténtica necesidad de discutir su esencia jurídica. En esa dirección deben leerse los pronunciamientos del Tribunal Fiscal de la Nación en relación con las liquidaciones emanadas del Sistema Informático María en el ámbito aduanero[139]. Luego de afirmar que las liquidaciones del tributo producidas automáticamente por el sistema informático deben considerarse efectuadas por el Estado y atribuible a este último la responsabilidad por las deficiencias de los algorítmicos, reconoce de manera implícita que resultan *per se* productoras de efectos jurídicos directos en relación con sus destinatarios.

[137] Así se ha expresado, por ejemplo, el Tribunal de lo Contencioso Administrativo de Uruguay, en su sentencia nº 161, del 10 de junio de 2008. Al analizar el sistema informático vigente en el ámbito aduanero sostuvo que cuando, en aplicación automática del sistema informático aduanero, la Administración liquida obligaciones a través del *software*, materializa un acto particular o subjetivo de la Administración. Para así decidir explicó que como el *software* contiene criterios generales previamente adoptados por la Administración, los cuales constituyen una expresión de su voluntad unilateral productora de efectos jurídicos, cuando tal sistema se aplica a un trámite concreto, materializa un acto administrativo particular. Ampliar en Schiavi, *Acto administrativo electrónico y nuevas tecnologías ¿evolución o disrupción?"*, *LLonline*, AR/OC/4133/2019.

[138] Como ejemplo, remitimos a CNContAdmFed, Sala IV, 20/2/2014, "FDM Management SRL c/EN-AFIP".

[139] A modo ilustrativo, ver TFN, Sala E, 24/10/2011, "Biocardales SA c/DGA", *LLonline*, AR/JUR/68688/2011; íd., íd., 25/9/2009, "Congeladores Patagónicos SA c/DGA", *LLonline*, AR/JUR/57020/2009.

Como se puede apreciar, lejos están nuestros tribunales de reproducir los enconados diálogos que presenta la jurisprudencia comparada sobre la cuestión.

§ 18. *Conclusiones*

El panorama desplegado revela que la discusión legislativa, doctrinal y jurisprudencial no concentró sus mayores esfuerzos en discurrir sobre la naturaleza jurídica del *producto final* del procedimiento automatizado. Debatió respecto de los ámbitos y límites de actuación, sobre los efectos derivados de su emanación para la administración y terceros e, incluso, sobre el control judicial de la decisión, pero sin prestar real importancia al tema de la esencia jurídica del instituto[140].

Probablemente ello sea corolario de que, hasta no hace mucho, los algoritmos utilizados por la Administración eran muy simples, meros procesadores de cálculo diseñados para mejorar la velocidad de respuesta del funcionario humano. Enancado sobre un modelo de razonamiento lógico deductivo propio del razonamiento jurídico tradicional, el mecanismo no era muy diferente al proceso decisor seguido en un procedimiento no automatizado[141]. Si el razonamiento era análogo, no había motivo para desconocer la identidad jurídica del producto final. Solo se discutió sobre la *voluntad* decisoria, con singulares posiciones a partir de su mayor o menor incidencia en la teoría del acto administrativo.

[140] Se dijo que las problemáticas de mayor interés nacidas de la elaboración electrónica no están ligadas a la *naturaleza* del soporte final sino a la motivación del acto predispuesto por sistemas automatizados (cfr. Giurdanella - Guarnaccia, *Elementi di diritto amministrativo elettronico*, p. 37).

[141] Avanzini, *Decisioni amministrative e algoritmi informatici*, p. 37, con cita del Cons. St., sez. VI, sentencia nº 152, 7 de febrero de 1995.

De todos modos, la cuestión dista de considerarse zanjada. Desde posiciones que la consideran una simple evidencia, un hecho jurídico, un producto de máquina, hasta aquellas otras que admiten estar ante un acto administrativo tradicional, informático o, incluso, *sui generis*.

En el ámbito europeo, los desarrollos españoles parecen reservarle mayoritariamente el carácter de un verdadero acto administrativo, aun cuando la materia tiene pendiente decisiones judiciales que se expidan en modo específico, así como una profunda reflexión sobre el impacto de la inteligencia artificial en la teoría tradicional.

El estado de situación en el escenario italiano resulta menos claro. A la ausencia de legislación especial se le suma el hecho de que el eje de la cuestión revela no concentrarse tanto en la naturaleza del producto final, sino en desentrañar los alcances jurídicos del programa algorítmico generador de la decisión. Si bien en este campo los autores dividen fuerzas, la justicia italiana se ha pronunciado en tiempo reciente reconociéndole en alguna medida naturaleza de acto administrativo.

Cierto es que los pronunciamientos judiciales sobre el tema resultan, además de escasos, contradictorios, vedando la posibilidad de inferir de ellos reglas uniformes y pacíficas; tampoco garantizan la perdurabilidad de la calificación, sobre todo a partir de la presencia, cada vez más significativa en las administraciones, de algoritmos que no recurren a razonamientos lógico-deductivos para alcanzar la decisión, distanciándose de las instrucciones impartidas al momento de su programación.

De más está decir que la reflexión sobre la naturaleza jurídica de la decisión automática no puede prorrogarse acudiendo a la inaceptable solución de prohibir la automatización cuando no sea posible preestablecer con precisión su resultado.

Es sencillamente inaceptable, no solo porque implica extirpar de raíz los beneficios esperables de la automatización, sino porque resulta una solución cortoplacista, en la medida en que tarde o temprano la Administración culminará por aceptar definitivamente su desembarco.

Por último, la descripción del escenario doméstico demuestra con nitidez que se trata de un espacio necesitado de actualidad regulatoria y profundidad reflexiva.

CAPÍTULO III
DECISIONES ADMINISTRATIVAS AUTOMÁTICAS. ENSAYANDO RESPUESTAS

§ 19. *PRESENTACIÓN*

Las referencias desplegadas, las que consideramos descriptivas del estado de situación, definen con trazos gruesos las principales características de las modalidades automatizadas utilizadas por las administraciones para elaborar sus decisiones. Así, luego de destacar, con el auxilio de la rigurosa doctrina comparada, las notas distintivas, ventajas, riesgos y límites propios del nuevo paradigma adoptado por la actividad administrativa, hicimos un breve repaso del confuso escenario normativo, doctrinal y jurisprudencial emanado del concierto de realidades auscultadas, particularmente, en la definición de la esencia jurídica de la decisión administrativa automática.

Sentado el marco en el que discurre el objeto principal de este estudio, corresponde abordar la problemática que lo motiva. Como se anticipó, la cuestión estriba en desentrañar la naturaleza jurídica de las decisiones administrativas adoptadas en modo automático, a partir del interrogante de si ellas constituyen o no actos administrativos.

Sin ánimo de reiterar los justificativos que lo animan, explayados ya en la Introducción de esta obra[1], parece cen-

[1] Bien vale reiterar aquí que no constituye un desafío exclusivamente teórico y propio de la dogmática administrativa, pues de su correcto

tral advertir que nos encontramos ante una modalidad presente y con clara vocación de progreso, pero que refleja una *alarmante indeterminación normativa*[2].

En la necesidad de salvar la laguna regulatoria, se hace imperioso atender a su esencia, toda vez que no existe posibilidad de reconstruir el régimen jurídico aplicable a un instituto si este último no es definido con precisión[3]. Poner el acento entonces en la naturaleza jurídica de la decisión no resulta una elección casual, pues su correcta individualización nos debería permitir delinear el régimen jurídico aplicable.

Por su lado, en orden al método escogido para afrontar la problemática, decidimos partir de los lineamientos conceptuales y regulatorios del principal producto de la actividad administrativa federal, pues ese es el ámbito en el que

---

encuadramiento dependerá el régimen jurídico aplicable a sus consecuencias, así como la eventual necesidad de fundamentos conceptuales para el diseño de regulaciones –nuevas o adaptadas– que se adecuen mejor a sus contornos. Pero si hay un ámbito en donde la definición de la esencia decisoria automatizada incide de manera significativa, ese es el de las garantías del administrado. ¿Es posible considerar acto administrativo a una decisión adoptada por medio de una máquina que aprende en modo autónomo y, al mismo tiempo, no permite saber cuál ha sido el proceso intelectivo seguido para obtenerla?, ¿puede considerarse tutelado el ciudadano frente a eventuales ilegitimidades o consecuencias dañosas acudiendo a los principios e instrumentos tradicionales?, ¿se encuentra suficientemente garantizada la efectividad del control judicial frente a decisiones técnicamente incomprensibles? Estos y otros interrogantes solo pueden atenderse con cientificidad si se clarifica el mayor o menor apego de la decisión automática al concepto y régimen del acto administrativo.

[2] A diferencia de lo acontecido en el derecho comparado, el legislador nacional se ha limitado, en sus contadas intervenciones sectoriales, a priorizar las ventajas de la digitalización, en términos de celeridad y simplicidad, dejando en sombras el significado intrínseco y la relevancia jurídica del producto final de la automatización.

[3] Como dijo Linares, no hay posibilidad de construir sistemas dogmáticos sobre el acto administrativo sin que por lo menos el género supremo, ápice del sistema, esté bien definido (*La definición de acto administrativo*, *LL*, 1981-A-896).

los operadores domésticos han ubicado a la decisión administrativa automatizada.

Para nosotros –ella es la hipótesis general que anima el ensayo–, dado el nivel de desarrollo de la informática disponible y el régimen jurídico vigente, no todas las decisiones administrativas automatizadas pueden ser catalogadas de actos administrativos. Más específicamente, intentaremos explicar por qué solo las decisiones administrativas automatizadas adoptadas mediante sistemas de *automatización programada,* constituyen *actos administrativos.* También daremos las razones por las que entendemos que las decisiones administrativas automatizadas recaídas como corolario de la aplicación de sistemas de *automatización autónoma, no* constituyen *actos administrativos.* En este último supuesto, consideramos estar ante una modalidad decisoria *sui generis,* que denominaremos *decisión administrativa automatizada,* y a la que no es posible aplicar, salvo analogía, el régimen general de los actos administrativos.

§ 20. DEFINICIONES METODOLÓGICAS

Para una mayor precisión conceptual, la contrastación de la hipótesis general así como las secundarias obliga a delinear algunas premisas de tinte metodológico.

a) El interrogante principal, esto es, si las decisiones administrativas automatizadas constituyen o no actos administrativos, es abordado a partir de las respuestas que puedan acordarse a dos problemas: ¿es compatible la decisión administrativa automatizada con el concepto de acto administrativo? (problema 1), y ¿es compatible la decisión administrativa automatizada con el régimen general del acto administrativo plasmado en la LNPA? (problema 2).

b) Su demostración exige identificar la esencia del problema que subyace en cada uno de los interrogantes. La compatibilidad de decisión con la definición de acto –al que individualizamos como problema 1–, reposa, en general, sobre el grado de involucramiento humano en el proceso decisional, y, en particular, sobre los alcances del componente *volitivo*[4]. Por su parte, la cuestión de su compatibilidad con el régimen plasmado en la LNPA –individualizado como problema 2– discurre sobre la intensidad del impacto de la *opacidad*, característica distintiva del mecanismo decisor automático, sobre el diseño legislativo del acto administrativo.

c) Dado que la LNPA no define qué es lo que se entiende por acto administrativo, la respuesta al problema 1 nos obliga a confrontar con alguna definición de acto administrativo brindada por la doctrina autoral. Proponemos para el escrutinio de compatibilidad la clásica definición de Comadira[5].

d) Debido a que el problema 2 se edifica sobre el fenómeno de la opacidad, concentraremos la confrontación *exclusivamente* en aquellas aristas del régimen legal que resulten mayormente impactadas por ella.

e) Considerando la existencia de modalidades decisorias automatizadas cuyo ejercicio es susceptible de irradiar efectos diversos sobre el objeto de estudio, las reflexiones no pueden ser generales sino que corresponde brindar respuesta según la modalidad de intervención. En esa dirección, tomaremos de la clasificación decisoria suministrada la que, a nuestro juicio, resulta más idónea para la confrontación, esto es, la que distingue las decisiones administrativas entre aquellas que responden a una *automatización programada* (en adelante, DAP) y las que provienen de una *automatización autónoma* (en adelante, DAA)[6].

[4] En realidad, haciendo propias las expresiones de Simoncini, *Profili costituzionali della amministrazione algoritmica*, "Rivista Trimestrale di Diritto Pubblico", nº 4, 2019, p. 1177, la cuestión a afrontar reside en saber si se puede imaginar un acto administrativo sin una referencia, directa o mediata, a una actividad humana.

[5] Comadira, *El acto administrativo*, p. 5.

[6] Recordamos aquí que en la automatización programada el producto de la máquina representa linealmente la voluntad anticipada con la programación, mientras que en la automatización autónoma el sistema

f) Finalmente, a pesar de que la problemática necesita explicarse desde la literatura jurídica doméstica, su análisis general encontrará también apoyo –no exclusivo– en el derecho comparado. Lo justificamos en dos claras razones: por un lado, allí se encuentran los estudios de mayor rigurosidad sobre la temática; por otro, el soporte jurídico local parece no tener suficiente profundidad y extensión para afrontarla por sí solo.

§ 21. *Comprobación*

La comprobación se apoya en las cuestiones que analizamos seguidamente.

a) ***Problema 1: ¿es compatible la decisión administrativa automatizada con el concepto de acto administrativo?*** La cuestión reside en desentrañar si la decisión administrativa automatizada, en sus dos variantes[7], es compatible con la noción conceptual de acto administrativo, entendido este como una *declaración*[8] emitida por un órgano estatal, o un ente público no estatal, en ejercicio de función administrativa, bajo un régimen jurídico exorbitante, productora de efectos jurídicos directos e individuales respecto de terceros[9].

En una postura crítica, alguna literatura niega que el acto administrativo adoptado sin intervención de funcionario humano pueda subsumirse en el concepto tradicional, toda vez que se produce un quiebre en el componente voli-

---

adopta decisiones fruto de procesos intelectivos de autoaprendizaje que tienen la peculiaridad de disociarse de la programación original.

[7] Automatización programada (DAP) y automatización autónoma (DAA).

[8] Enseña Sammartino que la *declaración* es la clave de bóveda sobre la que reposa la noción de acto administrativo, y quedan fuera de ella aquellas actuaciones que no cumplen con esa condición (*La noción de acto administrativo en el Estado constitucional, ED*, 31/10/2007, p. 9).

[9] Comadira, *El acto administrativo*, p. 5.

tivo, al carecer las máquinas de voluntad[10]. La decisión administrativa automatizada vendría así a constituir una mera evidencia, un evento o un hecho al que no podría considerarse acto administrativo.

La mentada posición, que podríamos catalogar de predominante entre aquellos que no le reconocen naturaleza de acto, parece no cuestionar otros aspectos de la definición, sino que se concentra en el carácter *declarativo* del acto administrativo.

Se apoya básicamente en dos órdenes de fundamentos: en la inexistencia de una declaración, en el sentido material o formal del término, y en la inexistencia de una declaración, en el sentido sustancial del término, por defecto de voluntad.

Desde el punto de vista netamente *material,* si la distinción entre hechos y actos administrativos se afinca en que los últimos son el producto de una labor intelectiva y exteriorizan un proceso intelectual[11] frente a comportamientos netamente materiales y físicos de los primeros, no cabe duda de que la decisión algorítmica, en tanto extrinsecación de una idea, no constituye un mero hecho o evidencia sino una auténtica *declaración*.

Que el proceso "racional" sea desarrollado por un ordenador y no por un funcionario u órgano, no enerva su carácter declarativo, porque la decisión constituye el producto de ese razonamiento[12]. Se ha dicho que si es cierto que a la declaración se llega mediante el desarrollo de un proceso intelectivo, parece basilar colegir que ello ocurre tanto

[10] Por todos ellos, Parada Vázquez, *Régimen jurídico de las administraciones públicas y del procedimiento administrativo común,* p. 194.

[11] Comadira, *El acto administrativo,* p. 7. También Cassagne, *El acto administrativo,* p. 139.

[12] Se dijo que "por declaración no ha de entenderse únicamente la que formalmente se presenta como tal o declaración expresa, sino también la que se manifiesta a través de comportamiento o conductas que revelan concluyentemente un posición intelectual previa" (cfr. García de Enterría - Fernández, *Curso de derecho administrativo,* t. I, p. 548).

cuando la decisión es adoptada por una persona física como cuando quien actúa es un sistema informático. La diferencia estriba en el proceso intelectivo. Mientras que en el primer caso lo realiza una persona, en el segundo se encuentra automatizado, de tal modo que la máquina decide, ejecutando parámetros que han sido introducidos en el sistema informático empleado por ella[13]. Si la conclusión algorítmica traduce en términos concretos las decisiones operadas de manera general y abstracta en el programa[14], no puede dudarse de que ella consigna la explicitación intelectiva en la que el acto administrativo consiste.

La refutación desde la perspectiva *sustancial* obliga a preguntarnos si la definición de acto administrativo incluye a la voluntad[15] y, en su caso, con qué alcances.

Entre nosotros, sostiene Comadira que el empleo genérico del término *declaración* permite incluir en su alcance tanto a los actos que traducen una manifestación de voluntad como a los que exteriorizan un juicio de valor u opinión o una simple constatación de hechos[16]. Luego de reconocer que para Marienhoff, mentor intelectual de la LNPA, la voluntad del agente se erigiría como un presupuesto indispensable para la *existencia* del acto administrativo, califica de discutible su posición, habida cuenta de que en no pocos supuestos –particularmente en el campo de la actividad reglada o en los ya citados– la voluntad no trasciende a la explicitación intelectiva.

[13] Martín Delgado, *Naturaleza, concepto y régimen jurídico de la actuación administrativa automatizada*, "Revista de Administración Pública", nº 180, 2009, p. 360.

[14] Cfr. Masucci, *Procedimento amministrativo e nuove tecnologie*, p. 89.

[15] Recordamos que la LNPA no brinda una definición de acto administrativo, y que la regulación del aspecto volitivo para buena parte de la doctrina es ciertamente confuso, pues pese a que no la incluye dentro de sus elementos ni la identifica como un presupuesto, le dispensa tratamiento específico a sus vicios.

[16] Comadira, *El acto administrativo*, p. 5.

Cassagne, luego de criticar la posición doctrinal alemana que entiende al acto administrativo como producto exclusivo de una "voluntad normativa", tanto en el ámbito de la actividad reglada –lo que no discute– como en el ámbito de la actividad discrecional, sostiene que en el dictado del acto la voluntad se expresa a través de la *declaración*, declaración de voluntad que solo se autodetermina mediante la decisión orgánica de querer emitir el acto administrativo[17], del que constituye su presupuesto y no uno de sus elementos.

Por su parte, Gordillo, después de recordar la existencia de declaraciones en las cuales la voluntad de la Administración no está detrás del acto como voluntad psíquica del agente sino como voluntad *lato sensu* del aparato administrativo, enfatiza que expresar que el acto administrativo es una declaración de voluntad, de deseo, de conocimiento, de juicio, resulta reiterativo y fatigoso, y que con decir *declaración* es suficiente, si se toma al término en el sentido de exteriorización del pensamiento; la extrinsecación de un proceso intelectual comprende tanto el caso de volición (voluntad dirigida a un fin) como el de cognición (conocimiento atestación o certificación) y opinión o juicio[18].

Para Balbín, la voluntad estatal es un presupuesto del acto que debe integrarse con un componente objetivo (norma atributiva de competencias que dice que el Estado debe obrar y en su caso cómo hacerlo) y otro de contenido subjetivo (voluntad psíquica del agente)[19].

Finalmente, aun cuando postula que el acto administrativo contiene una declaración de voluntad orgánica[20], considera Silva Tamayo que no media una total e invariable

[17] Cassagne, *Curso de derecho administrativo,* t. II, p. 573, y *El acto administrativo*, p. 27.

[18] Gordillo, *Tratado,* t. 3, III-14.

[19] Balbín, *Tratado,* p. 78.

[20] De ese modo es calificada por el autor de uno de los estudios más minuciosos sobre la temática (cfr. Silva Tamayo, *La voluntad en los actos administrativos*, p. 148).

hetero determinación en la actuación de los órganos administrativos, en particular cuando ella no se encuentra mayormente predeterminada por la norma.

De la sintética descripción de las principales opiniones doctrinales emana que la definición de acto administrativo contiene un componente volitivo[21]. Este se hallaría ínsito en la *declaración* y sería de estirpe esencialmente orgánica, aunque se le acuerda cierta relevancia a la voluntad psíquica del agente en el marco de la actividad discrecional.

Bajo esa inteligencia, cabe entonces preguntarse si la decisión administrativa automatizada satisface el recaudo volitivo emanado de la noción de acto administrativo. La respuesta requiere efectivizar el escrutino en relación con cada una de las modalidades algorítmicas.

1) *Compatibilidad de la DAP con el concepto de acto administrativo.* En ese sentido, no albergamos dudas de que la DAP respeta la exigencia volitiva. Ello es así por tres evidentes razones.

La primera reside en el hecho de apreciar que la declaración traduce la voluntad de la Administración de *dictar* la decisión, voluntad anticipada al momento de programarla[22].

En ese sentido, si la única voluntad que cuenta es la *voluntad del acto* (decisión de dictar el acto, cualquiera sea su contenido) y no la del *contenido del acto* (la decisión de adoptar esa solución específica)[23], entonces la decisión administrativa elaborada electrónicamente no carece de voluntad porque, con independencia de si su contenido coincide o no con el pretendido por el órgano, está claro que su dic-

[21] Aun cuando difieren en el modo de catalogarlo. Para algunos es un presupuesto del acto, para otros, un elemento independiente, no faltando opiniones que combinan su naturaleza.

[22] Condensadas en las instrucciones del programa informático.

[23] Russo, "Introduzione agli atti amministrativi elettronici: tra discrezionalità e vincolatività", en AAVV, *Diritto e nuove tecnologie. Saggi di informatica giuridica avanzata*, p. 88.

tado ha sido *querido*[24] por la Administración, que, además de confiar su producción a la computadora, suministró las instrucciones al programa en el que se basó la actividad decisoria[25].

La decisión informática será siempre una extrinsecación de la voluntad de la autoridad y no un mero producto de la máquina. El ordenador producirá la decisión sobre la base de un programa definido por la autoridad y sobre la base de datos introducidos por la misma autoridad[26]. Es a esta última a quien se atribuirá el proceso intelectivo del ordenador, sobre la base de una decisión asumida previamente en sede de programación[27].

[24] Como dice Cassagne, la declaración de voluntad se autodetermina mediante la decisión de *querer emitir* el acto administrativo.

[25] Russo, "Introduzione agli atti amministrativi elettronici: tra discrezionalità e vincolatività", en AAVV, *Diritto e nuove tecnologie. Saggi di informatica giuridica avanzata*, p. 90 y 91.

[26] Giurdanella, *Atti e procedimenti amministrativi informatici: promossa la P.A.robot, se l'algoritmo è conoscibile, Giurdanella.it*, www.giurdanella.it/2019/04/29/atto-procedimento-amministrativoinformatico-trasparenza-algoritmo/; también, Saitta, *Le patologie dell'atto amministrativo elettronico e il sindacato del giudice amministrativo*, "Quaderni del DAE, Rivista di Diritto Amministrativo Elettronico", 2003, p. 15, para quien la voluntad del acto informático es siempre una exteriorización de la voluntad de la autoridad, desde el momento en que los ordenadores producen la decisión sobre la base de un programa definido por la autoridad y por los datos introducidos por la misma autoridad. El *output-provvedimento* representa una mera extrinsecación de consecuencias jurídicas que ya estaban inscriptas en los *files* del *software* [cfr. Marongiu, *L'intelligenza artificiale "istituzionale": limiti (attuali) e potenzialità*, "European Review of Digital Administration & Law", nº 1, 2020, issue 1-2, p. 41].

[27] Acierta Martín Delgado al decir que el hecho de que la decisión haya sido adoptada de manera automatizada sin la intervención directa de una persona no implica que la actividad vaya a ser imputada a la máquina, sino que la paternidad del acto recaerá sobre el órgano administrativo que tiene la potestad y ejercita la competencia valiéndose del sistema (cfr. *Automazione, intelligenza artificiale e pubblica amministrazione: vecchie categorie concettuali per nuovi problemi?*, "Istituzioni del Federalismo", nº 3, 2019, p. 653).

La segunda razón estriba en asumir que, análogamente a lo que acontece en el proceso de formación del acto administrativo, la voluntad que se manifiesta al expresar la decisión no es una voluntad de la persona física (la del funcionario que estampa la firma), sino una *voluntad procedimental*[28]. El órgano administrativo, a través de personas, despachos, oficinas –o, en este caso, una máquina–, procede a emitir una declaración siguiendo un procedimiento normativamente predispuesto[29].

Esto es particularmente evidente en el campo de la actividad *reglada*, a la que en algún grado se equipara la actividad *programada*. En ambas es irrelevante la intención de quien la expresa[30]. Si resulta cumplido lo enunciado en la norma, se verifica la consecuencia jurídica prevista y, por este simple proceso, se satisface el interés general[31]. Tal proceso intelectivo puede ser desarrollado por una persona o por un medio telemático[32], sin que ello pueda suponer *alteración alguna*

[28] Masucci, *Procedimento amministrativo e nuove tecnologie*, p. 97.

[29] Mediando entre instrucciones y decisión un *continuum*, entonces no puede desconocerse que el algoritmo constituye un nuevo sistema de formación de la voluntad procedimental (Maglione, *La Pubblica Amministrazione "al varco" dell'Industria 4.0: decisioni automatizzate e garanzie procedimentali in una prospettiva human oriented*, "Amministrazione in Cammino", www.amministrazioneincammino.luiss.it/wp-content/uploads/2020/05/MAGLIONE.pdf).

[30] Cfr. Comadira, *El acto administrativo*, p. 6. Explica Balbín, *Tratado*, p. 206, que en el campo de los actos enteramente reglados el presupuesto "voluntad" es casi irrelevante dado que el agente debe necesariamente obrar y debe hacerlo de un modo predeterminado.

[31] Conviene dejar a salvo que la actividad humana, aun en el campo reglado, contiene ciertos aspectos discrecionales, pues, aun cuando ello resulte ilegítimo, la autoridad podría hacer caso omiso al mandato normativo, algo que la máquina no estaría en condiciones de hacer; cfr. Follieri, *Decisione amministrativa e atto vincolato*, "Federalismi.it", nº 7, 2017, p. 13.

[32] En realidad, en función de los mecanismos tecnológicos disponibles, en el campo de la actividad reglada la intervención humana podría hoy considerarse sustancialmente superflua, resultando el producto final un verdadero *provvedimento* [cfr. Forte, *Diritto amministrativo e data science. Apunti di intelligenza amministrativa artificiale (Aai)*, "PA Persona e amministrazione", nº 1, 2020, p. 269 y 270].

en el resultado final. Mediante un acto reglado, el titular del órgano no exprime una voluntad propia, sino la voluntad de la norma. Es lo que acontece también cuando el acto es automatizado mediante un sistema algorítmico programado. La programación no sustituye la norma aplicable, sino que la concretiza en un modelo de adopción de actos[33].

La restante razón reposa en que también se respeta el componente volitivo, de considerarse que la voluntad que cuenta es la del *contenido del acto*. La automatización programada puede ser imputada a la voluntad administrativa porque la máquina *decide en modo fiel a las instrucciones* impartidas por la Administración al momento de programar el algoritmo[34]. No se puede disociar de ellas. Lo querido *ex ante* por la Administración (*voluntad potencial*) es lo que finalmente se decide al momento de emitir la decisión a través del sistema algorítmico (*voluntad concreta*).

En definitiva, una DAP tiene el mismo contenido de un acto administrativo adoptado por el hombre. La única diferencia reside en que ellas vienen racionalizadas y anticipadas[35]. El producto del ordenador representa la voluntad anticipada con la programación[36], momento en el que se sintetizan los criterios normativos, transformados en al-

[33] Martín Delgado, *Automazione, intelligenza artificiale e pubblica amministrazione: vecchie categorie concettuali per nuovi problemi?*, "Istituzioni del Federalismo", nº 3, 2019, p. 655 y 666.

[34] No puede admitirse la existencia de una voluntad del ordenador diversa de la voluntad de la Administración si el programa está predeterminado en todos sus elementos por esta (cfr. Contaldo - Marotta, *L'informatizzazione dell'atto amministrativo: cenni sulle problematiche in campo*, "Il Diritto dell'Informazione e dell'Informatica", nº 3, 2002, p. 587).

[35] D'Angelosante, "La consistenza del modello dell'amministrazione 'invisibile' nell'età della tecnificazione: dalla formazione delle decisioni alla responsabilità per le decisioni", en Civitarese Matteucci - Torchia (a cura di), *La tecnificazione*, p. 172.

[36] Marongiu, "Inteligencia artificial y administración pública", en García Novoa - Santiago Iglesias (coords.), *4ª Revolución industrial: impacto de la automatización y la inteligencia artificial en la sociedad y economía digital*, p. 395.

goritmos, que conducen a la decisión final a través de una secuencia predeterminada lógica y condicionada.

Para concluir el análisis: la DAP satisface el recaudo volitivo ínsito en la definición de acto administrativo. Resulta una declaración que traduce la voluntad de la Administración, no solo porque esta ha querido dictar el acto sino porque refleja linealmente el resultado prestablecido en sede de programación.

2) *Incompatibilidad de la DAA con el concepto de acto administrativo.* Decididamente más problemática se presenta la respuesta al interrogante sobre si la DAA satisface o no el componente volitivo de la noción de acto administrativo.

Ello así porque no parece tan claro que la *declaración* automatizada pueda ser imputable a la *voluntad de la Administración* ante una decisión que se *disocia* de sus instrucciones[37].

Autonomía algorítmica significa, literalmente, posibilidad de adoptar decisiones con independencia de toda influencia, y si la máquina, desde lo técnico, se aparta de las instrucciones administrativas, imputar la decisión a la Administración solo puede surgir de una imposición legal, como corolario de una mera ficción normativa (*voluntad ficta*).

Entendemos que la doctrina que considera que la decisión administrativa automatizada es el reflejo directo de la voluntad de la Administración emanada de las instrucciones impartidas a la máquina, se ha expedido de ese modo pensando solo en el modelo informático de razonamiento pro-

[37] Si en el ejercicio del interés público mediante inteligencia artificial el órgano administrativo no posee más un control pleno sobre el comportamiento del ordenador (dado que el *software* puede aprender y automodificar los procesos a través de los cuales emite los *output*, afinando de modo autónomo su capacidad), parece evidente que la computadora se vuelve capaz de ir más allá de las reglas establecidas al momento de ser inicialmente programada, impactando seriamente la posibilidad de imputar la decisión a la Administración [cfr. Marongiu, *L'intelligenza artificiale "istituzionale": limiti (attuali) e potenzialità*, "European Review of Digital Administration & Law", nº 1, 2020, issue 1-2, p. 43].

gramado[38], pues resulta evidente que dicha situación no podría defenderse con ligereza ante decisiones que *no siguen* las instrucciones, esto es, cuyo razonamiento se basa en la creación de sus propias reglas y recorridos.

Intentaremos explicar la solución que proponemos.

Partimos de la base de que el componente volitivo del acto administrativo reposa en la "voluntad de la Administración", y no en la "voluntad del funcionario", y que aquel *sintagma* presenta, según la opinión autoral, una variable hermenéutica que distingue entre la voluntad administrativa entendida como decisión de dictar *un* acto administrativo *–voluntad del acto–*, y la voluntad administrativa entendida como decisión de querer dictar *ese* acto concreto *–voluntad del contenido del acto–*.

Desde este punto de vista, resulta evidente que la DAP respeta las dos variables, pero la DAA parecería sortear solo la primera, dado que, como vimos, existe una interferencia entre el acto concretamente *querido* por la Administración y el acto finalmente dictado.

Si la voluntad procedimental se explica a partir del seguimiento por el ordenador de las instrucciones administrativas derivadas de la norma, tal fundamentación presenta un déficit frente a una DAA, porque en el campo de la automatización autónoma el ordenador precisamente "no sigue" las instrucciones, se disocia de las indicaciones suministradas por el programador, creando y siguiendo las suyas[39].

Por ende, si al componente volitivo lo consideramos presente en el suministro de las instrucciones utilizadas por la

[38] La afirmación no varía por el hecho de apreciar que autorizada doctrina extiende su razonamiento a los sistemas expertos (cfr. Masucci, *Procedimento amministrativo e nuove tecnologie*, p. 96), pero la explicación no satisface, porque solo se parapeta en la titularidad del procedimiento, en una voluntad ficta.

[39] En los sistemas autónomos, la voluntad procedimental es el corolario del funcionamiento de los conectores automáticos, sin aporte humano [cfr. Forte, *Diritto amministrativo e data science. Apunti di intelligenza amministrativa artificiale (Aai)*, "PA Persona e amministrazione", nº 1, 2020, p. 265].

máquina para decidir, tal componente desaparece en los mecanismos de aprendizaje autónomo.

En definitiva, si el algoritmo, entendido como la traducción informática de las instrucciones dadas por la Administración, constituye la *voluntad potencial* de la Administración, pues predetermina el contenido del acto final del procedimiento, ello lo es a condición de que dicho algoritmo no se disocie de las instrucciones suministradas, toda vez que si el sistema le permite crear las propias, aquella potencialidad desaparece[40].

A idéntica conclusión arribamos si se considera la posición doctrinal sobre los alcances subjetivos de la voluntad en materia de actividad discrecional. Más allá de que la decisión autónoma no es directa expresión de una actividad de naturaleza discrecional[41], valen las consideraciones para acreditar que el acto conclusivo jamás podrá considerarse un producto del razonamiento intelectual del funcionario competente, habida cuenta de que la decisión reposa sobre criterios e instrucciones creados por la máquina[42].

No podemos desconocer –siguiendo a la doctrina alemana[43]– que existen decisiones, como las provenientes del

[40] En realidad, la voluntad desaparece en relación con el contenido específico de la decisión adoptada por el sistema informático, pues la Administración no suministró instrucciones conteniendo la mentada solución.

[41] Nos remitimos al tratamiento desplegado al abordar los límites de la automatización y, en particular, a la sentencia del Cons. St. 8472, del 13 de diciembre de 2019.

[42] Se dijo con autoridad que se asistiría a una suerte de "captura" de la voluntad del órgano por parte de la inteligencia artificial [cfr. Otranto, "Decisione amministrativa, intelligenza artificiale e legalità. Spunti per una ricerca", conferencia desarrollada en la Università degli Studi di Bologna el 3/11/2020 (inédita)].

[43] Remitimos a los trabajos de Fraenkel-Haeberle, *Fully digitalized administrative procedures in the German legal system*, "European Review of Digital Administration & Law", nº 1, issue 1-2, jun.-dec., p. 108; Buoso, *Fully automated administrative acts in the German legal system*", "European Review of Digital Administration & Law", nº 1, issue 1-2, jun.-dec. 2020, p. 115 y 116.

silencio asentimiento, en las que la voluntad administrativa no se halla presente, defecto que no impide catalogarlas de verdaderos actos administrativos[44]. A pesar de que el silencio positivo en el régimen nacional de procedimiento administrativo, en la actualidad, es solo un postulado de buenas prácticas (así lo refleja el art. 10 del decr. 891/17, BO, 2/11/2017), no se nos escapa que la mentada calificación –acto administrativo– es el corolario de una ficción legal que le acuerda efectos jurídicos propios del acto a la *voluntad ficta* de la Administración[45].

La DAA no parece satisfacer sustancialmente el recaudo volitivo ínsito en la definición de acto administrativo. Si bien resulta una declaración que traduce la voluntad de la Administración, en el sentido de haber *querido* dictar un acto bajo esa modalidad, aquella no puede identificarse con el contenido querido por el órgano.

3) *Respuesta al problema 1.* En conclusión, dando respuesta al problema 1, la decisión administrativa alcanzada bajo una modalidad de automatización programada (DAP) resulta compatible con la noción conceptual de acto administrativo. Por el contrario, la decisión administrativa derivada de un modelo de automatización autónoma (DAA) no resulta sustancialmente compatible con la declaración de acto administrativo, salvo que medie voluntad *ficta*.

b) ***Problema 2: ¿Es compatible la decisión administrativa automatizada con el régimen general del acto administrativo plasmado en la ley 19.549?*** Enfatizamos en la respuesta al problema 1, que ciertas decisiones administrativas –las alcanzadas mediante sistemas de automatización programada (DAP)– resultan compatibles con la definición clásica de

[44] Para un profundizado estudio sobre la voluntad tácita o presunta en el marco del silencio positivo, se remite al exquisito trabajo de Otranto, *Silenzio e interesse pubblico nell'attività amministrativa*, p. 121 a 140.

[45] Ficción que, siguiendo una lógica voluntarista, considera el silencio de la Administración como idóneo para sustituir al acto expreso, no obstante la inercia administrativa.

acto administrativo y, por ende, admiten ser calificadas como tales. Sin embargo, dado que el régimen en vigor no conceptualiza a estos, sino que sus linderos están fijados en sus características y elementos, resulta primordial corroborar si las decisiones administrativas automatizadas se amoldan a dichos contornos[46].

Esto exige aclarar de antemano que la confrontación lo es en términos de modelo y no frente a casos o supuestos determinados. Lo que se pretende en este estudio es indagar si las decisiones automatizadas en *abstracto* soslayan o alteran contornos que categorizan a los actos como administrativos, en modo tal que habiliten a verificar si estamos o no frente a un verdadero acto administrativo.

La respuesta al interrogante discurre sobre el impacto de la automatización decisoria en la teoría general del acto administrativo, intersección en la que la doctrina nacional no muestra significativas elaboraciones. Por el contrario, el escenario comparado refleja haberse ocupado con minuciosidad –aun cuando sin un perfil sistemático– sobre su incidencia en las distintas parcelas de la actividad administrativa, presentando posiciones que van desde las que sostienen una profunda modificación de las estructuras hasta aquellas que propugnan que no hay una real mutación del régimen tradicional. Por consiguiente, sus modelos interpretativos constituyen un significativo insumo para el tratamiento de aquellos espacios del régimen local con los que guarda mayor analogía.

Pero no todos ellos. Prioritariamente corresponde desechar el camino seguido por aquellas soluciones comparadas

[46] Este interrogante no resulta baladí, toda vez que, como acertadamente sostuvo Linares, a pesar de que la LNPA no contiene definición legal de acto administrativo, nada impide que pueda proponerse una noción doctrinal con base en dicha ley, porque de que un acto sea administrativo dependen ciertas cuestiones de competencia, formas, objeto, fines, validez, impugnabilidad, recursos, convalidación, ratificación, ejecutoriedad propia, revocación (cfr. *La definición de acto administrativo*, *LL*, 1981-A-896).

que descartan la compatibilidad con fundamento en la existencia de *prohibiciones* amparadas en imposibilidades técnicas. Ese es el itinerario adoptado por la doctrina española mayoritaria[47].

Luego de preguntarse si la decisión algorítmica respeta el régimen jurídico propio del acto[48], sostiene que, en términos generales, no parece que exista obstáculo alguno para que sus requisitos sean satisfechos por medio de un acto administrativo adoptado en forma automatizada. Pero el razonamiento por el cual consideran que no hay una general incompatibilidad es discutible. Ello así porque para concluir de ese modo alude a que solo la automatización programada –a la que identifica con la actividad reglada o con la discrecionalidad técnica o de baja intensidad– resultaría *permitida*, pues su lógica decisoria sería la única susceptible de ser reconstruida, proscribiendo toda posibilidad de automatización del ejercicio de la discrecionalidad propiamente dicha[49].

[47] Cfr. Martín Delgado, "La riforma dell'amministrazione digitale: un'opportunità per ripensare la pubblica amministrazione", en Civitarese Matteucci - Torchia (a cura di), *La tecnificazione*, p. 150, y *Automazione, intelligenza artificiale e pubblica amministrazione: vecchie categorie concettuali per nuovi problemi?*, "Istituzioni del Federalismo", nº 3, 2019, p. 657; Ponce Solé, *Inteligencia artificial, derecho administrativo y reserva de humanidad: algoritmos y procedimiento administrativo debido tecnológico*, "Revista General de Derecho Administrativo", nº 50, 2019.

[48] Es decir, si ha sido adoptada en el ejercicio de una potestad por parte del órgano competente, de conformidad al procedimiento legalmente establecido, si es de contenido determinado y posible, adecuado al fin de la potestad, coherente con los hechos que le sirven de presupuesto y respetuosa del elemento motivación (cfr. Martín Delgado, *Automazione, intelligenza artificiale e pubblica amministrazione: vecchie categorie concettuali per nuovi problemi?*, "Istituzioni del Federalismo", nº 3, 2019, p. 657).

[49] El razonamiento de los autores es el siguiente: la automatización programada es compatible porque la máquina sigue fielmente la voluntad de la Administración y con ella satisface el interés general del mismo modo en que lo hace el funcionario humano en idéntica situación; la autónoma no, porque está prohibida, o porque es imposible técnicamente automatizar la actividad administrativa discrecional.

Que la automatización sea o no deseable (según Ponce Solé) o preferible (según el Consiglio di Stato italiano), o si la técnica habilita en la actualidad a decidir automáticamente en el ámbito discrecional, nada tiene que ver con el interrogante antepuesto, recordando, por lo demás, que nuestro régimen jurídico no contiene una prohibición a automatizar decisiones administrativas, ni programadas ni autónomas.

Es evidente que la respuesta exige fundamentos jurídicos, no argumentos de contingencia. Que resulten legalmente ilegítimos –por así estar declarados– o que no se encuentren los sistemas predictivos actualmente adaptados para la toma de decisiones automatizadas –afirmación que el escenario regulatorio comparado se ocupa de disipar–, no puede ser el fundamento para afrontar la compatibilidad de las decisiones con el régimen que vertebra el acto administrativo. Por consiguiente, intentaremos abordar la respuesta al problema a partir de otro recorrido.

1) *Compatibilidad de la DAP con el régimen general.* Sostenemos la hipótesis de que las decisiones administrativas elaboradas bajo un sistema de automatización programable constituye un acto administrativo porque la intensidad de la *opacidad* característica de esta modalidad decisoria[50] no obstaculiza la presencia de todos los elementos y caracteres que hacen posible su existencia como especie jurídica según la LNPA y, por consiguiente, no impide a las diferentes parcelas del régimen producir sus efectos propios y típicos.

Esta conclusión es perfectamente contrastable mediante escrutinio de compatibilidad con el régimen regulador del acto.

En efecto, como vimos en el punto anterior, consiste en una *declaración* imputable a la Administración. Si bien refracta sobre el régimen las peculiares características de

[50] Aludimos a la opacidad *analfabeta*; ver Cobbe, *Administrative law and the machines of government: judicial review of automated public-sector decision making*, "Legal Studies", vol. 39, nº 4, 2019.

la modalidad decisoria propia de la automatización *débil*[51], bajo este modelo la decisión resulta perfectamente trazable, al seguir fielmente las instrucciones predeterminadas, coincidiendo con la pretendida por la autoridad.

La motivación se encuentra exteriorizada *ex ante* al momento de la programación[52], pudiendo encontrarse allí definidos los antecedentes de hecho y de derecho considerados por la Administración para adoptar la decisión, así como la finalidad normativizada[53]. Dado que la lógica del ordenador sigue idéntico raciocinio que el funcionario humano, resulta perfectamente ejercitable el control administrativo sobre el producto final. La autoridad superior tiene las atribuciones técnicas para corroborar el *iter* lógico seguido por la máquina y revocar dicha decisión si encuentra trazos de ilegitimidad, a consecuencia de algunos de los vicios advertidos por la doctrina[54]. Lo mismo puede decirse del control judicial.

En definitiva, la decisión administrativa elaborada mediante modalidad programada reúne todos y cada uno de los

[51] Particularmente, la compresión del procedimiento, dificultades para el cumplimiento de los procedimientos esenciales, las garantías del debido proceso legal y la ausencia de alteridad.

[52] Es decir, mediante una motivación *per relationem* (cfr. Prosperetti, *Obbligo di motivazione e procedimenti in cui non è nota a priori la logica dell'algoritmo*, "Diritto, Mercato e Tecnologia", 17/5/2019, www.dimt.it).

[53] Un sistema informático de razonamiento simple está capacitado para producir un acto motivado según los parámetros anticipados y considerados jurídicamente válidos [cfr. Forte, *Diritto amministrativo e data science. Apunti di intelligenza amministrativa artificiale (Aai)*, "PA Persona e amministrazione", nº 1, 2020, p. 271].

[54] No obstante, las decisiones automatizadas contienen patologías propias de la modalidad tecnológica utilizada que no resultan de fácil encorsetamiento en los vicios tradicionales del acto administrativo. Para ampliar sobre la temática, remitimos a los medulosos ensayos de Saitta; Orofino, *La patologia dell'atto amministrativo elettronico: sindacato giurisdizionale e strumenti di tutela*, "Il Foro Amministrativo", nº 9, 2002; Masucci, *Procedimento amministrativo e nuove tecnologie*, p. 107 a 128; también Lacava, *Decisiones administrativas automáticas y derechos*, "Revista de Derecho Público", nº 1, 2018, p. 258 a 261.

recaudos a los que la legislación supedita la validez y eficacia de los actos administrativos, y no se aprecian obstáculos para que todos los elementos esenciales del acto estén presentes a la hora de adoptarla[55]. En consecuencia, para nosotros, la DAP se muestra compatible con el régimen general del acto administrativo contemplado en la LNPA.

2) *Incompatibilidad de la DAA con el régimen general.* Por el contrario, en función de las consecuencias irradiadas de sus particularidades técnicas[56], estamos en condiciones de anticipar que la DAA no resulta compatible con el régimen general del acto administrativo[57].

En efecto, cuando aludimos a los riesgos específicos de la decisión automatizada, destacamos el carácter secreto e ininteligible de la lógica seguida por el algoritmo autónomo para adoptar la decisión, situación que la doctrina denomina problema de la *opacidad*[58] y que lleva a identificar al sistema decisorio como una *black box*. Su decisión resulta objetable en razón de que, dada la complejidad algorítmica de la que emana, se torna *invisible*, pues no permite comprender, ni siquiera para quienes lo programaron, el recorrido a través del cual la máquina produjo el resultado[59].

Dicho *hermetismo* impacta de manera decisiva en los mecanismos informáticos que hacen uso de instrumentos

[55] Martín Delgado, *Naturaleza, concepto y régimen jurídico de la actuación administrativa automatizada*, "Revista de Administración Pública", nº 180, 2009, p. 360.

[56] Aludimos a la opacidad *intrínseca*; ver Cobbe, *Administrative law and the machines of government: judicial review of automated public-sector decision making*, "Legal Studies", vol. 39, nº 4, 2019.

[57] Para un estudio de la incompatibilidad de las decisiones administrativas adoptadas mediante sistemas de inteligencia artificial con el régimen de la actividad administrativa italiana, ver Otranto, *Decisione amministrative e digitalizzazione della p.a.*, "Federalismi.it", nº 2, 2018.

[58] Resta, *Governare l'innovazione tecnologica: decisioni algoritmiche, diritti digitali e principio di uguaglianza*, www.forumdisuguaglianzediversita.org/wp-content/uploads/2019/09/Resta.pdf.

[59] Casonato, *Costituzione e intelligenza artificiale: un'agenda per il prossimo futuro*, "BioLaw Journal", nº 2, 2019, p. 717.

más complejos de la inteligencia artificial (cuya característica distintiva la postulamos en su autonomía funcional), pues tornan prácticamente imposible la reconstrucción del *iter* lógico seguido para alcanzar sus decisiones[60].

El carácter opaco de los algoritmos deriva de una pluralidad de factores que se intersecan y superponen[61], entre ellos, el uso de un lenguaje lógico matemático, cuya comprensión requiere de un grado de profesionalización o especialización de la que carece el común de la sociedad (*opacidad analfabeta*)[62], del hecho que algoritmos y *software* son, en su inmensa mayoría, productos comerciales tutelados por leyes de secreto industrial y de propiedad intelectual (*opacidad intencional*)[63], y del uso de mecanismos de autoaprendizaje, que genera nuevos algoritmos no cognoscibles donde todo el proceso decisor resulta difícil de entender para cualquier ser humano, experto o no (*opacidad intrínseca*).

Como se tuvo oportunidad de afirmar, el fenómeno de la opacidad constituye un obstáculo fuerte, de carácter primordialmente técnico, a la posibilidad de rastrear los pasajes lógico-argumentativos que permiten a la máquina decidir, particularmente cuando esta lo hace en modo *autónomo*. Si bien el *output* final del procedimiento es conoci-

[60] Se ha dicho con rigor que, en función de la arquitectura de los sistemas informáticos propios de la inteligencia artificial, el conocimiento de las operaciones cumplidas por el ordenador para decidir solo puede calificarse como aproximado [cfr. Forte, *Diritto amministrativo e data science. Apunti di intelligenza amministrativa artificiale (Aai)*, "PA Persona e amministrazione", nº 1, 2020, p. 265].

[61] Avanzini, *Decisioni amministrative e algoritmi informatici*, p. 16.

[62] Tal vez la mayor dificultad, en términos de comprensibilidad, deriva del hecho de que el análisis algorítmico es en la actualidad dominio de las ciencias ingenieriles e informáticas, lo que exige un grado de especialización y profesionalización particularmente elevado (Raganelli, *Decisioni pubbliche e algoritmi: modelli alternative di dialogo tra forme di intelligenza diverse nell'assunzione di decisioni amministrative*, "Federalismi.it", nº 22, 2020, p. 249).

[63] Las administraciones no están en grado de producirlos, careciendo de los recursos humanos y económicos necesarios para su desarrollo.

do, no lo es el *iter* que lo ha generado. Por eso no es posible verificar la congruencia de los pasajes desenvueltos y la justeza de la actividad interna que derivó en la decisión[64]. La mentada *invisibilidad* impide comprender el funcionamiento de los algoritmos, de darse cuenta de su eventual manipulación o malfuncionamiento, limitando o dificultando al extremo la posibilidad de pretender su remoción o modificación[65].

Se concluyó que de la opacidad derivaban tres claros problemas: la dificultad para el destinatario –y para la propia Administración– de conocer y comprender las razones o motivos concretos de la decisión (problema de la motivación), la inmutabilidad de la decisión (problema del control) y las dificultades para imputar las consecuencias dañosas a la Administración (problema de la responsabilidad).

A la luz de la problemática descripta, para nosotros la DAA contradice de manera decisiva el régimen general del acto administrativo diseñado por la LNPA.

Sin perjuicio de irradiar sus consecuencias a otros aspectos de la teoría general[66] –con las cuales tampoco comulga–, concentraremos la atención en el impacto que genera básicamente en uno de los elementos del acto, puntualmente en la *motivación,* y por su conducto, en dos parcelas de la actividad administrativa, el *régimen de invalidez* y en uno de los caracteres del acto, la *presunción de legitimidad.*

64 Casonato, *Costituzione e intelligenza artificiale: un'agenda per il prossimo futuro,* "BioLaw Journal", nº 2, 2019, p. 721.

65 Avanzini, *Decisioni amministrative e algoritmi informatici,* p. 17.

66 En el plano comparado se han postulado otras inconsistencias de las decisiones algorítmicas con el régimen de la actividad administrativa. Entre ellas, la ausencia de un verdadero procedimiento administrativo, la falta de interlocución humana, el déficit de legitimidad democrática de la decisión y la desaparición de la autotutela administrativa. En esa dirección se sostuvo que la decisión automatizada adoptada bajo mecanismos de inteligencia artificial no es un *provvedimento* pues carece de participación de los interesados con anterioridad a su dictado (ausencia de contradictorio) (cfr. Otranto, *Decisione amministrative e digitalizzazione della p.a.,* "Federalismi.it", nº 2, 2018).

a) *La patología estructural en el componente motivacional del modelo.* Emerge del régimen imperante que la Administración pública debe estar en grado de justificar y explicar adecuadamente sus decisiones[67], no solo en lo que reguarda a su contenido final, sino también en lo que concierne al procedimiento que ha conducido a la adopción de una cierta decisión.

Señalado como requisito esencial, la LNPA (art. 7º, inc. *e*) dispone que el acto administrativo *debe*[68] ser motivado, definiendo al deber como la expresión concreta de las razones que inducen a emitirlo y la consignación de los antecedentes de hecho y de derecho que sirvieron de causa, así como el derecho aplicable.

Calificados sus alcances como confusos y ambiguos[69], a lo que incluso se ha llegado a restar autonomía disciplinar[70], coincide la doctrina autoral en que la *motivación* no es simplemente el detalle y exteriorización de los antecedentes de hecho y de derecho que preceden al acto y que la Administración tuvo en cuenta para su dictado, sino más bien el deber de explicar cuáles han sido las razones[71], y fines[72], por

[67] Explica Orofino, *La patologia dell'atto amministrativo elettronico: sindacato giurisdizionale e strumenti di tutela*, "Il Foro Amministrativo", nº 9, 2002, p. 2276, que si los actos administrativos son "declaraciones" de la Administración pública, entonces para que puedan ser tales, deben ser cumplidos mediante modalidades que consientan a los destinatarios comprender su significado.

[68] Como dice Barra, es importante notar que, en el texto del art. 7º de la LNPA, el legislador ha utilizado un lenguaje imperativo, con términos tales como "deberá", "debe", "habrá", razón por la que considera que, sobre el punto, no hay margen para discrecionalidad alguna (cfr. *Derecho administrativo. Acto administrativo y reglamentos*, t. 2, p. 64).

[69] Balbín, *Tratado*, p. 59.

[70] Cassagne, *Curso de derecho administrativo*, t. II, p. 677, para quien la motivación integra el elemento forma.

[71] Balbín, *Tratado*, p. 59.

[72] Cassagne, *Curso de derecho administrativo*, t. II, p. 677; Comadira, *El acto administrativo*, p. 43.

los que lo dictó[73]. La Administración debe fundar sus actos por las siguientes razones: *1*) el principio institucional de que el Estado debe dar cuenta de sus decisiones; *2*) el derecho de los interesados a impugnar los actos estatales y, *3*) el deber de los jueces de controlar las conductas estatales[74].

La motivación obliga a la autoridad a explicitar las razones de la decisión porque, además de consentir el control democrático de los motivos de su accionar, permite al destinatario conocer y verificar, contextualmente a la adopción del acto, los presupuestos de hecho y de derecho y los motivos que lo fundaron.

Ello demuestra que el contenido de la decisión está presidido por la obligación de motivación. Esta responde a la idea de que el ejercicio del poder para alcanzar un determinado fin debe ser racional y verificable y que es precisamente la motivación la que permite reconstruir el recorrido lógico-jurídico seguido por la autoridad[75], con una función eminentemente práctica: permitir a los interesados conocer la justificación de la decisión para defender eventualmente sus propios derechos en sede jurisdiccional[76].

Sin perjuicio de su recepción en el texto de la ley, al nacer del principio de razonabilidad y publicidad de los actos estatales, es evidente que el deber trasciende las fronteras legales, erigiéndose en una garantía constitucional y

[73] Es decir, su concatenación lógica o razonabilidad (Barra, *Derecho administrativo. Acto administrativo y reglamentos,* t. 2, p. 126).

[74] Balbín, *Tratado,* p. 183.

[75] En esa dirección, la Suprema Corte de Justicia de Buenos Aires ha dicho que la obligación de motivar el acto administrativo atañe al modo de *reconstrucción del iter lógico seguido por la autoridad administrativa para justificar una decisión* de alcance particular que afecta situaciones subjetivas (cfr. SCBA, 22/8/2012, "Guenzatti Gustavo c/Municipalidad de Olavarría s/demanda contencioso administrativa").

[76] Napolitano, *La logica del diritto amministrativo,* p. 271. El razonamiento es relativamente simple, ¿cómo es posible impugnar aquello que no se conoce o que solo se conoce en parte? (Balbín, *Tratado,* p. 65).

convencional[77]. Por ello, no se ha dudado en afirmar que la motivación se confirma como el *corazón* de las garantías constitucionales en los procedimientos administrativos[78].

Cuando la Administración asume una decisión por intermedio de un algoritmo, no desaparece el deber de explicar el *iter* lógico-jurídico que conduce a la decisión final[79], sino que, por el contrario, se dimensiona[80] a partir de las dificultades de comprensión propias de la opacidad técnica del sistema escogido[81]. Por ello, en los procedimientos automatizados, la motivación se erige como el nuevo centro de gravedad, el fundamento de la legalidad sustancial insustituible de la actividad administrativa[82].

[77] Hemos de recordar que en el caso "Perrone y Preckel vs. Argentina. Excepciones preliminares, fondo, reparaciones y costas", serie C-385, del 8/10/2019, la Corte IDH calificó al deber de motivación de los actos administrativos como una de las garantías contenidas en el art. 8°, inc. 1, de la Convención Americana sobre Derechos Humanos, párr. 120.

[78] D'Aloia, *Il diritto verso "il mondo nuovo". Le sfide dell'intelligenza artificiale*, "BioLaw Journal", n° 1, 2019, p. 20.

[79] Cavallaro - Smorto, *Decisione pubblica e responsabilità dell'amministrazione nella società del algoritmo*, "Federalismi.it", n° 16, 2019, p. 18. También, Galetta, *Algoritmi, procedimento amministrativo e garanzie: brevi riflessioni, anche alla luce degli ultimi arresti giurisprudenziali in materia*, "Rivista Italiana di Diritto Pubblico Comunitario", n° 3-4, 2000, p. 511.

[80] Los estudiosos consideran imperiosa la motivación de los actos robóticos dada la necesidad de contrabalancear la sensación de oscuridad que el uso de algoritmos suscita (Usai, *Le prospettive di automazione delle decisioni Amministrative in un sistema di teleamministrazione*, "Il Diritto dell'Informazione e dell'Informatica", n° 1, 1993, p. 178). Se dijo que cuanto mayor es el nivel de autonomía del algoritmo y menor la intervención humana, más se debe garantizar la motivación de las decisiones adoptadas (cfr. Cerrillo i Martínez, *¿Son fiables las decisiones de las administraciones públicas adoptadas por algoritmos?*, "European Review of Digital Administration & Law", n° 1, 2020, issue 1-2, jun.-dec., p. 31).

[81] Se afirma que confiar una decisión administrativa al ordenador, pone en riesgo –sobre el plano científico, antes que el jurídico– el derecho del interesado a conocer las "razones" de tal decisión (cfr. Simoncini, *Profili costituzionali della amministrazione algoritmica*, "Rivista Trimestrale di Diritto Pubblico", n° 4, 2019, p. 1181).

[82] Corte Cost., ordinanza n° 92, 26 de mayo de 2015.

Mientras que en los sistemas de razonamiento programado es posible comprender la motivación decisoria gracias a las características de trazabilidad y transparencia de su funcionamiento, ello presenta serios obstáculos en el campo de la automatización autónoma a raíz del elevado *hermetismo* de sus mecanismos informáticos[83].

Podemos arriesgar un principio, que no es tanto jurídico, sino técnico: que el riesgo de que esa motivación sea incomprensible es directamente proporcional al grado de innovación tecnológica utilizado por la Administración[84].

A nuestro juicio, las decisiones automatizadas obtenidas bajo modalidad decisoria autónoma resultan inmotivadas[85], pues no reflejan la posibilidad real de conocer –y comprender– el recorrido seguido por el *software* para adoptar la decisión[86].

La mentada incomprensibilidad de los criterios sobre la base de los cuales operó el algoritmo resulta de una característica *estructural* de los sistemas de inteligencia artificial, basados en mecanismos de autoaprendizaje automático

83 Simoncini, *L'algoritmo incostituzionale: intelligenza artificiale e il futuro delle libertà*, "BioLaw Journal", nº 1, 2019, p. 78.

84 En una posición similar, Otranto, *Decisione amministrative e digitalizzazione della p.a.*, "Federalismi.it", nº 2, 2018.

85 Es este su verdadero talón de Aquiles [cfr. Ruffolo (a cura di), *Intelligenza artificiale. Il diritto, i diritti, l'etica*, p. 86].

86 Los algoritmos de autoaprendizaje impiden controlar a qué datos acudió el *software* ni de qué modo tales datos fueron combinados y comparados para decidir como decidió. Por consiguiente, si es imposible reconstruir el proceso decisorio cuando las decisiones son el corolario de procesos lógicos incomprensibles, no cabe duda de que lo que se encuentra inficionado es la comprensibilidad de la motivación del acto (cfr. Laviola, *Algoritmico, troppo algorítmico: decisioni amministrative automatizzate, protezione dei dati personali e tutela delle libertà dei cittadini alla luce della più recente giurisprudenza amministrativa*, "BioLaw Journal", nº 3, 2020, p. 415). Para una postura crítica sobre la ininteligibilidad de los algoritmos remitimos a Coglianese - Lehr, *Regulating by robot: administrative decision making in the machine-learning era*, "The Georgetown Law Journal", vol. 105, 2017.

y manejo de un volumen de información superlativo: el ordenador *crea sus propias instrucciones*, siendo imposible reconstruir los motivos por los cuales decidió como decidió. Al disociarse de las instrucciones originales, la máquina *aprende* a resolver y resuelve bajo una modalidad lógica que no es posible reconducir en términos comprensibles.

El deber de motivación frente a estas verdaderas *cajas negras*, incluso para los más expertos[87], no se satisface, como en el caso de las DAP, remitiendo a una motivación *ex ante*[88], o a su código fuente[89], inoficiosos en términos de funda-

[87] Donati, *Intelligenza artificiale e giustizia*, "Rivista AIC" (Associazione Italiana dei Costituzionalisti), nº 1, 2020, p. 427.

[88] La idea, sostenida por parte de la doctrina (entre otros, Cavallo Perin, *Ragionando come se la digitalizzazione fosse data*, "Diritto Amministrativo", nº 2, 2020, p. 316), de que se puede siempre lograr una motivación de las decisiones algorítmicas, aunque más no sea en modalidad electrónica, parece no tener en cuenta el cambio de paradigma ocasionado por la inteligencia artificial en los años más recientes (cfr. Simoncini, *Profili costituzionali della amministrazione algoritmica*, "Rivista Trimestrale di Diritto Pubblico", nº 4, 2019, p. 1182). Ello es así porque la motivación de las decisiones administrativas obtenidas por mecanismos más complejos encuentra un obstáculo no superable en la actualidad, no tanto desde el plano jurídico administrativo, sino más bien de orden material y tecnológico. La actividad de la inteligencia artificial, en el estadio actual de la evolución tecnológica, se caracteriza por no ser autoexplicativa. Entre el *input* y el *output* se interpone un área de actividad del ordenador que no se resuelve en pasajes lógicos [cfr. Marongiu, *L'intelligenza artificiale "istituzionale": limiti (attuali) e potenzialità*, "European Review of Digital Administration & Law", nº 1, 2020, issue 1-2, p. 46].

[89] Coincidimos con aquellos que postulan que el conocimiento del *código fuente* no es de por sí suficiente para asegurar transparencia, por la sencilla razón de la escasa aptitud de los ciudadanos para comprender el lenguaje usado por el ordenador. Pero también que su conocimiento puede revelarse de escasa utilidad para la correcta comprensión de las operaciones cumplidas por el ordenador en caso de sistemas de aprendizaje automático, porque, encontrándose la decisión influenciada en mayor medida por lo que el programa aprendió de manera autónoma que por las instrucciones suministradas al momento de programarlo, resultará irrelevante para diagnosticar la decisión (cfr. Orofino, *L'attuazione del principio di trasparenza nello svolgimento dell'amministrazione elettronica*, www.judicium.it/wp-content/uploads/2020/10/Orofino.pdf).

bilidad[90] y comprensibilidad[91]. Para que se pueda conocer la motivación con la cual un algoritmo adoptó una determinada decisión, dicho algoritmo debe ser *racional*, o si se prefiere, debe ser *explicable*[92], en el sentido de resultar descriptible en su estructuración causal, permitiendo así recorrer hacia atrás su *iter* lógico[93].

[90] Remitimos a los fundamentos vertidos por el TAR Lazio, sez. III bis, en la sentencia 3769 del 22 de marzo de 2017, recordando que en dicha oportunidad, el Ministerio "describió" el procedimiento informático seguido por el algoritmo del siguiente modo: predisposición de datos, *input*, asignación de ámbitos y escuelas, difusión de resultados. Ampliar en Simoncini, *Profili costituzionali della amministrazione algoritmica*, "Rivista Trimestrale di Diritto Pubblico", nº 4, 2019, p. 1158.

[91] Recordemos que si bien no existen formas rígidas para el cumplimiento de la exigencia de motivación, la que debe adecuarse a la índole particular de cada acto, no cabe la admisión de formas carentes de contenido, de expresiones de manifiesta generalidad o circunscriptas a la mención de citas legales, que contemplan solo una potestad genérica no justificada en los actos concretos (CSJN, 2001, "Lema c/Estado nacional", *Fallos* 324:1860).

[92] En realidad, la doctrina presenta divergencias sobre lo que considera "explicabilidad" algorítimica. El concepto de *explanation* tiene dos acepciones, según el objeto a explicar. Debe distinguirse entre la *explanation* de la funcionalidad del sistema informático decisor y la *explanation* de la decisión específica, es decir, a las razones y circunstancias que condujeron a la decisión singular. Ampliar en Goldenfein, "Algorithmic, transparency and decision-making accountability: thoughts for buying machine learning algorithms", en Office of the Victorian Information Commissioner (ed.), *Closer to the machine: technical, social and legal aspects of AI, 2019*, https://ssrn.com/abstract=3445873. De más está decir que, para nosotros, de nada sirve que la Administración explique cómo funciona el sistema informático, pues tal explicación no sustituye el deber de motivar la decisión algorítmica, en el sentido de brindar las razones concretas que la llevaron a adoptarla, pues solo de ese modo el destinatario estará en condiciones de impugnarla y el juez de controlarla.

[93] Simoncini, *Profili costituzionali della amministrazione algoritmica*, "Rivista Trimestrale di Diritto Pubblico", nº 4, 2019, p. 1183. Si la transparencia no es solo "abstracto conocimiento" sino derecho a la comprensión, la Administración está obligada a comprender ella misma y, por consiguiente, a colocar al ciudadano en las condiciones de tener razonablemente claro el *sentido* de la decisión que lo involucra, así como

Para fundar la afirmación, y con el claro propósito de no reiterar conceptos allí vertidos, nos remitimos a la explicación suministrada en este mismo trabajo al momento de expresar los *riesgos* derivados de la opacidad algorítmica. Aquí nos vamos a concentrar en la explicación de por qué las DAA, que padecen del defecto de motivación, resultan incompatibles con el régimen legal del acto administrativo.

En esa dirección, fundamos la incompatibilidad en que la ausencia de motivación es un *defecto estructural del modelo decisorio*[94].

Al tomar de la doctrina la noción de vicio o defecto estructural o genético del acto[95], nos permitimos ampliar la clasificación, incluyendo la existencia de vicios que no resultan coyunturales sino propios del *modelo*[96].

---

la lógica seguida por el algoritmo (cfr. Carloni, *I principi della legalità algoritmica. Le decisioni automatizzate di fronte al giudice amministrativo*, "Diritto Amministrativo", nº 2, 2020, p. 291).

[94] Con esta calificación no estamos aludiendo a la circunstancia, también estructural, de que el algoritmo padezca de una deficiencia *coyuntural*, como, por ejemplo, un error en la introducción de los datos, cuyo defecto irradiará consecuencias a toda la serie de decisiones que deriven de su aplicación. Para ese supuesto podríamos utilizar la categoría de vicio *potencial* que explica mejor la presencia de un defecto que se efectivizará cada vez que se dispare la decisión en los casos singulares. Sobre la difusión de los efectos del vicio de la automatización, ampliar en Viola, *L'intelligenza artificiale nel procedimento en el proceso amministrativo: lo stato dell'arte*", "Federalismi.it", nº 21, 2018, p. 18.

[95] Cfr. Sammartino, *Extinción del acto administrativo en el Estado constitucional, LLonline*, AR/DOC/3777/2016.

[96] Cfr. Donati, *Intelligenza artificiale e giustizia*, "Rivista AIC" (Associazione Italiana dei Costituzionalisti), nº 1, 2020, p. 427. También Simoncini refiere en su trabajo a la noción de defecto estructural en el marco de la actividad algorítmica. Para este último, la decisión automática adoptada mediante mecanismos de inteligencia artificial priva *estructuralmente* a sus destinatarios de la posibilidad de reconstruir el *iter* lógico (cfr. Simoncini, *Profili costituzionali della amministrazione algoritmica*, "Rivista Trimestrale di Diritto Pubblico", nº 4, 2019, p. 1181). Refieren a la opacidad como defecto estructural (Carloni, *I principi della legalità algoritmica. Le decisioni automatizzate di fronte al giudice amministrativo*, "Diritto Amministrativo", nº 2, 2020, p. 290, y Tranquilli, *Ra-*

La distinción entre un "acto" *coyunturalmente* ilegítimo y un "modelo" *estructuralmente* ilegítimo reside en que el primero no ataca a la especie como tal y, por ende, ella es naturalmente legítima. El acto *coyunturalmente* ilegítimo supone la posibilidad de ser legítimo, pero deviene ilegítimo por circunstancias contingentes. La ilegitimidad es funcionalmente una alternativa. En cambio, el acto *estructuralmente* ilegítimo, por razones de modelo, no brinda esa opción. Será siempre y ante todo supuesto, ilegítimo. Desaparece por naturaleza la posibilidad de *no* serlo[97].

Cierto es que la *motivación* es un elemento esencial cuya ausencia genera la invalidez del acto administrativo. Pero no es desde esa óptica que aquí se analiza la motivación, porque un "acto administrativo" ilegítimo por defecto de ella es, en todo caso, un acto administrativo, defectuoso sí, pero se parte de la base de que es un acto administrativo, nacido como tal.

Lo que aquí se pretende afirmar es que la *motivación* no está presente –ni lo estará[98]– en todas y cada una de las

---

pporto pubblico-privato nell'adozione e nel controllo della decisione amministrativa "robotica", "Diritto e Società", nº 2, 2020, p. 317).

[97] Lo que resulta censurable es el método o mecanismo operativo con el cual se adopta la decisión final (cfr. Pesce, *Il Consiglio di Stato ed il vizio della opacità dell'algoritmo tra diritto interno e diritto sovranazionale*, "Giustizia Amministrativa", 16/1/2020, www.giustizia-amministrativa.it).

[98] Claramente, la afirmación se sustenta en el grado de evolución informático imperante, pues ella necesariamente habría de variar de frente al advenimiento de sistemas algorítmicos propios de la inteligencia artificial que eliminen la opacidad. No desconocemos que la discusión en la comunidad científica de la actualidad es la considerada XAI (*explainable artificial intelligence)*, dirigida a buscar los modos de garantizar que los algoritmos más complejos resulten explicables. Ampliar en Forte, *Diritto amministrativo e data science. Apunti di intelligenza amministrativa artificiale (Aai)*, "PA Persona e amministrazione", nº 1, 2020, p. 265. También, Goldenfein, "Algorithmic, transparency and decision-making accountability: thoughts for buying machine learning algorithms", en Office of the Victorian Information Commissioner (ed.), *Closer to the machine: technical, social and legal aspects of AI, 2019*, https://ssrn.com/abstract=3445873.

decisiones automatizadas que provengan de sistemas algorítmicos autónomos, razón por la cual su ausencia, por ser una regla que no admite excepción alguna, controvierte la naturaleza de acto de la decisión[99].

Si acto administrativo es, por sobre todas las cosas, una decisión *fundada*, desde el momento en que esta modalidad decisoria en *ningún caso* posibilita la fundabilidad[100], tal impedimento lleva a colegir que no se trata de un acto administrativo[101]. Será una decisión administrativa, sí, pero no un acto administrativo[102].

La motivación es una característica distintiva y sustancial de los actos administrativos. Sin motivación, directamente no hay acto administrativo. Podrá ser una decisión, mas no un acto. Una modalidad decisoria administrativa que padezca *estructuralmente* de orfandad motivacional no

[99] Se ha dicho con agudeza que, a los efectos de comprobar la perfección de un acto supuestamente administrativo, primero hay que verificar si puede ser calificado como tal, puesto que de lo contrario no pertenecerá al modelo (cfr. Barra, *Derecho administrativo. Acto administrativo y reglamentos*, t. 2, p. 65 y 66).

[100] Sostiene Marongiu, *L'intelligenza artificiale "istituzionale": limiti (attuali) e potenzialità*, "European Review of Digital Administration & Law", nº 1, 2020, issue 1-2, p. 47, que la inteligencia artificial *en ningún caso* es hoy capaz de "explicar" los pasajes que se hallan en la base de sus propias decisiones. Coincidimos con el autor citado en cuanto a que tal imposibilidad representa un *límite intrínseco* de la inteligencia artificial vigente.

[101] En marcada oposición con la conclusión que se propicia, enfatiza Cavallo Perin, *Ragionando come se la digitalizzazione fosse data*, "Diritto Amministrativo", nº 2, 2020, p. 316, que no puede olvidarse que con el silencio positivo la ley ha equiparado la ausencia de acto a los efectos del acto expreso, pese a la inexistencia de motivación alguna. Nos apresuramos a responder que la consecuencia invocada por el distinguido jurista es el corolario de una *ficción* legal, ausente en el régimen nacional.

[102] Si el acto administrativo se estructura a través de un elenco de piezas indispensables, va de suyo que la imposibilidad modélica de contar con tales piezas pulveriza la posibilidad de catalogarlo como tal.

puede considerarse acto administrativo[103], porque este, como especie, se supone *motivable*.

La mentada defección *estructural* del modelo se muestra claramente incompatible con dos parcelas del sistema legal. Hacemos alusión al régimen de invalidez y a la presunción de legitimidad de los actos administrativos.

b) Ausencia de razonabilidad del sistema de invalidez. Observa con agudeza Sammartino que la extinción del acto administrativo asume como condición necesaria, o presupuesto, la existencia cierta, real e indubitada de un acto administrativo, en sentido técnico[104]. A la regla emanada de esa afirmación, que podríamos reconstruir en el sentido de que el régimen rige solo para lo que está comprendido en él[105], subyace otra, si se quiere también obvia: que la confrontación de la validez de los actos supone la posibilidad real de contrastar la decisión con los parámetros legales.

Es precisamente esto último lo que la *opacidad* impide. Existe, si se nos permite el término, una inconsistencia lógica entre el mecanismo legalmente previsto para definir si el acto es o no legítimo, las características opacas del razonamiento utilizado y las posibilidades que brinda la ciencia o la técnica para verificar la adecuación del producto final a la legalidad.

No existe modo científico de comprobar que la decisión autónoma es legítima o no. Estaríamos en presencia de un

[103] Cfr. Simoncini, *Profili costituzionali della amministrazione algoritmica*, "Rivista Trimestrale di Diritto Pubblico", nº 4, 2019, p. 1184. Con todo, el impacto de las patologías estructurales del modelo en la teoría general del acto administrativo necesita de una mayor discusión, sobre todo en el marco del procedimiento administrativo federal que no contempla el instituto del acto inexistente.

[104] Sammartino, *Extinción del acto administrativo en el Estado constitucional, LLonline*, AR/DOC/3777/2016.

[105] Por ejemplo, para los *hechos* no rige el sistema de invalidez; cfr. Sammartino, *La noción de acto administrativo en el Estado constitucional, ED*, 31/10/2007, p. 9. Citando el mismo ejemplo y consecuencia, ver Simoncini, *Profili costituzionali della amministrazione algoritmica*, "Rivista Trimestrale di Diritto Pubblico", nº 4, 2019, p. 1179.

acto inmutable e incontrolable[106], tanto para la autoridad administrativa como judicial, decantando en la denominada "dictadura del algoritmo".

La teoría de la invalidez no puede resolver el problema[107]. Esto es importante, porque para nosotros la modalidad con la que la legislación de procedimientos administrativos aborda las patologías de los actos administrativos se revela claramente insuficiente de frente a aquellas que podríamos denominar patologías *estructurales* modélicas.

Consideramos que el régimen de invalidez plasmado en la ley es irrazonable de frente a una DAA, por dos evidentes circunstancias: la primera, porque sus aristas se revelan insípidas para una modalidad decisoria que será siempre, indefectible y estructuralmente nula de nulidad absoluta por defecto del elemento motivación (*ilegitimidad absoluta*); la restante, porque en cada caso concreto existirá un impedimento para corroborar si es legítima o no la decisión adoptada (*legitimidad absoluta*)[108].

c) Imposibilidad de presumir legítima a la decisión automatizada. Si dentro del conjunto de rasgos específicos que concurren para caracterizar al acto administrativo, la LNPA

[106] Con meridiana claridad se ha dicho que los actos administrativos *irrecurribles* no existen en un Estado de derecho; cfr. Monti, *La teoría jurídica del acto administrativo*, "Documentación Administrativa", nº 267-268, p. 257.

[107] Aquí nos distanciamos claramente de la doctrina comparada que, sin controvertir su naturaleza de acto, le niega validez a la decisión inmotivada e ininteligible emanada de un sistema de inteligencia artificial (cfr. Cavallo Perin, *Ragionando come se la digitalizzazione fosse data*, "Diritto Amministrativo", nº 2, 2020, p. 313).

[108] Advertimos que las características operativas del sistema decisor tensionan sobre algunos de los institutos del régimen, con mayor intensidad que otros. Por caso, la posibilidad de revocar los actos automáticos por razones de ilegitimidad sufre un importante escollo en el hecho de que le será prácticamente imposible a la Administración acreditar el "conocimiento" de la ilegitimidad por parte del beneficiario del acto.

consagra su presunción de legitimidad[109], para nosotros dicho carácter no es posible predicarlo de las decisiones automatizadas bajo modalidad autónoma, porque respecto de ellas la mentada presunción resulta a todas luces irrazonable.

Nos basamos en dos diferentes líneas argumentativas.

En primer término, de frente a un defecto o vicio *estructural modélico*, como es la ausencia de motivación, las DAA *en ningún caso* podrían presumirse legítimas, pulverizando así la razonabilidad de la presunción.

Si la citada presunción implica suponer que el acto ha sido dictado con arreglo a las normas jurídicas que condicionan su emisión[110], sería obviamente irrazonable presumir legítimo un acto que ostensiblemente contraría el orden jurídico[111]. Si tales conclusiones han sido vertidas teniendo en consideración un acto *coyunturalmente* ilegítimo, tanto más se amoldan ellas a las decisiones *estructuralmente* ilegítimas por defecto del modelo decisor, porque en estos casos, el acto *nunca* podría presumirse legítimo, al carecer de la posibilidad de serlo. Si el defecto de motivación es y será así para todos los casos idénticos, si *todos* los actos emanados de agentes artificiales autónomos tendrán necesariamente el mismo vicio, ¿tiene alguna razonabilidad presumir su legitimidad?[112].

[109] Art. 12 de la ley 19.549, presunción calificada por la doctrina como *iuris tantum* (cfr. Hutchinson, *Régimen de procedimientos administrativos,* p. 116).

[110] Comadira, *El acto administrativo*, p. 137. Bien se ha dicho que no se trata de una cualidad ínsita en la noción de acto sino que es el producto de una decisión legislativa plasmada en el ordenamiento jurídico (cfr. Buteler, *Reflexiones críticas sobre los caracteres del acto administrativo*, "Revista de Derecho Administrativo", n° 125, 2019, p. 929, AR/DOC/2692/2019).

[111] Buteler, *Reflexiones críticas sobre los caracteres del acto administrativo, LLonline*, AR/DOC/2692/2019.

[112] Con evidente analogía a la situación presentada por la decisión automatizada bajo modalidad autónoma, se dijo que "el acto inexistente que carece de toda apariencia de legalidad no tiene por qué beneficiarse de

Se vuelve evidente la imposibilidad de aplicarles el régimen legal sin incurrir en una inconsistencia jurídica, habida cuenta de que *todas* las decisiones autónomas, en virtud del defecto motivacional referido, resultan por naturaleza ilegítimas.

La segunda línea argumental parte del enfoque opuesto. Si, contrariamente a lo que venimos afirmando, tomásemos como cierto que las DAA no resultan estructuralmente ilegítimas, la presunción de legitimidad carecería también de sentido en relación con ellas, toda vez que la imposibilidad de controlar su adecuación a la legalidad, por defecto de comprensibilidad, convertiría a la presunción en *iuris et de iure*. Si producto de la opacidad *jamás* pudiera verificarse si la decisión ha sido o no adoptada de acuerdo a los parámetros de legalidad, se presumiría *siempre* y en todo momento, legítima.

Ninguna razonabilidad tendría la presunción *iuris tantum*, pues esta exige, como presupuesto insoslayable, la posibilidad de resultar ilegítima. La *opacidad* impide corroborarlo[113]. Si nunca pudiera acreditar su desapego con la legalidad, entonces es evidente que la presunción no puede resultar una característica de estas decisiones.

En definitiva, las patologías irradiadas por el modelo decisorio autónomo denotan incompatibilidad con el régimen legal del acto administrativo, al menos en las parcelas aquí abordadas.

Resta considerar si los motivos fundantes de la contrastación habilitan a excepcionar la regla propuesta. En ese sentido ¿se podría distinguir la solución según se trate de

---

la presunción de legalidad que se predica en general de los actos administrativos" (cfr. García de Enterría - Fernández, *Curso de derecho administrativo,* p. 620).

[113] Sobre el impacto de la opacidad en el control judicial, remitimos a los citados trabajos de Patroni Griffi, Dalfino, Auby, Tuzet, Di Martino y Pajno. Solo hemos de recordar aquí la "deferencia judicial" generada por la "fuerza arrolladora del algoritmo", que implica aceptar su resultado ante la imposibilidad técnica de confrontarlo.

actos de gravamen o actos favorables? Si se consideran los motivos en que basamos la incompatibilidad, estamos tentados a propiciar una respuesta positiva. En nada incide en el beneficiario del acto que la decisión padezca de un defecto de motivación, no se presuma legítima y el sistema de invalidez sea inconsistente. Todas ellas parecen reflejar sus efectos de frente a una decisión o acto desfavorable.

La solución, en el mejor de los casos, solo podría ser proyectada de manera parcial, pues no se nos escapa que un acto favorable no elimina la posibilidad de que existan contrainteresados o eventuales postergados con su otorgamiento, los que en tales casos padecerán los inconvenientes advertidos ante una eventual pretensión impugnatoria.

3) *Respuesta al problema 2.* Como corolario de lo expresado anteriormente estamos en condiciones de afirmar que la decisión administrativa alcanzada bajo una modalidad de automatización programada (DAP) resulta compatible con el régimen general del acto administrativo previsto en la LNPA. Por el contrario, la decisión administrativa derivada de un modelo de automatización autónoma (DAA), en los aspectos estudiados, no resulta compatible con el régimen general del acto administrativo plasmado en la LNPA.

§ 22. *Resultado de la confrontación*

La contrastación de las características que vertebran a las decisiones emanadas de razonamientos *programados* con la noción y el régimen jurídico del acto administrativo permite responder de manera *positiva* al problema general antepuesto. Las DAP revisten naturaleza de verdaderos actos administrativos, lo que permite ratificar la hipótesis de trabajo ensayada. La conclusión alcanzada habilita a reconocer que se encuentran regidas por el régimen general plasmado en la LNPA, con las modulaciones del caso[114].

[114] Puntualmente, los vicios del acto en el régimen de invalidez.

Por su parte, la contrastación de las peculiaridades de las decisiones administrativas que provienen de procesos de automatización *autónoma* con la noción y régimen legal del acto administrativo permite responder en modo *negativo* al problema general antepuesto. Las DAA no constituyen actos administrativos, refrendando de ese modo la validez de la hipótesis proyectada.

Si la máquina, en el desarrollo de su proceso intelectivo, se disocia de las instrucciones vertidas *ex ante* por la Administración, tal circunstancia impacta de manera decisiva en la noción y contenido de la teoría del acto administrativo, en áreas como las descriptas.

Considerarlas como actos administrativos conlleva el riesgo propio del forzamiento de un régimen pensado para un paradigma técnico jurídico sustancialmente diverso[115], albergando la convicción de que la expansión de sus contornos ante el dinamismo de las tecnologías culminaría por minar las mismísimas bases que lo sustentan.

Aun cuando profundizar sobre el interrogante excede los márgenes del estudio, parece central preguntarse qué son las decisiones autónomas si no son actos administrativos.

Entendemos que la respuesta al modelo no se disocia de aquella otra que cabe dar a la cuestión de cómo tutelar los derechos de los destinatarios de tal modalidad decisoria. ¿Sería suficiente, como dijo en diversos pronunciamientos el Consejo de Estado italiano[116], con el simple respeto de los principios que regulan la actividad administrativa tradicional?

En nuestra opinión, la imposibilidad de considerar a las DAA como actos administrativos no debe decantar en la pro-

[115] En última instancia, tratar a las decisiones algorítmicas autónomas como actos administrativos implica aceptar los costos que su funcionamiento supone para sus destinatarios: la abdicación de sus garantías ante la existencia de una administración incontrolable e infalible.

[116] Cons. St., sez. VI, sentencias 2270, del 8 de abril de 2019; 8472, del 13 de diciembre de 2019 y 881, del 4 de febrero de 2020.

hibición[117] de su uso, pues no pueden despreciarse las ventajas que proyecta sobre la eficacia de la acción administrativa[118].

Ha de recordarse que, en general, los algoritmos autónomos no vienen a suplantar actividades propias del funcionario humano sino que, por el contrario, su introducción tiene singular trascendencia en aspectos u operaciones que aquel no está humanamente en condiciones de hacer. A dichas tipologías debe reconocerse su utilidad en el objetivo de alcanzar la mejor decisión administrativa de frente a la complejidad.

Si dejamos de lado la posibilidad de catalogarlas como "vías de hecho administrativas", encuadramiento que no sirve, en términos de modelo, pues asemejaría sus consecuencias a una renuncia a las ventajas tecnológicas, se podría sugerir calificarlas –utilizando expresiones de la doctrina vernácula–, como actos preparatorios, de asesoramiento o apoyo al acto administrativo conclusivo del procedimiento[119].

[117] Cabe rememorar que desde la doctrina italiana se ha dicho que las condiciones de incertidumbre en relación con los posibles efectos negativos del uso de sistemas de inteligencia artificial no puede ser utilizada como una razón legítima para no regular o limitar su desarrollo. Para ampliar sobre el denominado "principio de precaución constitucional", cfr. Simoncini, *L'algoritmo incostituzionale: intelligenza artificiale e il futuro delle libertà*, "BioLaw Journal", nº 1, 2019, p. 86 y 87.

[118] La inteligencia artificial no puede ser expulsada de los procesos decisorios, dado que resultaría anacrónico o, más bien, imposible. El futuro se dirige rápidamente a un empleo cada vez más sólido de las tecnologías digitales y esa dirección no puede ser cambiada (cfr. Simoncini, *Profili costituzionali della amministrazione algoritmica*, "Rivista Trimestrale di Diritto Pubblico", nº 4, 2019, p. 1186).

[119] En esa dirección, remitimos a Otranto, *Decisione amministrative e digitalizzazione della p.a.*, "Federalismi.it", nº 2, 2018. También, a Forte, *Diritto amministrativo e data science. Apunti di intelligenza amministrativa artificiale (Aai)*, "PA Persona e amministrazione", nº 1, 2020, p. 298, y con ciertos bemoles, parece ser esa la solución propiciada por Cavallo Perin, *Ragionando come se la digitalizzazione fosse data*, "Diritto Amministrativo", nº 2, 2020, p. 320.

Es evidente que una solución de este tipo no elimina la problemática, sino que la traslada a una etapa sucesiva. Los inconvenientes advertidos seguirán chocando con la "rigidez" del régimen regulador del acto administrativo. Basta pensar que la Administración estará en serios aprietos para fundar el acto de una manera diferente a la "sugerida" por el sistema[120], y que a pesar de la gravedad derivada de la incomprensión motivacional, el acto seguirá presumiéndose legítimo.

Si hacemos nuestras las inquietudes de Mairal, tal vez sea el momento de poner en su lugar a la actividad administrativa y corroborar que, junto a los actos administrativos, existen otras decisiones de la Administración que impactan en la esfera de derechos de los particulares, pero no participan de las características de aquellos[121].

Para nosotros, la decisión administrativa automatizada autónoma es una decisión administrativa *sui generis*, con características que la distinguen del acto administrativo tradicional[122] y de otras decisiones de la Administración, y que, hasta tanto no se diseñe legislativamente un régimen específico, solo es posible aplicarles, con modificaciones, el régimen propio de los actos administrativos en aquellos aspectos en los que conserva compatibilidad, desechando las parcelas controvertidas. Por caso, no pueden gozar de pre-

[120] El sistema automatizado tiende a "capturar" la decisión, gozando esta de lo que se denomina *default-option force*, esto es, la indudable plusvalía práctica irradiada por la decisión automática sugerida de la que la Administración no podrá prescindir (Simoncini, *Profili costituzionali della amministrazione algoritmica*, "Rivista Trimestrale di Diritto Pubblico", nº 4, 2019, p. 187).

[121] Mairal, *La influencia italiana en la definición argentina del acto administrativo: los problemas que resultan de no haber seguido más fielmente el modelo, LLonline*, AR/DOC/3613/2017.

[122] Para distinguida doctrina, excluir alguna decisión administrativa de la categoría de acto administrativo solo estará justificada en la medida en que los supuestos excluidos puedan ser objeto de una teorización independiente (cfr. García de Enterría - Fernández, *Curso de derecho administrativo*, p. 548).

sunción de legitimidad. Es la Administración quien deberá demostrar que su dictado lo ha sido de conformidad con los fines y objetivos que vertebran el interés público[123].

En definitiva, las decisiones administrativas que responden a una automatización programada (DAP) revisten naturaleza de acto administrativo, circunstancia que habilita a aplicarles el régimen general contemplado en la LNPA, sin perjuicio de las modulaciones propias del modelo decisorio.

Por el contrario, y para nosotros, las decisiones administrativas que provienen de un proceso de automatización autónoma (DAA) no constituyen actos administrativos, sino una especie de decisión administrativa *sui generis*, a la que denominamos *decisión administrativa automatizada*. Tal modalidad decisoria conclusiva no se rige directamente por el régimen general del acto administrativo; sus disposiciones resultan aplicables solo mediante analogía y en la medida en que sean compatibles con su naturaleza.

[123] Esta es la solución que emana de la sentencia 8472 del Consejo de Estado italiano, a la que remitimos, aun cuando bien vale aclarar, en el régimen procedimental del citado país los actos administrativos no se presumen legítimos.

CONCLUSIONES

§ 23. *LÍNEAS RECONSTRUCTIVAS*

El advenimiento de las tecnologías en la Administración pública produjo un cambio de paradigma en la concepción de las relaciones entre esta y los ciudadanos y generó nuevos retos con evidente impacto en las diversas parcelas de la actividad administrativa.

A la digitalización del procedimiento administrativo le sucedió la geométrica transformación del proceso decisor; el ordenador sustituyó al funcionario en la determinación del contenido de la decisión. Esto significó el pasaje del *ordenador archivo* al *ordenador funcionario.*

Sobre la base de *algoritmos programados* bajo una lógica causal, el ordenador emite la decisión al seguir puntualmente las instrucciones suministradas por el programador.

La inteligencia artificial trastocó fatalmente las estructuras de la automatización decisoria al incorporar técnicas de razonamiento que, entre otras consecuencias, le permiten al ordenador aprender de su propia experiencia y gozar de autonomía funcional.

Los *algoritmos autónomos* no siguen fielmente el programa, sino que inventan instrucciones y recorridos inéditos, con el resultado de que ni siquiera sus programadores están en condiciones de reconstruir el proceso decisor y ofrecer una explicación comprensible.

En términos generales, se ha calificado de ventajosas a las decisiones emanadas de *algoritmos programados,* ubicando en el *debe* solo aspectos críticos menores. Razones como la eficiencia, neutralidad y confiabilidad contribuyen a formar convicción de que la decisión perfecta no debe ser humana.

Diametralmente opuesta es la consideración merecida por las decisiones alcanzadas mediante *algoritmos autónomos*, sobre los que arrecian objeciones de muy variada índole. Concentrándose en su condición de *caja negra*, se pone el acento en las consecuencias derivadas de su invisibilidad y hermetismo. En ese sentido, la incomprensibilidad y ausencia de motivación traducen dificultades extremas en el control de su razonamiento, e incertidumbres ante eventuales daños[1]. Pero también reciben importantes críticas su aptitud discriminatoria y la deshumanización extrema que su uso exhibe, haciendo trizas buena parte de las loas conquistadas por la automatización programada.

El universo jurídico relevado demuestra que las decisiones automatizadas encuentran mayor difusión en el ámbito de la actividad *reglada*. Mas tal afirmación no habilita a negar legitimidad al uso de esa experticia en el ejercicio de actividades *discrecionales*, dado que la cuestión no pasa por prohibir lo que no se conoce, sino por reglar lo que la técnica permite. Verdad es que admitirlas en el marco de la discrecionalidad controvierte buena parte de las virtudes que se le endilgan al procedimiento reglado. Pero también lo es que tales virtudes resultan igualmente controvertidas cuando el ejercicio de la discrecionalidad reposa en el funcionario humano y, que se sepa, a este último no se le ha impedido la adopción de decisiones discrecionales por la sola circunstancia de que la eficiencia y legalidad de su actuación no esté de antemano garantizada.

Además, las alternativas a las decisiones automatizadas no son las decisiones perfectas, sino las decisiones humanas con todos sus defectos e imperfecciones, por lo que un siste-

[1] La opacidad conlleva un problema hermenéutico: no permite acreditar las razones favorables a la validez ni desacreditar las contrarias.

ma algorítmico imperfecto podría ser aún más justo y equitativo que un funcionario humano lleno de prejuicios.

Pero las decisiones automáticas no resultan insípidas para el derecho administrativo. Su adopción pone en crisis las aristas de institutos troncales de la disciplina. En particular, tocan al corazón de nuestro derecho porque tensiona sobre las características tradicionales de su objeto central, el acto administrativo y los procesos que llevan a su adopción.

Contra lo que podía esperarse de frente a una revolución digital, el estudio de las decisiones administrativas de elaboración electrónica revela que la discusión legislativa, doctrinal y jurisprudencial no prestó real importancia ni concentró sus mayores esfuerzos en discurrir sobre la naturaleza jurídica del *producto final*.

Por el lado del derecho comparado[2], en aquellos ordenamientos en donde no se las identificó con los actos administrativos, la cuestión suscitó divergencias en relación con el componente volitivo. Pero luego se produjo un giro y el debate se trasladó a la esencia de otra de las piezas de la automatización: el *algoritmo*.

El escenario nacional refleja una marcada desincronización entre los tiempos humanos y tecnológicos. Con mayor entidad que en otras facetas de la actividad automatizada, luce una palmaria indiferencia hacia la naturaleza jurídica de la decisión administrativa algorítmica y deja al descubierto necesidades regulatorias y reflexivas.

La laguna normativa presentada por el ordenamiento federal no resultó conmovida por las espasmódicas interven-

[2] Sin perjuicio de remitir a los capítulos respectivos, lo cierto es que los ejemplos empíricos del derecho comparado muestran recorridos marcadamente diferentes. En el caso italiano, la ausencia de desarrollos legislativos ha sido contrarrestado por medio de un *corpus* jurisprudencial alimentado por un fuerte diálogo autoral. Por el contrario, en los casos alemán y francés –y en cierta medida, el español–, el debate ha sido legislativo, aunque, a juzgar por su contenido, parece haberse detenido en los sistemas informáticos más simples, estando pendiente una mayor reflexión sobre la inteligencia artificial.

ciones legislativas sucedidas en clave digital. Ya en presencia de significativos ejemplos de procedimientos que hacen uso de la inteligencia artificial –frecuentes en los días de pandemia que transitamos–, los operadores jurídicos parecen no advertir el cambio de paradigma que supone decidir mediante sistemas de aprendizaje y siguen esquivando la naturaleza jurídica del acto conclusivo, adosando una cuota de penumbra a procedimientos esencialmente opacos.

El presente estudio debe considerarse una inflexión sobre el punto, con la adición de que las hipótesis sugeridas a los interrogantes planteados han sido debidamente validadas[3]. Enumeramos a continuación las principales conclusiones alcanzadas.

Desde un enfoque netamente material, la decisión algorítmica, en las distintas modalidades estudiadas, lejos de revestir la condición de un mero hecho o evidencia material, constituye una auténtica *declaración*, no enervándose su carácter declarativo porque la decisión sea el producto de un razonamiento informático.

La decisión administrativa bajo modalidad programada constituye una declaración que traduce la voluntad administrativa, no solo porque su dictado ha sido querido por la Administración, sino porque refleja linealmente el resultado prestablecido en sede de programación. Al resultar una declaración de voluntad administrativa, la decisión administrativa programada es compatible con la noción conceptual de acto administrativo.

Por el contrario, la decisión administrativa adoptada bajo modalidad autónoma, si bien constituye una declaración susceptible de traducir la voluntad administrativa, en la medida en que su dictado ha sido querido por la Admi-

[3] Bien vale dejar a salvo que la investigación transitó sobre modelos de automatización decisoria que pueden ser catalogados de radicales, siendo plenamente conscientes de que en el interior de esos extremos residen modelos –a los que la Administración también acude– en los que no podría encajar la solución postulada.

nistración, aquella no puede identificarse con el contenido pretendido por el órgano. Sin perjuicio de resultar una declaración, la decisión administrativa autónoma no es sustancialmente compatible con la definición de acto administrativo, salvo que medie voluntad ficta.

A su vez, la decisión administrativa bajo modalidad programada resulta compatible con el régimen general del acto administrativo contemplado en la LNPA, pues sus contornos participan –sin contradecirlas– de las principales características del régimen que vertebra dicha especie jurídica.

En modo opuesto, la decisión administrativa bajo modalidad autónoma no resulta compatible con el régimen general del acto administrativo contenido en la LNPA. Particularmente refleja la presencia de una patología estructural en el componente motivacional del modelo, quitando razonabilidad al sistema de invalidez y restando vigencia a uno de sus caracteres, la presunción de legitimidad.

Las razones desplegadas anteriormente nos permiten afirmar que las decisiones administrativas que responden a una automatización programada revisten naturaleza de acto administrativo y se rigen por su régimen general del acto, sin perjuicio de modulaciones, mientras que las decisiones administrativas que provienen de procesos de automatización autónoma no constituyen actos administrativos, sino decisiones administrativas *sui generis*, a las que denominamos *decisiones administrativas automatizadas*, y a las que solo puede aplicarse el régimen general del acto mediante analogía y en la medida en que resulten compatibles con su naturaleza.

§ 24. *NECESIDAD REGULATORIA IMPOSTERGABLE*

Nos permitimos alguna reflexión en perspectiva.

A pesar que las instituciones jurídicas parecen amoldarse a los sistemas algorítmicos más simples, resulta evidente que las categorías tradicionales sufren una presión distorsiva notable y no siempre resultan adaptables a la innovación[4].

La regulación vigente, construida sobre categorías conceptuales de un modelo antropomórfico de Administración pública[5], no está preparada para afrontar los retos que plantea la automatización de las decisiones administrativas propias de procesos decisores más complejos, como la informática afectiva y el análisis predictivo de máquinas con capacidad de aprendizaje.

Es evidente que se necesitan reglas específicas para un fenómeno nuevo, al que las administraciones acuden sin demasiadas cautelas, y respecto al cual parecen contar con instrumentos operativos, pero no jurídicos y ni culturales[6]. La pandemia ha demostrado que la ausencia regulatoria no es un impedimento para utilizarla.

Entendemos que hay que regular[7], porque una Administración cuyas decisiones resulten judicialmente incon-

[4] Por caso, la presencia de una tipología de vicios que resultan estructuralmente intrínsecos a la modalidad operativa algorítmica.

[5] Debemos recordar que la última reforma a la LNPA, excepción hecha de su decreto reglamentario, data del año 2001.

[6] Cfr. Costantino, *Lampi. Nuove frontiere delle decisioni amministrative tra "open e big data"*, "Diritto Amministrativo", nº 4, 2017, p. 835 y 836. Se pregunta Ferrara, en una abierta crítica a la impostación de quienes restan trascendencia a los efectos de la decisión algorítmica, si el extraordinario edificio de principios, reglas e institutos de la disciplina no debe hacer las cuentas con la contemporaneidad (*Il giudice amministrativo e gli algoritmi. Note estemporanee a margine di un recente dibattito giurisprudenziale,* "Diritto Amministrattivo", nº 4, 2019, p. 789 y 790).

[7] Tres son los comportamientos esperables ante los cambios suscitados: prohibirlos, ignorarlos o enfrentarlos. En este último caso, mediante regulaciones adaptativas del régimen existente o creando un régimen distinto. Nosotros propiciamos esto último. No obstante, tal como se ha tenido oportunidad de estudiar en el capítulo respectivo, el estatuto de la decisión algorítmica italiana no es exclusivamente legal, sino también –y por sobre todo– de talante doctrinal jurisprudencial, lo que en cierto modo constituye una herramienta, que si es bien utilizada, podría amortiguar los tiempos cansinos del legislador frente a actividades que exigen celeridad más que rigideces.

trolables no solo hace añicos uno de los contrapesos de la República[8], sino que permite dotar a aquellas de una inmutabilidad e infalibilidad propia de regímenes absolutistas, posición largamente superada por conquistas sociales y jurídicas, las que se tornarían insípidas de frente a una "dictadura" algorítmica.

Entendemos que hay que regular porque tratar a las decisiones administrativas autónomas como actos administrativos supone aceptar que la ciudadanía asuma los costos jurídicos y sociales que su operatividad irroga al Estado constitucional de derecho.

Por consiguiente, resulta un imperativo regular. El problema, claramente, es cómo hacerlo[9].

Es indudable que las propias características de la inteligencia artificial suponen una dificultad a la hora de afrontar su regulación, como ocurre cada vez que el derecho se encuentra con la tecnología[10]. Si los algoritmos son multidisciplinarios, regular su funcionamiento y consecuencias exige de un esfuerzo que trasciende al derecho[11]. De todos

[8] Bien que aludiendo a la República italiana, afirma Cavallo Perin, *Ragionando come se la digitalizzazione fosse data*, "Diritto Amministrativo", nº 2, 2020, p. 323, que el control judicial ha sido configurado como un contrapeso constitucional a las potestades administrativas de carácter no eliminable.

[9] Para profundizar sobre diversas propuestas regulatorias, se remite a los trabajos de Mobilio, *L'intelligenza artificiale e i rischi di una "disruption" della regolamentazione giuridica*, "BioLaw Journal", nº 2, 2020; Faini, *Il diritto nella tecnica: tecnologie emergenti e nuove forme di regolazione*, "Federalismi.it", nº 16, 2020, ya citados; también Celotto, *Come regolare gli algoritmi. Il dificile bilanciamento fra scienza, etica e diritto*, "Analisi Giuridica dell'Economia", nº 1, 2019, p. 47 a 60.

[10] Resalta Cavallo Perin, *Ragionando come se la digitalizzazione fosse data*, "Diritto Amministrativo", nº 2, 2020, p. 314, que la cuestión que emerge como relevante reside en saber cuál es la cultura que debe disciplinar la decisión administrativa asumida por medio de un algoritmo y sus controversias: ¿el derecho o la informática?

[11] La cuestión es compleja, pues anida el problema de explicar el razonamiento jurídico a partir del razonamiento informático.

modos, habremos de coincidir en que la regulación no debería inspirarse en un *laissez-faire* tecnológico ni tampoco en un *ludismo* de retaguardia.

Desaconsejamos la solución de prohibir la automatización cuando no sea posible preestablecer con precisión su resultado. No hay que olvidar que las máquinas no son infalibles. No exigir de las computadoras perfección cuando no se la exigimos al funcionario humano ayuda a encuadrar el problema[12]. Nadie se ruboriza porque el funcionario de carne y hueso falla, tampoco deberíamos proscribir a las máquinas por el solo hecho de que puedan fracasar. No se debe perder de vista que a las administraciones públicas le pedimos soluciones justas más que soluciones exactas.

Pero la prohibición de la automatización es sencillamente inaceptable, no solo porque implica extirpar de raíz los beneficios esperables de la automatización[13], sino porque resulta una solución cortoplacista, en la medida en que tarde o temprano la Administración culminará por admitir definitivamente su desembarco[14].

[12] Cfr. Luciani, *La decisione giudiziaria robotica*, "Rivista AIC", nº 3, 2018, p. 877. También Forte, *Diritto amministrativo e data science. Apunti di intelligenza amministrativa artificiale (Aai)*, "PA Persona e amministrazione", nº 1, 2020, p. 274.

[13] Si bien es verdad que un saber antimodernista ha siempre acompañado las grandes y repentinas innovaciones tecnológicas de la historia –la inteligencia artificial no es la excepción–, no se puede negar que el fenómeno tecnológico ofrece a la Administración una capacidad de análisis de la realidad y una creciente precisión en sus decisiones que supera aquella experimentada por la inteligencia humana (cfr. Cavallo Perin, *Ragionando come se la digitalizzazione fosse data*, "Diritto Amministrativo", nº 2, 2020, p. 313 y 325).

[14] Cfr. Laviola, *Algoritmico, troppo algorítmico: decisioni amministrative automatizzate, protezione dei dati personali e tutela delle libertà dei cittadini alla luce della più recenté giurisprudenza amministrativa*, "BioLaw Journal", nº 3, 2020, p. 393. Refiere Simoncini, *Profili costituzionali della amministrazione algoritmica*, "Rivista Trimestrale di Diritto Pubblico", nº 4, 2019, p. 1186, que la inteligencia artificial no puede ser expulsada de los procesos decisorios, pues ello resultaría anacrónico, o también

No obstante, no debería perderse de vista el latente peligro de que los modelos algorítmicos puedan crear las condiciones para un nuevo *medioevo digital*. Porque si es verdad que, si no son adecuadamente regulados, los procesos de innovación tecnológica terminan trasladando sus ambigüedades al plano en el que se hallan enmarcados, entonces, más que un factor de mejoramiento del ejercicio de la función administrativa culminarán en la consolidación de desigualdades y asimetrías de poder[15].

Transparencia, neutralidad, independencia e igualdad no son principios que se agotan frente al decisor humano. Que la Administración amplíe sus modalidades de ejercer la función administrativa no supone que, mediante ellas, deba abdicar de respetar los principios que la vertebran y legitiman[16].

Si bien compartimos con Ferrara que las categorías conceptuales de la actividad administrativa necesitan hacer

---

imposible. El futuro se dirige rápidamente hacia el empleo masivo de las tecnologías digitales y esa dirección no puede ser cambiada.

[15] Advierte la más autorizada doctrina que los estudiosos del derecho administrativo deben examinar con extrema atención y hacerse cargo de las consecuencias para la disciplina que descienden de la introducción de la inteligencia artificial. El derecho debe estar en condiciones de identificar los objetivos que pueden alcanzarse con la informatización. Pero también debe ser consciente de cuáles reglas necesitan ser respetadas para que el sistema de garantías sobre el que se funda el Estado de derecho permanezca intacto (Galetta, *Algoritmi, procedimento amministrativo e garanzie: brevi riflessioni, anche alla luce degli ultimi arresti giurisprudenziali in materia*, "Rivista Italiana di Diritto Pubblico Comunitario", nº 3-4, 2000, p. 515).

[16] Cfr. Orofino, *L'attuazione del principio di trasparenza nello svolgimento dell'amministrazione elettronica*, www.judicium.it/wp-content/uploads/2020/10/Orofino.pdf. De todos modos, la doctrina dista de ser uniforme, particularmente en el marco de la emergencia sanitaria causada por la propagación del COVID-19, preguntándose con quirúrgica preocupación si, resultando el bien tutelado la salud de la población, el conflicto entre tecnología y garantías procedimentales debería ser siempre vencido por estas últimas (cfr. Ferrari, *L'uso degli algoritmi nella attività amministrativa discrezionale*, "Il Diritto Degli Affari", nº 1, 2020, p. 1601).

cuentas con la contemporaneidad[17], de ningún modo debería tolerarse que en su implementación las libertades fundamentales se vuelvan lisa y llanamente inútiles[18].

Es evidente que el presente estudio deja indemnes significativas parcelas del derecho administrativo, cuyos desarrollos resulta imperativo no postergar.

Si uno de los peligros evidentes de la implementación de la inteligencia artificial reside en el hecho de estar al servicio de malos decisores[19], deberíamos preguntarnos si su empleo en el procedimiento administrativo puede continuar siendo una decisión discrecional de la Administración ante las graves consecuencias que su uso conlleva en términos de control y transparencia.

A su vez, el debido procedimiento administrativo exige una atenta reflexión sobre la necesidad de conservar algún espacio independiente de interlocución humana[20], de frente a un procedimiento comprimido e impersonal. Es indudable que la tutela administrativa efectiva necesita de un equilibrio entre el derecho a la *ciudadanía digital* y el dere-

[17] Cfr. Ferrara, *Il giudice amministrativo e gli algoritmi. Note estemporanee a margine di un recente dibattito giurisprudenziale*, "Diritto Amministrativo", nº 4, 2019, p. 789 y 790.

[18] Compartimos aquella doctrina que postula de imprescindible necesidad elaborar un enfoque constitucionalmente orientado de la cuestión. Remitimos al trabajo de Casonato, *Costituzione e intelligenza artificiale: un'agenda per il prossimo futuro*, "BioLaw Journal", nº 2, 2019, p. 101 a 130.

[19] Picozza, *Politica, diritto amministrativo and "artificial intelligence"*, "Giurisprudenza Italiana", 2019, p. 1763.

[20] Lo que permitiría fortalecer al método dialéctico como forma inderogable de ejercicio de la función administrativa (cfr. Carloni, *I principi della legalità algoritmica. Le decisioni automatizzate di fronte al giudice amministrativo*, "Diritto Amministrativo", nº 2, 2020, p. 302). Un buen comienzo, dice el autor, sería que las administraciones asuman un rol proactivo de ilustración e información a la ciudadanía sobre el funcionamiento de los algoritmos que vayan a utilizar, con el objeto de lograr la máxima divulgación de la lógica decisional, incluso mediante audiencias o reuniones informativas.

cho a no ser sometido a un procedimiento íntegramente automatizado.

Por su lado, la tutela judicial efectiva requiere discutir el rol del juez y los alcances del control jurisdiccional en relación con la incomprensibilidad de la decisión autónoma, sobre todo si se considera que los desafíos del ejercicio de la función judicial en la sociedad contemporánea necesitan de sentencias justas, más que exactas. La discriminación algorítmica predica la necesidad de fortalecer reglas éticas en el uso de sistemas informáticos por parte de las administraciones.

Además, se torna imperioso revisar las pautas de contratación para la adquisición a terceros de programas informáticos, frente a las graves consecuencias que inflige su desenvolvimiento.

Finalmente, si la imprevisibilidad constituye un defecto estructural del comportamiento informático autónomo, se postula repensar los mecanismos de responsabilidad por la actividad dañosa, porque las normas y categorías jurídicas vigentes pueden resultar insuficientes e inadecuadas para regular un fenómeno inédito. Más allá del *riesgo informático*, la prudencia habilita a seguir de cerca los desarrollos europeos sobre la subjetividad robótica.

En definitiva, decisiones administrativas automáticas, bisagra entre el pasado y el futuro de la relación de los ciudadanos con la Administración, un espacio necesitado de reflexiones éticas pero, por sobre todas las cosas, de reglas jurídicas clarificadoras que permitan garantizar antes que postergar derechos del administrado.

BIBLIOGRAFÍA

AA.VV., *Diritto e nuove tecnologie. Saggi di informatica giuridica avanzata*, Roma, D-Lex, 2008.

— *Le amministrazioni pubbliche tra conservazione e riforme. Omaggio degli allievi al Prof. Cassese*, Milano, Giuffrè, 2008.

— *Procedimiento administrativo. A 20 años de la reforma constitucional*, Bs. As., La Ley, 2015.

Aberastury, Pedro - Corvalán, Juan (coords.), *Administración pública digital*, "Revista Jurídica de Bs. As.", año 43, nº 96, Facultad de Derecho UBA, Abeledo-Perrot, 2018.

Adamo, Giuseppina, *Innovazione tecnologica, azione amministrativa e organizzazione della P.A.*, www.giustizia-amministrativa.it.

Alais, Horacio, *Los actos administrativos aduaneros automáticos*, Bs. As., Marcial Pons, 2019.

Alamillo Domingo, Ignacio, "La regulación de la tecnología: la superación del modelo papel como elemento de transformación digital innovadora", en Martín Delgado, Isaac (dir.), *La reforma de la administración electrónica: una oportunidad para la innovación desde el derecho*, Madrid, Inap, 2017.

Alamillo Domingo, Ignacio - Urios Aparisi, Félix, *La actuación administrativa automatizada en el ámbito de las administraciones públicas*, Barcelona, Escola d'Administració Pública de Catalunya, 2011.

Alexy, Robert, *On balancing and subsumption. A structural comparison*, "Ratio Juris", 2003, p. 433.

Alonso Regueira, Eduardo (dir.), *El control de la actividad estatal*, Bs. As., Asociación de Docentes UBA, 2016.

Aras, Melis, *Corrélation et causalité. De l'automatisme de la causalité juridique à l'autonomie de la corrélation algorithmique*, "Revue Riseo", nº 2, 2018, p. 196.

Auby, Jean-Bernard, *Il diritto amministrativo di fronte alle sfide digitali*, "Istituzioni del Federalismo", nº 3, 2019, p. 619.

Avanzini, Giulia, *Decisioni amministrative e algoritmi informatici*, Napoli, Editoriale Scientifica, 2019.

Balbín, Carlos, *Crisis del derecho administrativo*, Bs. As., Astrea, 2020.

— *Tratado de derecho administrativo*, Bs. As., La Ley, 2010.

Barmann, Benedetta, *La responsabilità della amministrazione per il cattivo funzionamento dei sistemi informatici*, "Giornale di Diritto Amministrativo", nº 3, 2016, p. 393.

Barone, Francesco (a cura di), *Scritti di logica*, Milano, Mondadori, 2009.

Barra, Rodolfo, *Derecho administrativo. Acto administrativo y reglamentos*, Bs. As., Astrea, 2018.

Batelli, Ettore, *Giustizia predittiva, decisione robotica e ruolo del giudice*, "Giustizia Civile", nº 2, 2020, p. 281.

Boix Palop, Andrés, *Los algoritmos son reglamentos: la necesidad de extender las garantías propias de las normas reglamentarias a los programas empleados por la Administración para la adopción de decisiones*, "Revista de Derecho Público: Teoría y Método", nº 1, 2020, p. 223.

Bonhomme, Geneviève - De Montety, Colombe, *L'encadrement juridique de la prédiction*, "Revue Riseo", nº 2, 2018, p. 170.

Bonomi, María S., *La motivazione dell'atto amministrativo: dalla disciplina generale alle regole speciali*, Roma, Roma Tre Press, 2020.

Buoso, Elena, *Fully automated administrative acts in the German legal system*", "European Review of Digital Administration & Law", nº 1, issue 1-2, jun.-dec. 2020, p. 113.

Buscema, Vincenzo, *Discrezionalità amministrativa e reti neuronali artificiali*, "Il Foro Amministrativo", nº 2-3, 1993, p. 620.

Buteler, Alfonso, *Reflexiones críticas sobre los caracteres del acto administrativo*, *LLonline*, AR/DOC/2692/2019.

Calzolaio, Ermanno (a cura di), *La decisione nel prisma dell'intelligenza artificiale*, Milano, Wolters Kluwer Cedam, 2020.

Cane, Peter *et al.* (eds.), *Oxford handbook of comparative administrative law*, Oxford, Oxford University Press, 2020.

Caridi, Gianfranco, *Corso elettronico di informatica giuridica*, Napoli, 2002.

— *Informatica giuridica e procedimenti amministrativi*, Milano, Angeli, 1983.

Caringella, Francesco, *Manuale di diritto amministrativo*, Roma, Dike Giuridica Editrice, 2016.

Carloni, Enrico, *IA, algoritmos y Administración pública en Italia*, "Internet, Derecho y Política", nº 30, 2020, p. 1 a 12, UOC, http://dx.doi.org/107238/idp.v0i30.3228.

Carrozza, María C. - Oddo, Caloger - Orvieto, Simona - Di Minin, Alberto - Montemagni, Gherardo, *AI: profili tecnologici, automazione e autonomía: dalla definizione alle possibili applicazioni dell' intelligenza artificiale*, "BioLaw Journal", nº 3, 2019, p. 243.

Casonato, Carlo, *Costituzione e intelligenza artificiale: un'agenda per il prossimo futuro*, "BioLaw Journal", nº 2, 2019, p. 71.

Cassagne, Juan C., *Curso de derecho administrativo*, Bs. As., La Ley, 2016.

— *El acto administrativo*, Bs. As., La Ley, 2012.

Cassese, Sabino, *Che cosa resta dell'amministrazione pubblica?*, "Rivista Trimestrale di Diritto Pubblico", nº 1, 2019, p. 1.

Cassese, Sabino - Ciocca, Pierluigi - Satta, Filippo, *La dematerializzazione dei servizi della P.A. Un'introduzione economica e gli aspetti giuridici del problema*, "Diritto Amministrativo", 2008, p. 285.

Cavallaro, María C., *Imputazione e responsabilità delle decisioni automatizzate*, "European Review of Digital Administration & Law", nº 1, issue 1-2, jun.-dec. 2020, p. 69.

Cavallaro, María C. - Smorto, Guido, *Decisione pubblica e responsabilità dell'amministrazione nella società del algoritmo*, "Federalismi.it", nº 16, 2019, p. 2.

Cavallo Perin, Roberto, *Ragionando come se la digitalizzazione fosse data*, "Diritto Amministrativo", nº 2, 2020, p. 305.

Celotto, Alfonso, *Come regolare gli algoritmi. Il dificile bilanciamento fra scienza, etica e diritto*, "Analisi Giuridica dell'Economia", nº 1, 2019, p. 47.

— *I robot possono avere diritti?*, "BioLaw Journal", nº 1, 2019, p. 91.

Cerrillo i Martínez, Agustí, *El impacto de la inteligencia artificial en el derecho administrativo ¿nuevos conceptos para nuevas realidades técnicas?*, "Revista General de Derecho Administrativo", nº 50, 2019.

— *¿Son fiables las decisiones de las administraciones públicas adoptadas por algoritmos?*, "European Review of Digital Administration & Law", nº 1, 2020, issue 1-2, jun.-dec., p. 17 a 36.

Cerulli Irelli, Vincenzo, *Lineamenti del diritto amministrativo*, Torino, Giappichelli, 2010.

— "La tecnificazione", en Civitarese Matteucci, Stefano - Torchia, Luisa (a cura di), *La tecnificazione dell'amministrazione*, Firenze, Firenze University Press, 2016.

Civitarese Matteucci, Stefano, *Umano troppo umano. Decisioni amministrative automatizzate e principio di legalità*, "Diritto Pubblico", nº 1, 2019, p. 5 a 41.

Civitarese Matteucci, Stefano - Torchia, Luisa (a cura di), *La tecnificazione*, Firenze, Firenze University Press, 2016.

Cobbe, Jennifer, *Administrative law and the machines of government: judicial review of automated public-sector decision making*, "Legal Studies", vol. 39, nº 4, 2019, p. 636.

Coglianese, Cary - Lehr, David, *Regulating by robot: administrative decision making in the machine-learning era*, "The Georgetown Law Journal", vol. 105, 2017, p. 1147.

Comadira, Guillermo, "Nuevas tecnologías en el procedimiento administrativo", en AA.VV., *Procedimiento administrativo. A 20 años de la reforma constitucional*, Bs. As., La Ley, 2015.

Comadira, Julio R., *El acto administrativo*, Bs. As., La Ley, 2011.

Contaldo, Alfonso - Marotta, Luigi, *L'informatizzazione dell'atto amministrativo: cenni sulle problematiche in campo*, "Il Diritto dell'Informazione e dell'Informatica", nº 3, 2002, p. 571.

Coppini, Laura, *Robótica e intelligenza artificiale: questioni di responsabilità civile*, "Politica del Diritto", vol. 49, nº 4, 2018, p. 713.

Corasaniti, Giuseppe, "Intelligenza artificiale e diritto: il nuovo ruolo del giurista", en Ruffolo, Ugo (a cura di), *Intelligenza artificiale. Il diritto, i diritti, l'etica*, Milano, Giuffrè Francis Lefebvre, 2020.

Corso, Guido, *L'attività amministrativa*, Torino, Giappichelli, 1999.

Cortelezzi, Juan, "El acto administrativo digital", en Tawil, Guido (dir.), *Acto administrativo*, Bs. As., Abeledo-Perrot, 2014.

Corvalán, Juan, *Derecho administrativo en transición*, Bs. As., Astrea, 2016.

— *Hacia una administración pública 4.0: digital y basada en inteligencia artificial. Decreto de "tramitación digital completa"*, *LL*, 2018-D-917.

— *La primera inteligencia artificial predictiva al servicio de la justicia: Prometea*, *LL*, 29/9/2017.

— *Prometea. Inteligencia artificial para transformar organizaciones públicas*, www.astrea.com.ar/resources/doctrina/doctrina0481.pdf.

— *¿Qué hay de nuevo, viejo? Reformas al procedimiento administrativo nacional (Decretos nº 891/17 y 894/17)*, "DPI Cuántico", nº 177, 14/11/2017, https://dpicuantico.com/area_diario/7doctrina-en-dos-paginas-diario-administrativo-nro-177-14-11-2017/.

Costantino, Fulvio, *Intelligenza artificiale e decisioni amministrative*, "Rivista Italiana per le Scienze Giuridiche", nº 8, 2017, p. 357.

— "L'uso della telematica nella Pubblica amministrazione", en Romano, Alberto (a cura di), *L'azione amministrativa*, Torino, Giappichelli, 2016.

— *Rischi e opportunità del ricorso delle amministrazioni alle predizioni dei big data*, "Diritto Pubblico", nº 1, 2019, p. 43.

— *Lampi. Nuove frontiere delle decisioni amministrative tra "open e big data"*, "Diritto Amministrativo", nº 4, 2017, p. 799 a 836.

Cotino Hueso, Lorenzo, *Big data e inteligencia artificial. Una aproximación a su tratamiento jurídico desde los derechos fundamentales*, "Dilemata", nº 24, 2017, p. 131 a 150.

— "El derecho a relacionarse electrónicamente con las administraciones y el estatuto del ciudadano e-administrado en la ley 11/2007", en Gamero Casado, Eduardo - Valero Torrijos, Julián (coords.), *La ley de administración electrónica: comentario sistemático a la ley 11/2007, de 22 de junio, de acceso electrónico de los ciudadanos a los servicios públicos*, Madrid, 2010.

— *Ética en el diseño para el desarrollo de una inteligencia artificial, robótica y big data confiables y su utilidad desde el derecho*, "Revista Catalana de Dret Públic", nº 58, 2019, p. 29.

Crisci, Stefano, *Intelligenza artificiale ed etica dell'algoritmo*, "Foro Amministrativo", nº 10, 2018, p. 1787 a 1816.

Dalfino, Domenico, *Decisione amministrativa robotica ed effetto performativo. Un beffardo algoritmo per una "buona scuola"*, "Questione Giustizia", www.questionegiustizia.it.

— *Stupidità (non solo) artificiale, predittività e processo*, "Questione Giustizia", www.questionegiustizia.it.

D'Aloia, Antonio, *Il diritto verso "il mondo nuovo". Le sfide dell'intelligenza artificiale*, "BioLaw Journal", nº 1, 2019, p. 3.

Damsky, Isaac, "La revitalización del procedimiento administrativo: nueva legitimidad democrática, expansión tecnológica y rol del abogado", en Alonso Regueira, Eduardo (dir.), *El control de la actividad estatal*, Bs. As., Asociación de Docentes UBA, 2016.

D'Angelosante, Melania, "La consistenza del modello dell'amministrazione 'invisibile' nell'età della tecnificazione: dalla formazione delle decisioni alla responsabilità per le decisioni", en Civitarese Matteucci, Stefano - Torchia, Luisa (a cura di), *La tecnificazione*, Firenze, Firenze University Press, 2016.

De Leonardis, Francesco, "Big data, decisioni amministrative e 'povertà' di risorse della pubblica amministrazione", en Calzolaio, Ermanno (a cura di), *La decisione nel prisma dell'intelligenza artificiale*, Milano, Wolters Kluwer Cedam, 2020.

— "I principi generali dell'azione amministrativa", en Romano, Alberto, *L'azione amministrativa*, Torino, Giappichelli Editore, 2016.

De Stefano, Franco, *L'intelligenza artificiale nel processo?*, www.giustiziainsieme.it/it/scienza-logica-diritto/892-I-intelligenza-artificiale-nel-processso.

Delpiazzo, Carlos, *Noción y regulación del procedimiento y de los actos administrativos electrónicos*, "Estudios de Derecho Administrativo", nº 1, 2010, p. 79.

— "Acto administrativo automático", presentado en IV Congreso Iberoamericano de Derecho e Informática, Montevideo, 1998.

— "Procedimiento administrativo y derecho informático", en Pozo Gowland, Héctor - Halperin, David - Aguilar Valdés, Oscar - Juan Lima, Fernando - Canosa, Armando (dirs.), *Procedimiento administrativo*, Bs. As., La Ley, 2012.

Di Martino, Alessandro, *Intelligenza artificiale, garanzia dei privati e decisioni amministrative: l'apporto umano è ancora necesario?*, "European Law Journal", nº 2, 2019, p. 47.

Donati, Filippo, *Intelligenza artificiale e giustizia*, "Rivista AIC", nº 1, 2020, p. 415.

D'Orlando, Elena, *Profili costituzionali dell'amministrazione digitale*, "Diritto dell'Informazione e dell'Informatica", vol. 27, nº 2, 2011, p. 213.

Duni, Giovanni, *L'amministrazione digitale. Il diritto amministrativo nell' evoluzione telematica*, Milano, 2008.

— *L'utilizzabilità delle tecniche elettroniche nell'emanazione degli atti e nei procedimenti amministrativi. Spunto per una teoría dell'atto amministrativo emanato nella forma elettronica*, www.privacy.it/archivio/duni19780601.html.

— voce "Amministrazione digitale", en *Enciclopedia del diritto*, Milano, Giuffrè, 2007.

Duni, Giovanni (a cura di), *Dall'informatica amministrativa alla teleamministrazione*, Roma, 1992.

Enciclopedia del diritto, Milano, Giuffrè, 2007.

Esteve Pardo, José, *La apelación a la ciencia en el gobierno y gestión de la crisis de la COVID-19*, "Revista de Derecho Público: Teoría y Método", nº 2, 2020, p. 35.

Faini, Fernanda, *Il diritto nella tecnica: tecnologie emergente e nuove forme di regolazione*, "Federalismi.it", nº 16, 2020, p. 79 a 117.

Falletti, Elena, *Decisioni automatizzate e diritto alla spiegazione: alcune riflessioni comparatistiche*, "Il Diritto dell'Informazione e dell'Informatica", nº 2, 2020, p. 169.

Fantigrossi, Umberto, *Automazione e pubblica amministrazione*, Bologna, Il Mulino, 1993.

— *L'algoritmo nelle PA si impugna al TAR*, www.4clegal.com/settore-pubblico/lalgoritmo-pa-impugna-tar.

Faralli, Carla, *Diritti e nuove tecnologie*, "Tigor, Rivista di Scienze della Comunicazione e di Argomentazione Giuridica", nº 2, 2019, p. 43.

Fasano, Gianluca, *Le decisioni automatizzate nella pubblica amministrazione: tra esigenze di semplificazione e trasparenza algorítmica*, "MediaLaws", nº 3, 2019, p. 234.

Ferrajoli, Luigi, *Principia iuris. Teoría del diritto e della democracia*, Bari-Roma, Laterza, 2007.

Ferrara, Rosario, *Il giudice amministrativo e gli algoritmi. Note estemporanee a margine di un recente dibattito giurisprudenziale*, "Diritto Amministrativo", nº 4, 2019, p. 773.

— *Introduzione al diritto amministrativo*, Roma, Laterza, 2014.

Ferrari, Mariangela, *L'uso degli algoritmi nella attività amministrativa discrezionale*, "Il Diritto degli Affari", nº 1, 2020, p. 21.

Finck, Michèle, "Automated decision-making and administrative law", en Cane, Peter *et al.* (eds.), *Oxford handbook of comparative administrative law*, Oxford, Oxford University Press, 2020.

Follieri, Francesco, *Decisione amministrativa e atto vincolato*, "Federalismi.it", nº 7, 2017, p. 2.

Forte, Pierpaolo, *Diritto amministrativo e data science. Apunti di intelligenza amministrativa artificiale (Aai)*, "PA Persona e Amministrazione", nº 1, 2020, p. 247.

— *Epidemia logotecnica*, "Civiltà delle Machine", 26/3/2020, www.fondazioneleonardo-cdm.com/it/news/epidemia-logotecnica.

Fraenkel-Haeberle, Cristina, *Fully digitalized administrative procedures in the German legal system*, "European Review of Digital Administration & Law", nº 1, issue 1-2, jun.-dec., p. 105.

Frosini, Vittorio, *L'informatica e la pubblica amministrazione*, "Rivista Trimestrale di Diritto Pubblico", nº 2, 1983, p. 484.

Gaetano, Santo, *La decisione amministrativa tra vincolatezza, discrezionalità ed intelligenza artificial: la prospettiva per la pubblica amministrazione di una responsabilità da "algoritmo"*, "Rivista Elettronica di Diritto, Economia, Management", nº 2, 2018, p. 44.

Galetta, Diana-Urania, *Algoritmi, procedimento amministrativo e garanzie: brevi riflessioni, anche alla luce degli ultimi arresti giurisprudenziali in materia*, "Rivista Italiana di Diritto Pubblico Comunitario", nº 3-4, 2020, p. 511.

Galetta, Diana-Urania - Corvalán, Juan, *Intelligenza artificiale per una pubblica amministrazione 4.0? Potenzialità, rischi e sfide della rivoluzione tecnologica in atto*, "Federalismi.it", nº 3, 2019, p. 2.

Galli Basualdo, Martín, *La Administración pública electrónica (e-administration). La aplicación de las nuevas tecnologías al procedimiento administrativo*, "Revista Jurídica de Bs. As.", año 43, nº 96, 2018.

Gamero Casado, Eduardo, "Administración electrónica e interoperabilidad", en Martín Delgado, Isaac (dir.), *La reforma de la administración electrónica: una oportunidad para la innovación desde el derecho*, Madrid, Inap, 2017.

Gamero Casado, Eduardo - Valero Torrijos, Julián (coords.), *La ley de administración electrónica: comentario sistemático a la ley 11/2007, de 22 de junio, de acceso electrónico de los ciudadanos a los servicios públicos*, Madrid, 2010.

García de Enterría, Eduardo - Fernández, Tomás R., *Curso de derecho administrativo*, Madrid, Thomson Civitas, 2006.

García Novoa, César - Santiago Iglesias, Diana (coords.), *4ª Revolución Industrial: impacto de la automatización y la inteligencia artificial en la sociedad y economía digital*, Cizur Menor, Thomson Reuters Aranzadi, 2018.

García Pullés, Fernando R., *Lecciones de derecho administrativo*, Bs. As., AbeledoPerrot, 2020.

Giannini, Massimo S., *Diritto amministrativo*, Milano, Giuffrè, 1988.

Giurdanella, Carmelo, *Atti e procedimenti amministrativi informatici: promossa la P.A.robot, se l'algoritmo è conoscibile, Giurdanella.it*, www.giurdanella.it/2019/04/29/atto-procedimento-amministrativoinformatico-trasparenza-algoritmo/.

Giurdanella, Carmelo - Guarnaccia, Elio, *Elementi di diritto amministrativo elettronico*, Macerata, Halley Editrice, 2005.

Goldenfein, Jake, "Algorithmic, transparency and decision-making accountability: thoughts for buying machine learning algorithms", en Office of the Victorian Information Commissioner (ed.), *Closer to the machine: technical, social and legal aspects of AI (2019)*, https://ssrn.com/abstract=3445873.

Gordillo, Agustín, *Tratado de derecho administrativo*, Bs. As., Fundación de Derecho Administrativo, 2011.

Guckelberg, Annette - Hanno, Kube, "E-Government: ein paradigmenwechsel in verwaltung und verwaltungsrecht?", en Sacksofsky, Ute (ed.), *Gleichheit, Vielfalt, Technischer Wandel*, Berlin, De Gruyter, 2019.

Hutchinson, Tomás, *Régimen de procedimientos administrativos,* 10ª ed., Bs. As., Astrea, 2017.

Lacava, Federico, *Actos administrativos automáticos en el marco del Estado constitucional de derecho, EDAdministrativo,* 3/12/2019, p. 5.

— *Decisiones administrativas automáticas y derechos,* "Revista de Derecho Público", nº 1, 2018, p. 258.

Lacava, Federico - Otranto, Piergiuseppe - Uricchio, Antonio (a cura di), *Funzione promozionale del diritto e sistemi di tutela multilivello,* Bari, Cacucci Editore, 2017.

Laviola, Francesco, *Algoritmo, troppo algoritmo: decisioni amministrative automatizzate, protezione dei dati personali e tutela delle libertà dei cittadini alla luce della più recenté giurisprudenza amministrativa,* "BioLaw Journal", nº 3, 2020, p. 389.

Lazzara, Paolo, "La comunicazione dei motivi ostativi all'accoglimento dell'istanza", en Romano, Alberto, *L'azione amministrativa,* Torino, Giappichelli, 2016.

Leibniz, Gottfried W., "Principi ed esempi della scienza generale", en Barone, Francesco (a cura di), *Scritti di logica,* Milano, Mondadori, 2009.

Limone, Donato (a cura di), *Dalla giuritecnica all'informatica giuridica, studi dedicati a Vittorio Frosini,* Milano, 1995.

Linares, Juan F., *La definición de acto administrativo, LL,* 1981-A-896.

López Ramón, Fernando - Valero Torrijos, Julián (coords.), *20 años de la ley de lo contencioso-administrativo,* Madrid, Aepda-Inap, 2019.

Lucatuorto, Pier Luigi, *Intelligenza artificiale e diritto: Le applicazioni giuridiche dei sistema esperti,* "Ciberspazio e Diritto", vol. 7, nº 2, 2006, p. 1.

— *Teorie e modelli del diritto per il ragionamento giuridico automatico,* Milano, LED, 2009.

Lucatuorto, Pier Luigi - Bianchini, Stefano, *Discrezionalità e contemperamento degli interessi nei processi decisionali dell'amministrazione digitale,* "Ciberspazio e Diritto", vol. 10, nº 1, 2009, p. 41.

Luciani, Massimo, *La decisione giudiziaria robotica,* "Rivista AIC", nº 3, 2018, p. 872.

Luqui, Roberto, *Nuevas regulaciones del procedimiento administrativo nacional, LL,* 2018-B-1080.

Maglione, Pietro S., *La Pubblica Amministrazione "al varco" dell'Industria 4.0: decisioni automatizzate e garanzie procedimentali in una prospettiva human oriented,* "Amministrazione in Cammino", www.amministrazioneincammino.luiss.it/wp-content/uploads/2020/05/MAGLIONE.pdf.

Mairal, Héctor, *La influencia italiana en la definición argentina del acto administrativo: los problemas que resultan de no haber seguido más fielmente el modelo, LLonline,* AR/DOC/3613/2017.

Marongiu, Daniele, *Gli atti ad elaborazione elettronica: la compilazione di un "pre-software" in lingua italiana,* "Quaderni del DAE, Rivista di Diritto Amministrativo Elettronico", julio 2003.

— "Inteligencia artificial y administración pública", en García Novoa, César - Santiago Iglesias, Diana (coords.), *4ª Revolución Industrial: impacto de la automatización y la inteligencia artificial en la sociedad y economía digital,* Cizur Menor, Thomson Reuters Aranzadi, 2018.

— *L'intelligenza artificiale "istituzionale": limiti (attuali) e potenzialità,* "European Review of Digital Administration & Law", nº 1, issue 1-2, jun.-dec. 2020, p. 37.

Martín Delgado, Isaac, *Automazione, intelligenza artificiale e pubblica amministrazione: vecchie categorie concettuali per nuovi problemi?,* "Istituzioni del Federalismo", nº 3, 2019, p. 643.

— *La gestión electrónica del procedimiento administrativo,* "Cuadernos de Derecho Local", nº 21, 2009, p. 98.

— "La riforma dell'amministrazione digitale: un'opportunità per ripensare la pubblica amministrazione", en Civitarese Matteucci, Stefano - Torchia, Luisa (a cura di), *La tecnificazione,* Firenze, Firenze University Press, 2016.

— *Naturaleza, concepto y régimen jurídico de la actuación administrativa automatizada,* "Revista de Administración Pública", nº 180, 2009, p. 353.

Martín Delgado, Isaac (dir.), *La reforma de la administración electrónica: una oportunidad para la innovación desde el derecho,* Madrid, Inap, 2017.

Martínez Gutiérrez, Rubén, "Los retos de la innovación tecnológica en la jurisdicción contencioso administrativa", en López Ramón, Fernando - Valero Torrijos, Julián (coords.), *20 años de la ley de lo contencioso-administrativo,* Madrid, Aepda-Inap, 2019.

Martino, Antonio A., *Tecnologías innovadoras para la justicia,* Bs. As., Astrea, 2021.

Masucci, Alfonso, voce "Atto amministrativo informatico", en *Enciclopedia del diritto,* Milano, Giuffrè, 1997.

— *L'atto amministrativo informatico,* Napoli, Jovene, 1993.

— *Formación y evolución del derecho administrativo en Francia y Alemania,* Revista de Administración Pública, nº 184, 2011, p. 9.

— *Procedimento amministrativo e nuove tecnologie*, Torino, Giappichelli, 2011.

Maurer, Hartmut, *Derecho administrativo alemán*, México, Instituto de Investigaciones Jurídicas UNAM, 2012.

Mazzarese, Tecla, *Lógica borrosa y decisiones judiciales: el peligro de una falacia racionalista*, "Doxa", nº 19, 1996, p. 201.

Merusi, Fabio, *Ragionevolezza e discrecionalità amministrativa*, Napoli, Scientifica, 2011.

Meuwese, Anne, *Regulating algorithmic decision-making one case at the time: a note on the Dutch "SyRI" judgment*, "European Review of Digital Administration & Law", nº 1, 2020, p. 209 a 212.

Mobilio, Giuseppe, *L'intelligenza artificiale e i rischi di una "disruption" della regolamentazione giuridica*, "BioLaw Journal", nº 2, 2020, p. 401.

— *L'intelligenza artificiale e le regole giuridiche alla prova: il caso paradigmático del GDPR*, "Federalismi.it", nº 16, 2020, p. 166.

Monti, Laura, *La teoría jurídica del acto administrativo*, "Documentación Administrativa", nº 267-268, p. 249.

Moro, Paolo, *Algoritmi e pensiero giuridico. Antinomie e interazioni*, "MediaLaws", nº 3, 2019, p. 11.

Morollo, Fabiana, *Documento elettronico fra e-government e artificial intelligence*, "Federalismi.it", nº 2, 2015, p. 27.

Muciaccia, Nicolò, *Algoritmi e procedimento decisionale: alcuni arresti della giustizia amministrativa*, "Federalismi.it", nº 10, 2020, p. 344.

Muñoz, Ricardo, *Internet*, Bs. As., Astrea, 2021.

— *Las TICs en la Administración pública. La inteligencia artificial ante una perspectiva de derechos*, www.astrea.com.ar/resources/doctrina/doctrina0514.pdf.

Musselli, Lucia, *La decisione amministrativa nell'età degli algoritmi: primi spunti*, "MediaLaws", nº 1, 2020, p. 18.

Napolitano, Giulio, *La logica del diritto amministrativo*, Bologna, Il Mulino, 2017.

Natalini, Alessandro, *Sistemi informativi e procedimenti amministrativi*, "Rivista Trimestrale di Diritto Pubblico", 1999, nº 2, p. 449.

Nicotra, Ida A. - Varone, Veronica, *L'algoritmo, intelligente ma non troppo*, "Rivista AIC", nº 4, 2019, p. 86.

Notarmuzzi, Carlo, "Il procedimento amministrativo informatico", en AA.VV., *Le amministrazioni pubbliche tra conservazione e riformeomaggio degli allievi al Prof. Cassese*, Milano, Giuffrè, 2008.

Office of the Victorian Information Commissioner (ed.), *Closer to the machine: technical, social and legal aspects of AI (2019)*, https://ssrn.com/abstract=3445873.

Orofino, Angelo G., *L'attuazione del principio di trasparenza nello svolgimento dell'amministrazione elettronica*, www.judicium.it/wp-content/uploads/2020/10/Orofino.pdf.

— *La patologia dell'atto amministrativo elettronico: sindacato giurisdizionale e strumenti di tutela*, "Il Foro Amministrativo", nº 9, 2002, p. 2256.

— *La semplificazione digitale*, "Il Diritto dell'Economia", nº 100, 2019, www.ildirittodelleconomia.it/wp-content/uploads/2020/03/04 Orofino.pdf.

— "L'esternazione informatica degli atti amministrativi", en Civitarese Matteucci, Stefano - Torchia, Luisa (a cura di), *La tecnificazione*, Firenze, Firenze University Press, 2016.

Orsoni, Giorgio - D'Orlando, Elena, *Nuove prospettive dell'amministrazione digitale: open data e algoritmi*, "Istituzioni del Federalismo", nº 3, 2019, p. 593.

Otranto, Piergiuseppe, *Autotutela decisoria e certezza giuridica tra ordinamento nazionale e sovranazionale*, "Federalismi.it", nº 14, 2020, p. 235.

— *Decisione amministrativa e digitalizzazione della p.a.*, "Federalismi.it", nº 2, 2018, p. 3.

— *Jurisdicción y decisión automatizada. Ideas para un debate*, *RAP*, nº 482, p. 35.

— "La neutralità della rete internet: diritti fondamentali, interessi pubblici e poteri amministrativi", en Lacava, Federico - Otranto, Piergiuseppe - Uricchio, Antonio (a cura di), *Funzione promozionale del diritto e sistemi di tutela multilivello*, Bari, Cacucci, 2017.

— *Silenzio e interesse pubblico nell'attività amministrativa*, Bari, Cacucci, 2018.

Pajno, Alessandro, *Forum: law and artificial intelligence*, "BioLaw Journal", nº 1, 2020, p. 514.

Palma Ortigoza, Adrián, *Decisiones automatizadas en el RGPD. El uso de algoritmos en el contexto de la protección de datos*, "Revista General de Derecho Administrativo", nº 50, 2019.

Parada Vázquez, José R., *Régimen jurídico de las administraciones públicas y del procedimiento administrativo común*, Madrid, Marcial Pons, 1999.

Pasquale, Frank, *The black box society: the secret algorithms that control money and information*, Cambridge, Massachusetts, London, Harvard University Press, 2015.

Patroni Griffi, Filippo, *La decisione robotica e il giudice amministrativo*, www.giustizia-amministrativa.it.

Pesce, Giovanni, *Il Consiglio di Stato ed il vizio della opacità dell'algoritmo tra diritto interno e diritto sovranazionale*, "Giustizia Amministrativa", 16/1/2020, www.giustizia-amministrativa.it.

Pérez Luño, Antonio, "Saggi di informatica giuridica", en Limone, Donato (a cura di), *Dalla giuritecnica all'informatica giuridica, studi dedicati a Vittorio Frosini*, Milano, Giuffré, 1995.

Perrino, Pablo, *Las reformas al procedimiento administrativo nacional. Simplificación administrativa y reducción de cargas a los administrados, LL*, 2018-A-1094.

Perrino, Vincenzo, *L'atto amministrativo informatico e le cause della sua invalidità*, www.amministrazioneincammino.luiss.it/2005/10/11.

Picozza, Eugenio, *Politica, diritto amministrativo and "artificial intelligence"*, "Giurisprudenza Italiana", 2019, p. 1761.

Police, Aristide, *La predeterminazione delle decisioni amministrative: gradualità e trasparenza nell'esercizio del potere discrezionale*, Napoli, Edizioni Scientifiche Italiane, 1997.

— *Prevedibilità delle scelte e certezza dell'azione amministrativa*, "Diritto Amministrativo", 1996, p. 697.

Polomski, Ralf M., *Der automatisierte verwaltungsakt*, Berlin, Duncker & Humblot, 1993.

Ponce Solé, Juli, *Inteligencia artificial, derecho administrativo y reserva de humanidad: algoritmos y procedimiento administrativo debido tecnológico*, "Revista General de Derecho Administrativo", nº 50, 2019.

Pozo Gowland, Héctor - Halperin, David - Aguilar Valdés, Oscar - Juan Lima, Fernando - Canosa, Armando (dirs.), *Procedimiento administrativo*, Bs. As., La Ley, 2012.

Prosperetti, Eugenio, *Accesso al software e al relativo algoritmo nei procedimenti amministrativi e giudiziali. Un'analisi a partire da due pronunce del Tar Lazio*, "Il Diritto dell'Informazione e dell'Informatica", nº 4, 2019, p. 979.

— *Obbligo di motivazione e procedimenti in cui non è nota a priori la logica dell'algoritmo*, "Diritto, Mercato e Tecnologia", 17/5/2019, ww.dimt.it.

Pubusa, Francesca, *Diritto di acceso e automazione*, Torino, Giappichelli, 2006.

Raganelli, Biancamaría, *Decisioni pubbliche e algoritmi: modelli alternative di dialogo tra forme di intelligenza diverse nell'assunzione di decisioni amministrative*, "Federalismi.it", nº 22, 2020, p. 242.

Ramajoli, Margherita, *Il declino della decisione motivata*, "Diritto Procesuale Amministrativo", nº 3, 2017, p. 894.

Ravalli, *Atti amministrativi emanati mediante sistemi informatici: problematiche relative alla tutela giurisdizionale*, *TAR*, 1989, vol. II, p. 261.

Resta, Giorgio, *Governare l'innovazione tecnologica: decisioni algoritmiche, diritti digitali e principio di uguaglianza*, www.forumdisuguaglianzediversita.org/wp-content/uploads/2019/09/Resta.pdf.

Ricciardelli, Umberto, *Innovazione tecnologica e responsabilità civile: l'interpretazione come strumento di adattamento dell'ordinamento giuridico*, www.treccani.it/magazine/chiasmo/diritto_e_societa/Adattamento/3_sssgl_innovazione_tecnologica.html.

Rodotà, Stefano, *Il diritto di avere dei deritti*, Roma-Bari, Laterza, 2015.

Romano, Alberto (a cura di), *L'azione amministrativa*, Torino, Giappichelli, 2016.

Ruffolo, Ugo, *Il problema della "personalità elettronica"*, "Journal of Ethics and Legal Technologies", vol. 2, nº 1, 2020, p. 75.

— *Intelligenza artificiale, machine learning e responsabilità da algoritmo*, "Giurisprudenza Italiana", 2019, p. 1689.

Ruffolo, Ugo (a cura di), *Intelligenza artificiale. Il diritto, i diritti, l'etica*, Milano, Giuffrè, 2020.

Ruggeri, Antonio, *Società tecnologicamente avanzata e stato di diritto: un ossimoro costituzionale?*, www.giurcost.org/studi/ruggeri110.pdf.

Russo, Olga, *Io, persona robot. Il nuovo diritto pubblico della robotica*", "Amministrativ@mente", nº 3-4, 2018, p. 1.

Russo, Vincenzo, "Introduzione agli atti amministrativi elettronici: tra discrezionalità e vincolatività", en AAVV, *Diritto e nuove tecnologie. Saggi di informatica giuridica avanzata*, Roma, D-Lex, 2008.

Sacksofsky, Ute (ed.), *Gleichheit, Vielfalt, Technischer Wandel*, Berlin, De Gruyter, 2019.

Saitta, Fabio, *Le patologie dell'atto amministrativo elettronico e il sindacato del giudice amministrativo*, "Quaderni del DAE, Rivista di Diritto Amministrativo Elettronico", 2003.

Sammartino, Patricio, *Extinción del acto administrativo en el Estado constitucional*, *LLonline*, AR/DOC/3777/2016.

— *La noción de acto administrativo en el Estado constitucional*, *ED*, 31/10/2007.

Sartor, Giovanni, *L'informatica giuridica e le tecnologie dell'informazione,* Torino, Giappichelli, 2016.

— *Sistemi basati sulla conoscenza giuridica e servizi pubblici,* "Informatica e Diritto", nº 1-2, 2008, p. 463.

Sartor, Giovanni - Lagioia, Francesca, "Le decisioni algoritmiche tra ética e diritto", en Ruffolo, Ugo (a cura di), *Intelligenza artificiale. Il diritto, i diritti, l'etica,* Milano, Giuffrè, 2020.

Sassi, Silvia, *Gli algoritmi nelle decisioni pubbliche tra trasparenza e responsabilità,* "Analisi Giuridica dell'Economia", nº 1, 2019, p. 109 a 128.

Schiavi, Pablo, *Acto administrativo electrónico y nuevas tecnologías ¿evolución o disrupción?", LLonline,* AR/DOC/4133/2019.

Schmid, Alexander, *"Der vollständig automatisierte Erlass eines Verwaltungsakts (§ 35a VwVfG) sowie die Bekanntgabe eines Verwaltungsakts über öffentlich zugängliche Netze (§ 41 Abs. 2a VwVfG)", jurisPR-ITR 3, 2017), Anm. 2; Schmitz - Prell, Neues zum E-Government, NVwZ,* nº 18, 2016, p. 1273.

Schmitz, Heribert - Prell, Lorenz, *Neues zum E-Government, NVwZ,* nº 18, 2016, p. 1273.

Silva Tamayo, Gustavo, *La voluntad en los actos administrativos,* Bs. As., Rap, 2013.

Simoncini, Andrea, *L'algoritmo incostituzionale: intelligenza artificiale e il futuro delle libertà,* "BioLaw Journal", nº 1, 2019, p. 63.

— *Profili costituzionali della amministrazione algoritmica,* "Rivista Trimestrale di Diritto Pubblico", nº 4, 2019, p. 1149.

Sola, Agostino, *Inquadramento giuridico degli algoritmi nell'attività amministrativa,* "Federalismi.it", nº 16, 2020, p. 332 a 363.

— *La giurisprudenza e la sfida dell'utilizzo di algoritmi nel procedimento amministrativo,* "Giustamm", nº 2, 11/2/2020, www.giustamm.it/ga/id/2020/2/25827/g.

— *L'automatizzazione dell'azione amministrativa,* "www.amministrazioneincammino.luiss.it/wpcontent/uploads/2020/07/SOLA.pdf.

Sorace, Domenico, *Diritto delle amministrazioni pubbliche,* Bologna, Il Mulino, 2014.

Strinati, Carolina, *Algoritmi e decisioni amministrative,* "Foro Amministrativo", nº 7-8, 2020, p. 1591.

Taddei Elmi, Giancarlo - Romano, Francesco, *Il robot tra ius condendum e ius conditium,* "Informatica e Diritto", vol. XXV, nº 1, 2016, p. 115.

Tawil, Guido (dir.), *Acto administrativo,* Bs. As., Abeledo-Perrot, 2014.

Terraciano, Genaro, *L'applicazione in campo giuridico delle reti neurali artificiali. Il programma "Giurinet"*, *TAR*, nº 12, 1998, p. 49 a 509.

Tommasi, Sara, *L'intelligenza artificiale antropocentrica: limiti e opportunità*, "Juscivile", nº 4, 2020, p. 853.

Tranquilli, Sabrina, *Rapporto pubblico-privato nell'adozione e nel controllo della decisione amministrativa "robotica"*, "Diritto e Società", nº 2, 2020, p. 281.

Tresca, Michela, *I primi passi verso l'Intelligenza Artificiale al servizio delcittadino: brevi note sul Libro Bianco dell'Agenzia per l'Italia digitale*, "MediaLaws", nº 3, 2018, p. 1 a 13.

Tuzet, Giovanni, *L'algoritmo come pastore del giudice? Diritto, tecnologie, prova scientifica*, "MediaLaws", nº 1, 2020, p. 45.

Urios Aparisi, Xavier, "Consideraciones generales sobre la reforma de la administración electrónica", en Martín Delgado, Isaac (dir.), *La reforma de la administración electrónica: una oportunidad para la innovación desde el derecho*, Madrid, Inap, 2017.

Usai, Alessandro, "Le elaborazioni possibili delle informazioni. I limiti alle decisioni amministrative automatiche", en Duni, Giovanni (a cura di), *Dall'informatica amministrativa alla teleamministrazione*, Roma, Istituto Poligrafico dello Stato, 1992.

— *Le prospettive di automazione delle decisioni amministrative in un sistema di teleamministrazione*, "Il Diritto dell'Informazione e dell'Informatica", nº 1, 1993, p. 163.

Vaccari, Stefano, *Note minime in tema di intelligenza artificiale e decisioni amministrative*, "Giustamm", nº 10, 2019, p. 2.

Valero Torrijos, Julián, *El régimen jurídico de la e-Administración. El uso de los medios informáticos y telemáticos en el procedimiento administrativo común*, Granada, Comares, 2007.

— *Las garantías jurídicas de la inteligencia artificial en la actividad administrativa desde la perspectiva de la buena administración*, "Revista Catalana de Dret Públic", nº 58, 2019, p. 83.

Venanzoni, Andrea, *Internet e l'epoca delle costituzioni capillari: il ruolo del costituzionalismo nella società digitale*, "Ciberspazio e Diritto", vol. 19, 61, 3-2018, p. 295.

Vernile, Scilla, *Verso la decisione amministrativa algoritmica?*, "Media Laws", nº 2, 2020, p. 136.

Viola, Luigi, *L'intelligenza artificiale nel procedimento en el processo amministrativo: lo stato dell'arte*, "Federalismi.it", nº 21, 2018, p. 2.

Vipiana, Piera M., *L'autolimite della pubblica amministrazione*, Milano, Giuffrè, 1990.

Zeidler, Karl, *Verwaltungsfabrikat und gefährdnungshaftung*, "Deutsches Verwaltungsblatt", 1959, p. 681.

Ziekow, *Das verwaltungsverfahrenrecht in der digitalisierung der verwaltung*, "Neue Zeitschrift für Verwaltungsrecht", vol. 1, nº 6, 2018, p. 1169.

Zuddas, Paolo, *Brevi note sulla trasparenza algorítmica*, www.amministrazioneincammino.luiss.it/wp-content/uploads/2020/06/ZUDDAS.pdf.